9987

Börseneintritt und Börsenaustritt

Individuelle und institutionelle Interessen

Rückgabe spätestens am		
0 2. Mai 2003		
2 5. Nov. 2003		
1 5. Jan. 2004		

FZ DIN 1500   ekz Best.-Nr. 806643.2

Studienreihe der Stiftung Kreditwirtschaft an der Universität Hohenheim

Herausgeber:

Prof. Dr. Joh. Heinr. v. Stein

Band 14

Alexander Grupp

Börseneintritt und Börsenaustritt

Individuelle und institutionelle Interessen

Verlag Wissenschaft & Praxis

CIP-Titelaufnahme der Deutschen Bibliothek

Grupp, Alexander:
Börseneintritt und Börsenaustritt : Individuelle und institutionelle
Interessen / Alexander Grupp. – Sternenfels ; Berlin :
Verl. Wiss. und Praxis, 1995
    (Studienreihe der Stiftung Kreditwirtschaft
    an der Universität Hohenheim ; Bd. 14)
    Zugl.: Hohenheim, Univ., Diss., 1995
    ISBN 3-928238-80-9
NE: GT

ISBN 3-928238-80-9

© Verlag Wissenschaft & Praxis
Dr. Brauner GmbH
Sternenfels – Berlin 1995

Printed in Germany

V

Geleitwort

Mit der Studienreihe möchte die Stiftung Kreditwirtschaft Arbeiten, die an der Universität Hohenheim zu bank- und finanzwirtschaftlichen Themengebieten entstanden sind, einem interessierten Fachpublikum zugänglich machen. Die veröffentlichten Schriften sollen den Gedankenaustausch zwischen Universität und Praxis fördern.

Der Börseneintritt und der Börsenaustritt, der sich dazu als *actus contrarius* darstellt, sind bislang noch nie im Zusammenhang behandelt worden; das ist eine wesentliche Lücke im Fachschrifttum. Der Autor arbeitet in einer interdisziplinär ausgerichteten Untersuchung unter ökonomischen und juristischen Aspekten heraus, daß beim *going public* und *delisting* zwischen den Beteiligten erhebliche Interessenkonflikte entstehen können und daß es insoweit Schutzlücken gibt. Sie müssen durch ein in sich stimmiges, umfassendes gesellschaftsrechtliches und börsenrechtliches Schutzsystem geschlossen werden.

Schutzlücken bestehen bereits beim Börseneintritt, der bisher einseitig nur vom Kapitalmarktrecht her geregelt und betrachtet wird. Der Verf. erachtet einen ergänzenden gesellschaftsrechtlichen Schutz für notwendig. Dadurch sollen die Interessen der Aktionäre geschützt und das Vertrauen der Anleger in die Funktionsfähigkeit des Börsenmarkts zusätzlich gestärkt werden.

Für den Börsenaustritt, der rechtlich bisher überhaupt nicht geregelt ist, wird Pionierarbeit geleistet. Der Autor beleuchtet die Motive, die ein Unternehmen zu einem solchen Schritt veranlassen können, zeigt die insoweit auftretenden Interessenkonflikte auf und fordert für ihre Behandlung sowohl gesellschaftsrechtliche als auch börsenrechtliche Marktaustrittsschranken. Er setzt die Schranken so, daß einerseits der notwendige Individualschutz- und Institutionenschutz gewährleistet sind, andererseits aber auch hinreichende Möglichkeiten für den Rückzug von der Börse bestehen. Diese Untersuchungen sind von großer Aktualität. Man denke nur an den Versuch der BASF, die Regionalbörsen zu verlassen und den Handel ihrer Aktien auf die Frankfurter Börse zu konzentrieren.

Wir wünschen dem 14. Band der Studienreihe, daß er reges Interesse finden möge.

Hohenheim, im Juli 1995

Prof. Dr. Joh. Heinr. von Stein
(Herausgeber)

Prof. Dr. Lothar Vollmer
(Betreuer)

Vorwort

Die Abhandlung über den Börseneintritt und Börsenaustritt im Spannungsfeld individueller und institutioneller Interessen lag im Jahre 1994/95 der Fakultät V - Wirtschafts- und Sozialwissenschaften der Universität Hohenheim als Dissertation vor. Danach erschienene Literatur wurde bis Juli 1995, soweit möglich, zumindest in den Fußnoten berücksichtigt.

Danken möchte ich vor allem meinem Doktorvater und Erstberichter, Herrn Prof. Dr. Lothar Vollmer, der die Arbeit in vielfältiger Weise gefördert hat. Dank gebührt ferner dem Zweitberichter, Herrn Prof. Dr. Joh. Heinr. von Stein, der die Arbeit in der von ihm herausgegebenen Studienreihe der Stiftung Kreditwirtschaft aufnahm. Mein Dank gilt auch der Stiftung Kreditwirtschaft an der Universität Hohenheim, die das Erscheinen der Arbeit finanziell unterstützte.

Besonders möchte ich meinen lieben Eltern Dank sagen, die mich fortwährend gestützt und mich in meinem Unterfangen bestärkt haben. Dank gebührt schließlich Herrn Torsten Maurer und Frau Susanne Ditschke. Sie waren während der Promotionszeit zusammen mit meinen Eltern wertvolle Diskussions- und Gesprächspartner.

Stuttgart, im Juli 1995   Alexander Grupp

Inhaltsverzeichnis

Abkürzungsverzeichnis

AcP	Archiv für die civilistische Praxis
AG	Die Aktiengesellschaft, Zeitschrift für das gesamte Aktienwesen; bezeichnet aber auch die Unternehmensrechtsform "Aktiengesellschaft"
AktG	Aktiengesetz
BB	Betriebs-Berater, Zeitschrift für Recht und Wirtschaft
bearb.	bearbeitet; auch in zusammengesetzten Wörtern benutzt, wie z.b. überarbeitet, neubearbeitet usw.
BetrVerfG (1952)	Betriebsverfassungsgesetz von 1952
BewG	Bewertungsgesetz
BGB	Bürgerliches Gesetzbuch
BGH	Bundesgerichtshof
BGHZ	Entscheidungen des Bundesgerichtshofes in Zivilsachen
BörsG	Börsengesetz
BörsZulVO	Verordnung über die Zulassung von Wertpapieren zum amtlichen Handel an einer Wertpapierbörse (Börsenzulassungsverordnung)
BVerfGE	Entscheidungen des Bundesverfassungsgerichts
BVerwGE	Entscheidungen des Bundesverwaltungsgerichts
BWahlG	Bundeswahlgesetz
BZ	Börsen-Zeitung
DB	Der Betrieb
ders.	derselbe
dies.	dieselbe
DÖV	Die Öffentliche Verwaltung, Zeitschrift für öffentliches Recht und Verwaltungswissenschaft
erw.	erweitert

FAZ	Frankfurter Allgemeine Zeitung
FiWi	Finanz und Wirtschaft
Fn.	Fußnote
FS	Festschrift
GastG	Gaststättengesetz
GG	Grundgesetz für die Bundesrepublik Deutschland
GmbHG	Gesetz betreffend die Gesellschaften mit beschränkter Haftung
HB	Handelsblatt
HGB	Handelsgesetzbuch
i.V.m.	in Verbindung mit
insbes.	insbesondere
JZ	Juristenzeitung
KGaA	Kommanditgesellschaft auf Aktien
MitbestG	Gesetz über die Mitbestimmung der Arbeitnehmer (Mitbestimmungsgesetz)
NJW	Neue Juristische Wochenschrift
o.V.	ohne Verfasser
ÖBA	Zeitschrift für das gesamte Bank- und Börsenwesen (Österreichisches Bankarchiv)
OLG	Oberlandesgericht
OVG	Oberverwaltungsgericht
Rdnr.	Randnummer
RGZ	Entscheidungen des Reichsgerichts in Zivilsachen
Sec. Reg. L. J.	Securities Regulation Law Journal
StGB	Strafgesetzbuch
StZ	Stuttgarter Zeitung
überarb.	überarbeitet
UmwG	Umwandlungsgesetz
vollst.	vollständig

XIX

VStG	Vermögensteuergesetz
VStR	Vermögensteuer-Richtlinien
VwVfG	Verwaltungsverfahrensgesetz
WiST	Wirtschaftswissenschaftliches Studium
WiWo	WirtschaftsWoche
WM	Zeitschrift für Wirtschafts- und Bankrecht, Wertpapier-Mitteilungen - Teil IV
WP	Das Wertpapier
WPg	Die Wirtschaftsprüfung - Der Berater der Wirtschaft
WpHG	Gesetz über den Wertpapierhandel (Wertpapierhandelsgesetz)
ZBB	Zeitschrift für Bankrecht und Bankwirtschaft
ZfB	Zeitschrift für Betriebswirtschaft
ZfbF	Schmalenbachs Zeitschrift für betriebswirtschaftliche Forschung
ZfgK	Zeitschrift für das gesamte Kreditwesen
ZGR	Zeitschrift für Unternehmens- und Gesellschaftsrecht
ZHR	Zeitschrift für das gesamte Handelsrecht und Wirtschaftsrecht
ZIP	Zeitschrift für Wirtschaftsrecht
zit.	zitiert

Einleitung

1. Bei einem Börseneintritt oder -austritt können vielfältige Interessenkonflikte entstehen. Deshalb ist für die dabei berührten Interessen ein entsprechender Interessenschutz notwendig. Geschützt werden müssen sowohl individuelle als auch institutionelle Interessen. Im geltenden Gesellschafts- und Börsenrecht sind wichtige Ansätze für einen solchen Schutz enthalten. Man denke z.b. an die einschlägigen gesellschaftsrechtlichen Kapitalaufbringungs- und -erhaltungsvorschriften, die handelsrechtlichen und börsengesetzlichen Publizitätsbestimmungen etc. Es fehlt jedoch an einem in sich geschlossenen, umfassenden Schutzsystem, das sowohl den Individualschutz als auch den Institutionenschutz in hinreichender Weise berücksichtigt.

a) Individualschutzprobleme entstehen beim Börseneintritt oder -austritt namentlich dann, wenn einzelne Aktionäre im Gegensatz zur Unternehmensleitung oder zu den Mehrheitsaktionären mit einer solchen Maßnahme nicht einverstanden sind. Erfolgt gegen ihren Willen gleichwohl ein *going public* oder ein *delisting*, so kann dies ihre Vermögensinteressen erheblich beeinträchtigen.

b) Beim Börseneintritt oder -austritt können auch Institutionenschutzprobleme entstehen. Unternehmerische Maßnahmen dieser Art gefährden die Funktionsfähigkeit der Börse u.U. so sehr, daß diese ihre Primär- und Sekundärmarktaufgaben nicht mehr zu erfüllen vermag.

2. Bei einer Betrachtung der derzeitigen Rechtslage fällt nicht nur das Fehlen eines ausreichenden, übergreifenden Schutzsystems auf. Auch ein Ungleichgewicht des Regelungsumfangs in den Fällen "Börseneintritt und -austritt" ist unübersehbar.

a) Der *Börseneintritt* wird vor allem börsenrechtlich unter Aspekten des Institutionenschutzes erfaßt.[1] Im Gesellschaftsrecht fehlen dagegen eigenständige Vorschriften, obwohl sie aus Gründen des Individualschutzes notwendig sind. Dieser Mangel wirft erhebliche

---

[1] Vgl. beispielsweise die Bestimmungen, welche die Zulassung von Wertpapieren regeln (§§ 36 ff. BörsG, §§ 1 ff. BörsZulVO).

Probleme im Innenverhältnis der Gesellschaft auf. So stellt sich beispielsweise die Frage, ob ein Börseneintrittsvorhaben einer Zustimmung der Aktionäre in der Hauptversammlung bedarf. Klärungsbedürftig ist weiter, mit welcher Mehrheit ein solcher Beschluß zustande kommen muß. Unklar ist auch, inwieweit der Vorstand des Unternehmens die Gesellschaft beim *going public* im Außenverhältnis eigenverantwortlich, d.h. ohne die Aktionäre zu fragen, vertreten darf, ohne dadurch im Innenverhältnis seine Geschäftsführungsbefugnis zu überschreiten.

b) Für den *Börsenaustritt* fehlt es sowohl an gesellschaftsrechtlichen als auch an börsenrechtlichen Schutznormen, obwohl hier ebenfalls individuelle und institutionelle Interessen berührt werden. Man denke nur an die Fälle, in denen Aktionäre Unternehmensanteile über die Börse erworben haben, diese aber später nur schwer veräußern können, weil der Emittent mit Erfolg die Einstellung des Börsenhandels beantragt hat. Börsenaustritte können deshalb, vor allem wenn sie gehäuft auftreten, nicht nur die Anlegerinteressen berühren, sondern auch die Börse in ihrer Funktionsfähigkeit beeinträchtigen.

3. Literatur und Praxis haben sich mit den angesprochenen Problemen bisher ebenfalls nur sehr eingeschränkt befaßt.

a) Im Vordergrund des Interesses stand der Börseneintritt. Neben Fragen des Individual- und Institutionenschutzes wurden dabei auch die Vor- und Nachteile eines *going public* behandelt.[2] Insbesondere wurde herausgestellt, daß dieser Weg - jedenfalls unter bestimmten Voraussetzungen - die günstigste Form der Eigenkapitalbeschaffung ist.

b) Es sind allerdings durchaus Konstellationen denkbar, die einen Emittenten zwingen, die früher getroffene Börseneintrittsentscheidung zu revidieren. Man denke z.B. an die hohen Kosten[3], die im

2   Vgl. z.B. Albach u.a. (1988), S. 128 ff., 190 ff.; Oettingen (1990), S. 16 ff.; Fritsch (1987), S. 14 ff., 50 ff.; Kaden (1991), S. 23 f.; Schalek (1988), S. 163 ff.; Kunz (1991), S. 14 ff.; Chiu/Siegel (1990), S. 40; Walter (1984), S. 401 ff.
3   Einmalige Kosten: ca. 5 bis ungefähr 9 % des Emissionsvolumens. Vgl. Küffer (1992), S. 92 f. Ähnlich auch Fritsch (1987), S. 78 f.; Mettler (1990), S. 113 f., 306 ff. Zu den laufenden Kosten vgl. Fritsch (1987), S. 79; Mettler (1990), S. 310 f.

Rahmen einer amtlichen Notierung anfallen und unter Umständen zu Liquiditätsproblemen beim Emittenten führen können. Dieser Aspekt ist bisher in der Literatur so gut wie überhaupt nicht gesehen und behandelt worden.[4] Es hat bis in die jüngste Vergangenheit auch nur wenige Fälle gegeben, in denen Unternehmen den Gang an die Börse rückgängig gemacht haben.[5] Das mag seinen Grund nicht zuletzt darin haben, daß die zuständigen Börsenorgane den Austrittswünschen von Emittenten aus Gründen des Institutionen- und Anlegerschutzes sehr zurückhaltend und grundsätzlich ablehnend gegenüberstehen. Ob dadurch an sich berechtigte Börsenaustrittsbegehren abgeblockt werden, läßt sich jedoch erst nach einer Analyse jener Gründe beantworten, die ein Unternehmen, wie die Kundenkreditbank (heute umfirmiert in "Citibank Privatkunden AG"), zu einem solchen Vorhaben veranlassen können.[6]

4. Im Rahmen einer interdisziplinären (ökonomischen und juristischen) Untersuchung soll versucht werden, die hier skizzierten Interessen- und Schutzprobleme beim Börseneintritt und -austritt zu klären.

a) Im ersten Teil der Arbeit wird dargestellt, was unter den Fällen Börseneintritt und -austritt zu verstehen ist. Außerdem werden die vielfältigen Interessen und Motive der Beteiligten (Aktionäre, Vorstand, Emissionsbegleiter, Börse, Anlegerpublikum) offengelegt. Die bei Börseneintritt und -austritt entstehenden Interessenkonflikte sind ebenfalls Gegenstand des ersten Teils der Arbeit.

aa) Zunächst (1. Teil: A) werden die verschiedenen Formen des *Börseneintritts* definiert und die Ausgestaltungsmöglichkeiten behandelt. Danach sind die Interessen der Beteiligten Gegenstand der weiteren Untersuchung. Dabei spielen die unternehmensinternen Interessen (Aktionärs- und Vorstandsinteressen) eine zentrale Rolle.

---

4   Vgl. zum im deutschen Sprachraum äußerst selten behandelten *Börsenaustritt* beispielsweise Eickhoff (1988), S. 1713 ff.; Iber (1987), S. 169 ff.; Merkt (1991), Rdnr. 596, 1033 ff.; Reinisch (1992), S. 10 ff.; Fluck (1995), S. 553 ff.; Vollmer/Grupp (1995), S. 459 ff.
    Im angelsächsischen Ausland existiert dagegen wesentlich mehr Literatur zu diesem Thema; vgl. z.B. Lea (1990), S. 107 f.; Mathias (1990), S. 72 f.; Cooke (1988), S. 20 ff.; De Angelo/De Angelo/Rice (1984), S. 367 ff.; Kim/Lyn (1991), S. 637 ff.; Kleinbard (1975), S. 903 ff.

5   Man denke z.B. an das Unternehmen Steigenberger. Vgl. o.V. (1985), S. 15; Eickhoff (1988), S. 1713, Fn. 6; Iber (1987), Anlage 12, S. 286 ff.

6   Vgl. o.V. (1991a), S. 39, 41; o.V. (1992b), S. 5; o.V. (1992d), S. 1.

Ferner werden die unternehmensexternen Interessen vorgestellt. Das Augenmerk gilt hier besonders den Belangen der Börse einschließlich öffentlicher Interessen. Außerdem sollen die bei Börseneintritt ebenfalls bedeutsamen Interessen des Emissionsbegleiters und des Anlegerpublikums aufgezeigt werden. Schließlich sind noch die entstehenden Interessenkonflikte zwischen den Beteiligten offenzulegen. Dabei geht es nicht nur um die unternehmensinternen Unstimmigkeiten (Konflikte sowohl zwischen den Eigentümern als auch zwischen dem Vorstand und den Eigentümern), sondern auch um die unternehmensexternen Differenzen (Konflikte mit der Börse, dem Emissionsbegleiter und dem Anlegerpublikum).

bb) Anschließend (1. Teil: B) werden die Formen des *Börsenaustritts* beschrieben und die Interessen der Beteiligten vorgestellt. Ähnlich wie bei Börseneintritt sind auch bei Börsenaustritt die unternehmensinternen Interessen von zentraler Bedeutung (Interessen der Aktionäre und des Vorstands). Im weiteren Verlauf der Untersuchung werden wiederum die unternehmensexternen Interessen aufgezeigt, namentlich die der Börse und des Anlegerpublikums. Schließlich werden die bei Börsenaustritt auftretenden Differenzen zwischen den Beteiligten herausgearbeitet. Gegenstand der Untersuchung sind erneut die unternehmensinternen Kontroversen (Konflikte sowohl zwischen den Eigentümern als auch zwischen dem Vorstand und den Eigentümern). Darüber hinaus werden auch die unternehmensexternen Konflikte mit der Börse und dem Anlegerpublikum dargestellt.

b) Im zweiten Teil wird aufgezeigt, inwieweit diese Interessen einer rechtlichen Kanalisierung bedürfen. Dabei kommt es darauf an, ein ausgewogenes System zu entwickeln, das sowohl dem notwendigen Interessenschutz als auch der - ebenfalls notwendigen - wirtschaftlichen Handlungsfreiheit Rechnung trägt. Dieses System muß sowohl im Gesellschaftsrecht als auch im Börsenrecht entwickelt und zu einem stimmigen Ganzen verbunden werden.

aa) Es sollen zunächst (2. Teil: A.) die Schutzzwecke des Börsenrechts und des Gesellschaftsrechts aufgezeigt werden. Dies ist notwendig, um die bei Börseneintritt und -austritt auftretenden

Probleme sachgerecht in das bestehende Rechtssystem einordnen und lösen zu können.

bb) Anschließend (2. Teil: B.) wird für den *Börseneintritt* das notwendige Interessenschutzsystem entworfen. Beim Börseneintritt geht es um die Öffnung des Emittenten für ein breites Anlegerpublikum, wobei die organisierten Kapitalmärkte und die emissionsbegleitenden Banken Hilfestellung leisten. Ein *going public* wird bisher einseitig unter dem (selbstverständlich) unerläßlichen *gesellschaftsexternen* Interessenschutz (sprich: Institutionenschutz und Anlegerschutz am Markt) behandelt.[7] Auch wird der Börseneintritt vor allem unter dem Gesichtspunkt der technischen Durchführung (Kapitalerhöhung, Emission von Stamm- und/oder Vorzugsaktien, Aktienstreuung usw.) beleuchtet.[8] Dabei wird übersehen, daß bereits die von der konkreten technischen Abwicklung isolierte, ganz grundsätzliche Entscheidung für ein *going public* schwerwiegende Probleme hinsichtlich des *gesellschaftsinternen* Individualschutzes aufwirft. Diese Probleme sind in Rechtsprechung und Lehre bislang so gut wie überhaupt nicht behandelt worden. Der Praxis scheint es ebenfalls an einem entsprechenden Problembewußtsein zu fehlen. Hier will die vorliegende Arbeit Abhilfe schaffen.

Zunächst wird der Frage nachgegangen, wer innerhalb des Unternehmens (Vorstand/Aufsichtsrat oder Aktionäre in der Hauptversammlung) über den Börseneintritt *als solchen* entscheiden kann und muß; es geht somit um Kompetenzprobleme zwischen den Organen der Gesellschaft. Dabei soll geprüft werden, ob die "Holzmüller-Doktrin" des Bundesgerichtshofes[9], die bei grundlegenden strukturellen Maßnahmen der Unternehmensleitung eine Stärkung der Stellung der Aktionäre vorsieht, hier (beim Börseneintritt) anwendbar ist. Falls man zum Ergebnis kommt, daß die Hauptversammlung einzuschalten ist, müssen die erforderlichen

---

7   Vgl. z.B. Assmann (1989), S. 57 ff.; Soltwedel u.a. (1986), S. 120 ff.;
     Gericke (1992), S. 19 ff.; Schwark (1994), § 36, Rdnr. 3, 10 ff., S. 263 f.,
     267 ff.; Rodrian (1990), Nr. 5, 8, S. 28 f. und § 36, Nr. 18 ff., S. 119 ff.
     sowie § 43, S. 132 ff. und § 44d, S. 144.
8   Vgl. z.B. Büschgen (1991), S. 293 ff.; Walter (1984), S. 405 ff.; Schäfer
     (1987), S. 954 ff.
9   BGHZ 83, 122.

Beschlußmehrheiten bestimmt werden. Das ist besonders hinsichtlich eines funktionierenden Minderheitenschutzes unerläßlich. In einem weiteren Schritt wird geprüft, ob ein mit der notwendigen Mehrheit beschlossener Börseneintritt u.U. im Widerspruch zur bestehenden gesellschaftsrechtlichen Treuepflicht steht und deshalb evtl. unzulässig sein kann. Gegebenenfalls sollen Vorschläge entwickelt werden, die den sich daraus ergebenden Schwierigkeiten Rechnung tragen.

cc) Im weiteren Verlauf der Arbeit (2. Teil: C.) wird der notwendige Interessenschutz im Zusammenhang mit dem *Börsenaustritt* entwickelt.

Beim Börsenaustritt geht es um den Rückzug des Unternehmens von den organisierten Kapitalmärkten. Deshalb stellt sich hier zunächst die Frage, ob und inwieweit ein solcher Austritt unter institutionellen, marktrechtlichen Aspekten überhaupt möglich ist. Es geht dabei konkret um die Frage, unter welchen Voraussetzungen die betreffende Börse ihre Zustimmung zu einem Börsenaustritt erteilen kann oder u.U. sogar erteilen muß. Für diese "Verwaltungsentscheidung" fehlt es an speziellen börsenrechtlichen Vorschriften. Möglicherweise kann und muß hier deshalb unter Rückgriff auf das allgemeine Verwaltungsrecht nach einer Lösung gesucht werden. Sind diese Fragen geklärt, muß geprüft werden, wer gesellschaftsintern befugt ist, über den Börsenaustritt zu entscheiden. Hier stellen sich spiegelbildlich die gleichen Fragen und Probleme (Kompetenz- und Minderheitenschutzprobleme) wie für den Fall des Börseneintritts. Sie können allerdings im einzelnen eine andere Beurteilung und Problemlösung erfordern.

1. Teil: Die Interessen und Interessenkonflikte bei Börseneintritt und Börsenaustritt

Der Gang an die Börse stellt eine grundlegende Zäsur in der Unternehmensgeschichte dar: Das *going public* kann entscheidend sein für die weitere Existenz und den Erfolg des Unternehmens. Auch der Börsenaustritt ist mit erheblichen Konsequenzen verbunden. Beide Entscheidungen tangieren die Interessen der Eigentümer und des Managements der Gesellschaft, die Aufgaben der Börse und die Interessen des Anlegerpublikums. Im Fall des Börseneintritts kommen außerdem die emissionsbegleitenden Kreditinstitute als wichtige Interessengruppe hinzu. Unter Umständen werden die Interessen der Beteiligten sogar in elementarer Weise berührt. So führt beispielsweise der Börseneintritt zu einer Änderung des Aktionärskreises. Dies wiederum kann mit erheblichen Folgen für die im Unternehmen verbliebenen Alteigentümer verbunden sein, so beispielsweise, wenn die Durchsetzbarkeit ihrer Interessen berührt wird. Ähnlich schwerwiegend können die Auswirkungen bei einem Börsenaustritt sein. Das Ausscheiden kann zur Folge haben, daß es außerordentlich schwer wird, kleinste Aktienanteile zu geringen Transaktionskosten und fairen Preisen an Dritte zu veräußern. Deshalb werden die Liquiditätsinteressen von Aktionären verletzt. Die weitreichenden Konsequenzen, die mit dem Börseneintritt oder -austritt verbunden sind, bewirken, daß die unterschiedlichen Motive der Betroffenen hier besonders deutlich zu Tage treten. Ähnlich offen kommen Meinungsverschiedenheiten bei anderen einschneidenden Unternehmensentscheidungen zum Ausdruck, wie z.B. Kapitalherabsetzungen, Fusionen und Unternehmensliquidationen.

Die Interessen, Motive und Konflikte bei Börseneintritt und -austritt sind Gegenstand des ersten Teils der Arbeit. Dabei sollen die in der Praxis unbestreitbar existierenden Individualinteressen zu gruppenspezifischen Interessen aggregiert werden. Es soll in folgende Gruppen differenziert werden: Vorstand, Aktionäre, Börse (vertreten durch Geschäftsführung und Zulassungsstelle), emissionsbegleitende Banken, Anlegerpublikum. Die gruppenspezifische Betrachtungsweise darf allerdings nicht dazu führen, daß nur Interessenunterschiede zwischen den vom Börseneintritt oder -austritt betroffenen Gruppen Beachtung finden. Unter Umständen ist auch die Analyse der innerhalb einer Gruppe auftretenden Interessenkonflikte erforderlich.

A. Der Börseneintritt

Wie wichtig es ist, sich mit den Problemen des Börseneintritts zu beschäftigen, wird besonders deutlich, wenn man sich die Eigenkapital-situation der deutschen Unternehmen vor Augen führt.

In den letzten Jahrzehnten nahm das Eigenkapital der Unternehmen in bedrohlicher Weise ab, was zu einer gefährlichen Krisenanfälligkeit der deutschen Industrie führte. Man denke in diesem Zusammenhang nur an die verheerende Insolvenzwelle des Jahres 1984.[10] Der Auszeh-rungsprozeß des Eigenkapitals konnte jüngst zumindest bei den Aktien-gesellschaften gestoppt werden. Die Deutsche Bundesbank ermittelte, daß die Eigenkapitalquote deutscher Aktiengesellschaften von rund 25 % in den achtziger Jahren auf nunmehr ca. 30 % im Jahre 1990 gestiegen ist.[11] Die Unternehmen wählten früher wie auch heute - aller-dings scheint langsam ein Prozeß des Umdenkens stattzufinden - vor-wiegend Instrumente der Fremdfinanzierung, um den eigenen Kapital-bedarf zu decken. Oft spielt dabei die unterschiedliche Höhe der Kosten einer Eigen- bzw. Fremdkapitalfinanzierung eine erhebliche, wenn nicht gar die entscheidende Rolle. Hierbei muß die diskriminierende Besteue-rung von Eigenkapital im Vergleich zu Fremdkapital hervorgehoben werden. Zu denken ist vor allem an die einseitige vermögen- und gewerbesteuerliche Belastung des Eigenkapitals.[12]

Die Entscheidung für zusätzliches Eigen- oder Fremdkapital wird jedoch nicht nur durch die Kapitalkosten bestimmt. Es darf nicht übersehen werden, daß Art und Höhe der Zusammensetzung des unternehmeri-schen Kapitals großen Einfluß auf die Herrschaftsstruktur in der Gesell-schaft haben können. Damit wird auch die Durchsetzbarkeit der Inter-essen im Unternehmen tangiert. Eine Eigenmittelzufuhr, die mit einer Veränderung der Beteiligungsquoten der Eigentümer verbunden ist, birgt das Risiko in sich, daß Gesellschafter die Herrschaftsverhältnisse zu ändern versuchen. Im übrigen kann auch eine übermäßige Fremdfinan-zierung zu Nachteilen führen, so z.B. zu Abhängigkeiten von Lieferanten und Kreditinstituten. Dies behindert u.U. eine eigenständige Unterneh-

---

10   Vgl. Christians (1985), S. 107 f.
11   Vgl. Deutsche Bundesbank (1991), S. 23; o.V. (1992c), S. 14. Durch die
      kurz darauf folgende Rezession wird allerdings die Eigenkapitalquote vieler
      Unternehmen mit großer Wahrscheinlichkeit erneut rückläufig sein.
12   Vgl. Deutsche Bundesbank (1991), S. 27 f.

menspolitik. Die Gefahr einer Einflußverschiebung ist neben den möglichen Unterschieden in den Kapitalkosten oftmals das ausschlaggebende Kriterium bei Entscheidungen, welche die Art und die Höhe der Kapitalzufuhr des Unternehmens betreffen. Die Interessen und Motive der Beteiligten kommen hier deutlich zum Ausdruck.

Ob allerdings eine Änderung der Beteiligungsverhältnisse tatsächlich auf die Unternehmenspolitik durchschlägt, hängt nicht zuletzt von der gewählten Gesellschaftsform des Unternehmens ab. So bietet z.b. die Aktiengesellschaft durch die gesetzlich zwingend vorgeschriebene organisatorische Aufteilung der klassischen Unternehmeraufgaben auf die Gesellschaftsorgane Vorstand, Aufsichtsrat und Hauptversammlung im Idealfall einer großen Publikumsgesellschaft die Gewähr, daß sich Änderungen in der Eigentümerstruktur eben nicht - oder aber erst nach erheblicher zeitlicher Verzögerung - auf die Unternehmenspolitik auswirken. Wohl auch deshalb wählen große Publikumsgesellschaften Aktienemissionen an der Börse, um ihren Finanzbedarf zu decken. Allerdings handelt es sich hier fast ausschließlich um Unternehmen, die bereits an der Börse etabliert sind. Für diese Gesellschaften stellt sich somit nicht mehr die Frage, ob ein *going public* gewagt werden soll, sondern ob es sinnvoll erscheint, die Börse abermals zur Eigenkapitalbeschaffung einzusetzen.

Anders liegt der Fall bei der großen Zahl nichtbörsennotierter Unternehmen. Erfreulicherweise stellen in den letzten Jahren Familienunternehmen verstärkt Überlegungen darüber an, ob sie nicht doch die Börse als Markt zur Eigenkapitalerschließung nutzen sollen.[13] Die weitreichenden Konsequenzen des Börseneintritts müssen allerdings genau abgeschätzt werden, da diese ausschlaggebend sind, ob ein *going public* überhaupt durchgeführt werden soll. Dabei ist es wichtig, die Interessen, Motive und Interessenkonflikte zu kennen, welche die Entscheidungen der Beteiligten beeinflussen.

Vor allem die Jahre 1983 bis 1991 waren durch eine gute Konjunktur mit Unternehmenswachstum gekennzeichnet. Auch die Gewinne vergrößerten sich in vielen Fällen; dies verbesserte das Emissionsklima. Damit wurden hohe Agios auf die Nominalbeträge der Wertpapieremis-

---

13   Zu den Neuemissionen der letzten Jahre vgl. Küffer (1992), S. 15 ff.

sionen am Markt durchsetzbar.[14] Die Deutsche Bundesbank ermittelte, daß 1989 der durchschnittliche Emissionskurs bei über 400 % des Aktien-Nennwertes lag.[15] Es liegt auf der Hand, daß dies die Kapitalkosten in entscheidendem Maße verringerte und damit im Interesse vieler Unternehmen war.

Daneben hat sich das Verhalten der emissionsbegleitenden Kreditinstitute gewandelt.[16] Sie räumen in zunehmendem Maße dem Investment-Banking, insbesondere dem Konsortialgeschäft, eine größere Bedeutung ein. Der Gang von Unternehmen - Kunden der Banken - an die Börse wurde nicht mehr vornehmlich als lästige Konkurrenz zum einträglichen Firmenkreditgeschäft gesehen. Dies liegt wohl daran, daß die Banken erkannt haben, daß man am *going public* anderer Unternehmen ebenfalls gut verdienen kann.

Zudem hat der Gesetzgeber 1987 strukturelle Erleichterungen durch die Einführung eines neuen Marktsegments, des geregelten Marktes, geschaffen.[17]

All dies führte dazu, daß die Börse für Unternehmen attraktiver wurde. Das Anwachsen der Neuemissionen in den letzten Jahren demonstriert eindrucksvoll, was eine Verringerung der rechtlich vorgeschriebenen Zulassungshemmnisse und der Wegfall früher bestehender praktischer Zulassungsbarrieren bewirken können: Seit dem absoluten Tiefstand des Jahres 1983 gingen deutlich mehr Unternehmen an die Börse als vorher. Von 1983 bis einschließlich 1991 haben sich insgesamt ca. 150 Unternehmen für die Börse entschieden.[18] Erfreulicherweise nahm die Zahl der Neuemissionen trotz der verheerenden Kurseinbrüche in den Jahren 1987 und 1989 nicht ab.[19] Dies beweist, daß der Gedanke einer erstmaligen Eigenkapitalaufnahme über die Börse mittlerweile zu

---

14 Vgl. z.B. die Aufstellungen über die Neuemissionen des Jahres 1989 in Karsch (1990a), S. 28 und für 1991 in Schröder Münchmeyer Hengst & Co. (1992), S. 3.
15 Vgl. Deutsche Bundesbank (1991), S. 24.
16 Vgl. im folgenden Möhle (1987), S. 6 ff.; Mettler (1990), S. 41 ff.; Küffer (1992), S. 36 f.
17 Zur Zeit gibt es in Deutschland drei Börsensegmente: den amtlichen Handel, den geregelten Markt und den Freiverkehr. Vgl. hierzu z.B. Ledermann (1990), S. 36 f.
18 Vgl. Küffer (1992), S. 7, 15 ff.; Oettingen (1990), S. 12; Heinsius/Hein (1991), S. 260 ff.
19 Vgl. Küffer (1992), S. 18 ff.

einer ernstzunehmenden Alternative zu anderen Finanzierungsarten geworden ist.

Im folgenden sollen die im Zusammenhang mit einem *going public* auftretenden Interessen, Motive und Konflikte herausgearbeitet werden, welche die Entscheidung für oder gegen die erstmalige Börseneinführung von Beteiligungstiteln maßgeblich beeinflussen.

I. Die Formen und die Ausgestaltungsmöglichkeiten des Börseneintritts

Bevor man sich mit den Interessen, Motiven und Konflikten beim Börseneintritt beschäftigen kann, muß zunächst Klarheit über dessen mögliche Formen geschaffen werden. Auch ist die Kenntnis der verschiedenen Ausgestaltungsmöglichkeiten unerläßlich.

1. Das *going public* und verwandte Formen

Beim Börseneintritt denkt man im allgemeinen nur an den Gang an die Börse, das *going public*. Daneben gibt es jedoch auch verwandte Formen, die von Wichtigkeit sein können. Gemeint sind der Börsensegmentwechsel und die Börsenpräsenzausweitung. Diese drei Varianten müssen voneinander abgegrenzt werden.

a) *Going public*

Im folgenden geht es um den Begriff des *going public* und um den technischen Ablauf der Emission. Ferner soll das Verhältnis des *going public* zur Umwandlung geklärt werden.

aa) Definition

Das *going public* kann durch einige wenige Kennzeichen charakterisiert werden:[20] Ein bisher rein privates Unternehmen mit einer überschaubaren Eigentümerstruktur, dessen Anteile an keiner Börse gehandelt wurden, ermöglicht es erstmals einer großen Zahl zumeist anonymer Dritter, sich am Eigenkapital des Unternehmens via Börse zu beteiligen. Dabei muß nicht notwendigerweise Kapital in die Gesellschaft fließen. Auch müssen die früheren Allein-Eigentümer nicht unbedingt weiterhin - d.h. nach der Unternehmensöffnung - eine dominierende Stellung im Unternehmen behalten. Man denke in diesem Zusammenhang auch an Totalprivatisierungen von Unternehmen des Staates.

---

20 Vgl. zum folgenden Mettler (1990), S. 19, 86, 93; Kaden (1991), S. 14 f.

Als herausragendes Kennzeichen des *going public* ist die Inanspruchnahme des Kapitalmarktes, der Aktienbörse, zu nennen. Börsen bieten Hilfestellung bei der Plazierung von Wertpapieren beim Anlegerpublikum. Viele Anleger zeichnen die Aktien des Unternehmens nicht nur wegen der Gewinnchancen, sondern auch im Vertrauen darauf, die Papiere später wieder über die Börse verkaufen zu können.[21] Der Emittent muß deshalb alle erforderlichen Voraussetzungen schaffen und erhalten, um einen kontinuierlichen Wertpapierhandel an der Börse zu ermöglichen. Man kann nur dann von einem *going public* sprechen, wenn die Gesellschaft die Zulassung und die Notierung der Aktien an der Börse beantragt und letztlich auch erreicht.

Das *going public*, auch als "Gang an die Börse" oder "Neuemission" bezeichnet, stellt die klassische Form des Börseneintritts dar. Die vorliegende Arbeit konzentriert sich deshalb vor allem auf diese Form des Börseneintritts.

Zusammenfassend lassen sich folgende Kennzeichen für das *going public* eines Unternehmens herausarbeiten:
1. Die Eigenkapitalbeteiligung.
2. Die Öffnung des meist kleinen Eigentümerkreises für eine große Zahl anonymer Dritter.[22]
3. Der Einsatz der Börse.
4. Die Erstmaligkeit der Inanspruchnahme der Börse.

Meistens behalten die Altgesellschafter auch nach der Börseneinführung ihren beherrschenden Einfluß bei. Unter Umständen wollen sie aber mit dem *going public* ihre Eigentümerstellung völlig aufgeben. Aus diesem Grund soll in dieser Arbeit die weitere Eigenkapitalbeteiligung der Altgesellschafter, wie sie z.B. *Mettler*[23] unnötigerweise fordert, nicht als zwingend erforderliches Kriterium des *going public* verlangt werden.

---

21 Diese Erwartungen haben selbstverständlich auch jene Anleger, die erst nach dem *going public* Teilhaber des Unternehmens werden wollen.
22 Theoretisch ist es auch möglich, daß Aktien bereits lange Zeit vor dem Börseneintritt breit gestreut werden - also eine Unternehmensöffnung durchgeführt wird. Später wird nur noch die Börsenzulassung beantragt. In der Praxis spielt diese Form des Börseneintritts allerdings nahezu keine Rolle und soll deshalb nicht weiterverfolgt werden. Es wird im folgenden unterstellt, daß die Unternehmensöffnung in engem zeitlichen Zusammenhang mit der Börseneinführung steht.
23 Vgl. Mettler (1990), S. 19.

bb) Ablauf

Technisch läuft ein *going public* in der Praxis - vereinfacht dargestellt - wie folgt ab: Zum einen werden die für den Börsenhandel vorgesehenen Aktien von einem beauftragten Kreditinstitut bei den Anlegern breit gestreut; man spricht in diesem Zusammenhang von einer Fremdemission. Im Gegensatz zu den USA ist in Deutschland der direkte Wertpapierverkauf durch den Emittenten unüblich (Selbstemission), es sei denn, der Emittent ist zufälligerweise selbst ein Kreditinstitut. Im folgenden wird immer eine Fremdemission angenommen.[24] Zum anderen beantragt der Emittent, im Außenverhältnis vertreten durch den Vorstand, zusammen mit einem Emissionsbegleiter die Wertpapierzulassung für den amtlichen Handel oder den geregelten Markt (§§ 36 Abs. 2 bzw. 71 Abs. 2 BörsG).[25] Das zuständige Börsenorgan prüft den Antrag und genehmigt ihn im besten Falle unverändert. Damit es allerdings überhaupt zu einer Börsennotierung der Wertpapiere kommen kann, ist im amtlichen Handel neben der Zulassung zusätzlich noch die Genehmigung eines Antrags auf Börseneinführung erforderlich.[26] Auf diese Besonderheit wird im folgenden nicht weiter eingegangen. Zur Vereinfachung soll unterstellt werden, daß die Zulassung einer Handelsaufnahme gleichkommt.

cc) Umwandlung

Es sei darauf hingewiesen, daß bereits im Vorfeld des Gangs an die Börse bedacht werden muß, daß nur kapitalmarktfähige Gesellschaftsformen, d.h. eine KGaA oder Aktiengesellschaft, an der Börse zugelassen werden.[27] Dieser Umstand verlangt oft eine Abkehr von der bisherigen Gesellschaftsform: Eine Umwandlung wird notwendig, die allein

---

24 Vgl. zum Thema "Selbstemission und Fremdemission": Süchting (1986), S. 658; Hopt (1991), S. 184; Büschgen (1991), S. 293; Hagenmüller/ Diepen (1993), S. 698 f.

25 Im Freiverkehr - hier: der Münchner Markt - beantragt allerdings nicht der Emittent die Einbeziehung in den Handel, sondern lediglich ein an der Börse vertretenes Kreditinstitut oder eine sachkundige und zuverlässige Freimaklerfirma (vgl. Arbeitsgemeinschaft (1992), S. 57). Im Frankfurter Freiverkehr kann die Einbeziehung nur durch ein Kreditinstitut - nicht durch eine Maklerfirma - beantragt werden (vgl. § 2 der Richtlinien für den Freiverkehr an der Frankfurter Wertpapierbörse; Landgraf (1993), S. 35).

26 § 42 BörsG, § 22 Börsenordnung für die Frankfurter Wertpapierbörse.

27 Die KGaA wird im folgenden nicht weiter beachtet, da sie an der Börse so gut wie keine Rolle spielt (Ausnahme: z.B. die Henkel KGaA). Auf die theoretische Möglichkeit einer Ausgabe von eigenkapitalähnlichen Genußscheinen durch "Nicht-Aktiengesellschaften", z.B. GmbHs, sei hingewiesen. Im folgenden wird allerdings diese Art von Beteiligung ebenfalls nicht weiter behandelt.

14

schon einen erheblichen Aufwand an Kosten, Zeit, Personal usw. verursacht. Allerdings ist die Umwandlung selbst *kein* Bestandteil des *going public*, denn einerseits können zwischen der Umwandlung in eine Aktiengesellschaft und der Entscheidung für den Gang an die Börse Jahre liegen. Ein Beispiel hierfür ist das Unternehmen Porsche, das bereits 12 Jahre vor dem *going public* in die Rechtsform einer Aktiengesellschaft umgewandelt wurde.[28] Andererseits kann eine Gesellschaft bereits als Aktiengesellschaft gegründet worden sein. Die Umwandlung gehört somit *nicht* zum eigentlichen *going public*, auch wenn sie in vielen Fällen eine notwendige Voraussetzung für den Gang an die Börse darstellt. Probleme und Folgen einer Umwandlung sind deshalb nur ausnahmsweise Gegenstand dieser Arbeit.

b) Verwandte Formen
Im folgenden werden zwei Formen vorgestellt, bei denen es sich um **kein** *going public* handelt. In beiden Fällen wird das Kriterium einer erstmaligen Inanspruchnahme der Börse nicht erfüllt. Gleichwohl gehören diese Sonderformen einer Börseneinführung in das strategische Kalkül der Unternehmenspolitik. Sie werfen ähnliche Probleme auf wie das *going public* und müssen deshalb in die Betrachtung mit einbezogen werden.

aa) Börsensegmentwechsel
Beim Börsensegmentwechsel läßt ein Unternehmen seine Wertpapierzulassung dahingehend ändern, daß die Aktien fortan in einem anderen Börsensegment als bisher weitergehandelt werden. Theoretisch ist der Wechsel des Marktes sowohl nach "oben" als auch nach "unten" vorstellbar.

(1) Die Möglichkeit der Wahl eines *niedrigeren* Segments, d.h. eines, das weniger reglementiert ist und weniger anlegerschützende Normen enthält, scheidet - wie die Praxis beweist - nahezu aus; es kommt in der Regel nur ein Wechsel in ein höheres Marktsegment in Frage.[29]

---

28 Vgl. Küffer (1992), S. 50.
29 1994 ist ein Fall bekannt geworden, in dem ein Emittent, die Zucker AG, vom amtlichen Handel ausgeschlossen wurde (Zulassungsentzug durch die Zulassungsstelle). Anschließend wurde die Gesellschaft in den Freiverkehr einbezogen. Hier handelt es sich um einen erzwungenen "Abstieg" in ein niedrigeres Segment auf Veranlassung der Börse und nicht etwa um eine Unternehmensmaßnahme auf Wunsch des Emittenten. Dieser Fall bleibt deshalb außer Betracht. Vgl. o.V. (1994b), S. 7.

Dies mag zunächst verblüffend erscheinen, wird aber mehr als einleuchtend, wenn man die Reaktionen der Marktgegenseite (gemeint
sind die gegenwärtigen und potentiellen Anleger) berücksichtigt. Ein
Wechsel in ein Börsensegment mit weniger anlegerschützenden
Bestimmungen, beispielsweise vom amtlichen Handel in den geregelten
Markt, wird als anlegerfeindlicher Akt des Unternehmens gewertet. Auf
lange Sicht ist der Ruf der Gesellschaft in Mitleidenschaft gezogen und
somit der Aktienmarkt für die Plazierung von Kapitalerhöhungen ver-
sperrt. Damit entfällt der entscheidende Vorteil, den die Börse dem
Unternehmen bietet, nämlich die erleichterte Zuführung von Eigenkapital. Die unbestreitbaren Vorzüge, die ein *niedrigeres* Marktsegment bietet - man denke an die verringerten Publizitätsauflagen und Kosten -
werden zunichte gemacht, da in der Praxis wohl keine Kapitalerhöhungen am Markt untergebracht werden können.

Nicht nur die Reaktionen der potentiellen Wertpapierkäufer machen
einen solchen Segmentwechsel unwahrscheinlich. Auch Widerstände
auf seiten des Emittenten verhindern diesen Wechsel. Die Zulassung
der Wertpapiere einer Gesellschaft zum amtlichen Handel stellt die
höchste Hürde für ein Unternehmen dar. Hat der Emittent diese Barriere
einmal überwunden, wird er sich nur in seltenen Fällen wieder zurück-
stufen lassen wollen.[30] Der "Abstieg" in ein niedrigeres Börsensegment
soll somit mangels praktischer Relevanz in dieser Arbeit nicht weiterverfolgt werden.

(2) Viele Unternehmen haben in der Vergangenheit vom Wechsel in ein
höheres Segment Gebrauch gemacht. So wechselten beispielsweise
Ex-Cell-O, Moksel, Signalbau Huber, Computer 2000 und Weru vom
geregelten Markt in den amtlichen Handel.[31] Auch nutzten zahlreiche
Emittenten die zeitlich befristete Übergangsregelung des § 97 Abs. 2
BörsG (alte Fassung), um so zu erleichterten Bedingungen vom Freiverkehr in den im Jahre 1987 neugeschaffenen, höher angesiedelten geregelten Markt überzuwechseln.[32] Vor allem dieser Vorgang führte zu einer extremen Ausdünnung von deutschen Titeln, die sich im Freiverkehr
notieren lassen. Zudem ist der Freiverkehr seit 1988 als Markt für

---

30   Ganz ähnlich die Ansicht von W. M. Waldeck, zitiert im Artikel von Weber
      (1987), S. 436.
31   Vgl. Arbeitsgemeinschaft (1992), S. 33.
32   Vgl. Küffer (1992), S. 32 f.; Arbeitsgemeinschaft (1989), S. 49, 76, 88.

Aktien-Neuemissionen in Vergessenheit geraten. Demgegenüber gewann der geregelte Markt zunehmend an Bedeutung, was durch das *going public* vieler Unternehmen speziell in dieses Segment unterstrichen wird.[33] All dies beweist, daß sich das neue Marktsegment, der geregelte Markt, bewährt hat. Der Freiverkehr wurde als Erstplazierungsort für Eigenkapitaltitel im wesentlichen abgelöst und soll deshalb in der vorliegenden Arbeit nicht weiter beleuchtet werden.[34]

Gemeinhin wird der Wechsel in ein höheres Marktsegment als eine anlegerfreundliche Geste des Unternehmens angesehen,[35] das sich offensichtlich noch stärker den Transparenzregeln an der Börse unterwerfen will. Ein solcher Wechsel kann vom Emittenten im Rahmen seiner Öffentlichkeitsarbeit positiv genutzt werden und erleichtert es, eine gute unternehmensspezifische Börsenstimmung zu schaffen und zu erhalten. Dies dürfte die Zuführung von Eigenkapital sowohl volumenmäßig als auch bezüglich der Höhe der Aufgelder auf die Nominalbeträge der Emissionen positiv beeinflussen.

Der Börsensegmentwechsel ist meist ohne großen zusätzlichen Aufwand möglich. Unter Umständen müssen allerdings mehr Aktien am Markt gestreut werden, um den Mindestplazierungsbetrag und eine geforderte Mindeststreuung im neuen Marktsegment zu erreichen (vgl. z.B. §§ 2 und 9 BörsZulVO). Dies kann zu Komplikationen führen. Auch bei einem Börsensegmentwechsel spielen die später zu ergründenden Interessen der Beteiligten die entscheidende Rolle.

bb) Börsenpräsenzausweitung

Eine Börsenpräsenzausweitung liegt vor, wenn der Emittent an einem zusätzlichen Börsenplatz die Notierung der bereits an einem anderen Ort gehandelten Unternehmensanteile beantragt und auch erreicht. Es han-

---

33 Vgl. Küffer (1992), S. 18 ff.
34 Nur soviel zum Freiverkehr: Wenn man die Kurstabellen dieses Anlagesegments durchgeht - börsentäglich veröffentlicht z.B. im "Handelsblatt" -, fällt sogleich auf, daß hier mittlerweile Auslandswerte zunehmend dominieren. Diese Gesellschaften streben zusätzlich zu Notierungen an ihren angestammten Heimatbörsen noch eine Kotierung an deutschen Börsen an, ein typischer Fall einer Börsenpräsenzausweitung (näheres hierzu siehe unter dem nächsten Gliederungspunkt). Der Freiverkehr sollte sich dringend für neue Beteiligungstitel öffnen, z.B. für GmbH-Anteile, um so nicht in die Bedeutungslosigkeit für Eigenkapital-Neuemissionen (im Sinne des *going public*) zu versinken. In der Literatur wird ein solcher Weg bisher leider nur vereinzelt aufgezeigt; vgl. z.B. Kommission "Zweiter Börsenmarkt" (1987).
35 Vgl. Küffer (1992), S. 63.

delt sich somit - ähnlich wie beim Börsensegmentwechsel - um kein *going public*.[36] Man denke z.b. an die zahlreichen in Deutschland notierten, bereits an ausländischen Börsen kotierten Auslandswerte.

Die Anleger verfügen nach der erfolgten Börsenpräsenzausweitung über noch mehr räumliche und u.u. auch zeitliche Möglichkeiten - man denke z.b. an die Notierung der Gesellschaft an einer Börse, die sich in einer anderen Zeitzone der Erde befindet -, Aktien des betreffenden Unternehmens zu kaufen oder zu veräußern. Interessant für die Gesellschafter wird die Notiz des Emittenten an einer zusätzlichen Börse vor allem dann, wenn das Unternehmen dort mehr Informationen veröffentlichen muß und deshalb transparenter wird. So sind die Emittenten beispielsweise an der *Wall Street* zu einer regelmäßigen Veröffentlichung von Quartalsberichten verpflichtet.[37] In Deutschland dagegen reicht die Publikation nur eines Zwischenberichts pro Geschäftsjahr aus. Diese Pflicht besteht allerdings lediglich für den amtlichen Handel (§ 44b BörsG). Im geregelten Markt ist die Veröffentlichung von Zwischenberichten dagegen völlig freiwillig.

Bisher hat es fast noch kein deutsches Unternehmen gewagt, sich an der *Wall Street* notieren zu lassen. Dies liegt wohl daran, daß dort andere, meist strengere Bilanzierungsregeln herrschen, die oft zu einer unerwünschten Aufdeckung stiller Reserven deutscher Unternehmen führen würden. Die Daimler-Benz AG erreichte im Jahre 1993 nach langen Verhandlungen mit der amerikanischen Börsenaufsichtsbehörde (SEC) als erstes deutsches Unternehmen ein *listing* an der New York Stock Exchange. Dabei wurden stille Reserven in der Größenordnung von 4 Milliarden DM offengelegt.[38] Unter diesen Bedingungen scheint nahezu keine deutsche Gesellschaft bereit zu sein, an die *Wall Street* zu gehen.[39] Es ist unschwer zu erkennen, daß auch hier unterschiedliche Interessen die Entscheidung für oder gegen eine zusätzliche Börsennotierung beeinflussen.

---

36 Vgl. zu den Merkmalen eines *going public* S. 11 f.
37 Vgl. Schacht (1990), S. 78 f.; Gumpel u.a. (1988), S. 1433.
38 Vgl. zur Börseneinführung der Daimler-Benz AG an der *Wall Street* o.V. (1993a), S. 15; o.V. (1993b), S. 23; o.V. (1993c), S. 11; o.V. (1993d), S. 22; o.V. (1993f), S. 20.
39 Vgl. Ebel (1992), S. 39.; o.V. (1992g), S. 8.

2. Die Ausgestaltungsmöglichkeiten

Das *going public* ist ein überaus komplexer Vorgang. Es stehen zahlreiche Ausgestaltungsmöglichkeiten zur Wahl, wobei die favorisierten Elemente aufeinander abgestimmt sein müssen. Die Entscheidung hat maßgeblichen Einfluß auf den Erfolg des Börsenvorhabens.

a) Unternehmensinterne Ausgestaltung

Das *going public* ist immer mit Finanzierungswirkungen verbunden, es sei denn, es werden Aktien ausnahmsweise an Dritte verschenkt. Denkbar wäre diese Variante allenfalls bei Privatisierungen von Staatsbetrieben, wie z.B. in Osteuropa. In der Praxis sind aber Finanzierungseffekte die Regel. *Es stellt sich dabei die Frage, wem der Erlös aus der Neuemission zufließt: dem Unternehmen oder den Gesellschaftern.* Eng damit verknüpft ist die Art der Herkunftsquellen der zu plazierenden Aktien. Es lassen sich zwei grundlegend verschiedene Möglichkeiten unterscheiden: Die zum Verkauf vorgesehenen Aktien stammen entweder aus dem Besitz der Gesellschafter oder aber es werden - unter Ausschluß des Bezugsrechts der Altgesellschafter - neue, "junge" Aktien aus dem Verfügungsbereich des Unternehmens an die Börse gebracht.[40] Man differenziert deshalb zwischen einer Umplazierung und einer Kapitalerhöhung.

aa) Umplazierung

Bei einer Umplazierung stammen die am Kapitalmarkt offerierten Aktien ausschließlich aus Beständen der Altgesellschafter.[41] Die Eigentümer führen eine Vermögensumschichtung durch: Sie verkaufen Gesellschaftsanteile - meistens unter Zwischenschaltung einer Bank - über die Börse an Dritte und erhalten dafür Bargeld. Das bedeutet aber auch, daß dem Unternehmen keine Eigenmittel zufließen. Die Gesellschaft bekommt lediglich neue Eigentümer und muß sich mit den Vor- und Nachteilen des Börseneintritts arrangieren.

Dem Unternehmen wird zwar zunächst kein zusätzliches Eigenkapital zugeführt, die Gesellschaft kann aber *später* den Finanzbedarf durch die Plazierung "junger" Aktien - sie stammen aus einer Kapitalerhöhung - an der Börse decken, allerdings nur dann, wenn die potentiellen Käufer zur

---

40 Auf die Bezugsrechtsproblematik wird später ausführlich eingegangen (vgl. S. 21 ff., 132 f.).
41 Vgl. Oettingen (1990), S. 8.

Zeichnung bereit sind.[42] Von der Umplazierung profitieren jedoch ganz offensichtlich zunächst einmal die verkaufenden Altgesellschafter und erst in zweiter Linie das Unternehmen.

In der Praxis kommt eine Umplazierung in reiner Form nur selten vor. Spektakulär war in diesem Zusammenhang das *going public* der Feldmühle Nobel AG.[43] Oft findet dagegen der Gang an die Börse über eine Kombination aus einer Umplazierung mit einer Kapitalerhöhung statt. Dadurch wird erreicht, daß es sowohl zu Finanzzuflüssen bei den verkaufenden Aktionären als auch zu einer Eigenmittelzufuhr beim Unternehmen kommt.[44]

Ob eine Umplazierung überhaupt möglich wird, entscheidet der einzelne Aktionär individuell, denn letztlich kann jeder selbst darüber befinden, ob er Aktien aus seinem Bestand abgeben will oder nicht. Es muß deshalb in der Regel zu einem Konsens zwischen mehreren Eigentümern kommen, um überhaupt die für den Börsenhandel erforderliche Zahl an Beteiligungstitel aufbringen zu können (es sei denn, ein Aktionär ist bereit, die gesamte benötigte Stückzahl aus seinem Bestand zur Verfügung zu stellen). Ein solcher Konsens ist notwendig, da im allgemeinen kein Aktionär gezwungen werden kann, Aktien aus seinem Besitz zu veräußern: Es gilt das Prinzip der Freiwilligkeit der Anteilsabgabe.[45] Auch wenn es zu einer Übereinkunft zwischen einigen Eigentümern kommt, werden gleichwohl die Interessen derjenigen verletzt, die das Unternehmen nicht an der Börse sehen wollen. Auf diese Problematik wird später ausführlich eingegangen.

bb) Kapitalerhöhung

Die andere Möglichkeit zur Beschaffung der zu plazierenden Aktien besteht darin, vor dem Gang an die Börse eine Kapitalerhöhung durchzuführen. Denkbar sind z.B. Kapitalerhöhungen gegen Einlage (§§ 182 ff. AktG) oder auch die Schaffung und Ausübung des

---

42 Auf die unternehmensinterne Zuständigkeit für Kapitalerhöhungsfragen wird an dieser Stelle nicht eingegangen.

43 Vgl. Karsch (1990a), S. 26 f. Auch bei Privatisierungen von Staatsbetrieben ist eine reine Umplazierung denkbar.

44 Vgl. die Aufstellung im "Handelsblatt" (o.V. (1993e), S. 35) sowie die Tabelle von Mettler für Neuemissionen in der Schweiz (ders. (1990), S. 108 f.) oder auch Schröder Münchmeyer Hengst & Co. (1992), S. 3 für deutsche Neuemissionen des Jahres 1991.

45 Ausnahmen von diesem Grundsatz finden sich allerdings im Konzernrecht; vgl. z.B. § 320a AktG.

genehmigten Kapitals (§§ 202 ff. AktG). Die neuen Aktien werden am Kapitalmarkt unter Einschaltung einer oder mehrerer Banken breit gestreut.

Das Unternehmen erhält bei einem *going public*, das mit einer Kapitalerhöhung verknüpft wird, zusätzliches Eigenkapital.[46] Der Gang an die Börse ist hier somit - im Gegensatz zur Umplazierung - für die Gesellschaft mit unmittelbaren Finanzierungseffekten verbunden. Die konkreten Vorteile einer Kapitalerhöhung sind allerdings abhängig vom gewählten Agio und der Lösung des Bezugsrechtsproblems. Deshalb bedürfen diese Aspekte einer eingehenden Behandlung.

aaa) Agio

Die Höhe der Finanzzufuhr hängt nicht nur vom Nominalbetrag der Wertpapieremission ab, sondern mittlerweile größtenteils vom erzielbaren Agio. 1989 lag der durchschnittliche Emissionskurs, wie bereits erwähnt, bei über 400 % des Nennbetrags der Aktien, also mehr als doppelt so hoch wie zu Anfang der achtziger Jahre.[47] Ein ganz extremes Beispiel in diesem Zusammenhang waren die Verhältnisse in Japan. Dort wurden die Unternehmen an der Börse lange Zeit durchschnittlich mit dem 61-fachen Gewinn bewertet, was außerordentlich hohe Aufgelder bei Emissionen zuließ.[48]

Sowohl der Nominalbetrag der Aktien als auch das Agio stehen der Gesellschaft voll zu. Allerdings sind Vorgehensweisen vorstellbar, bei denen dem Unternehmen der Großteil des am Markt erzielbaren Erlöses entgeht:[49] Es ist z.B. denkbar, daß im Unternehmen eine Kapitalerhöhung zu pari durchgeführt wird und die Eigentümer die neuen Aktien gegen Einlage übernehmen. Anschließend werden diese Titel zu einem festgelegten, weit über pari liegenden Preis an die Börse gebracht. Der Großteil des Erlöses fließt hier an der Gesellschaft vorbei den Altgesellschaftern zu. Das Unternehmen erzielt nur den Nominalbetrag der Kapitalerhöhung.[50] Auch ist es möglich, daß zwar eine Kapitalerhöhung mit

---

46 Ausnahme: Kapitalerhöhung aus Gesellschaftsmitteln. Dieser seltene Fall soll im folgenden nicht weiter beachtet werden.
47 Vgl. Deutsche Bundesbank (1991), S. 24. Vgl. auch die Tabelle für deutsche Neuemissionen in Schröder Münchmeyer Hengst & Co. (1992), S. 3.
48 Vgl. Musahl (1993), S. B 5.
49 Vgl. Kaden (1991), S. 22 mit einem Beispiel aus der Praxis.
50 Vgl. hierzu z.B. das *going public* des Unternehmens VDO (o.V. (1986c), S. 166).

einem Agio durchgeführt wird, aber die von den Eigentümern einbezahlten "jungen" Aktien schließlich zu weit über dem Betrag der Emission (einschließlich Agio) liegenden Preisen an die Börse gebracht werden.[51]

Solche Vorgehensweisen sind von Dritten ("Nicht-Eigentümern") rechtlich nicht angreifbar, da die Gesellschafter bei der Wahl der Kapitalerhöhungskonditionen in ihren Unternehmen völlig frei sind. Dritte haben keinerlei Ansprüche auf die niedrigen "Kapitalerhöhungspreise". Einschränkungen ergeben sich allenfalls *im Verhältnis der Aktionäre untereinander*, z.b. wenn nicht alle Aktionäre gleich behandelt werden, wie dies bei Bezugsrechtsausschlüssen in der Regel der Fall ist.[52] Rechtlich zweifelhaft sind deshalb Kapitalerhöhungen, bei denen der Bezugspreis für die neuen Aktien viel zu niedrig angesetzt wird *und* die vom Bezug ausgeschlossenen Eigentümer dadurch unerträgliche Nachteile erleiden. Bei der Wahl des Börseneinführungspreises sind die Eigentümer *gegenüber Dritten* jedoch nicht gänzlich ungebunden. Einschränkungen ergeben sich nämlich aus der erforderlichen Beteiligung eines Emissionsbegleiters und außerdem aus der Anlegerschutzvorschrift § 36 Abs. 3 Nr. 3 BörsG.[53]

bbb) Bezugsrechtsausschluß

Eine dem *going public* vorgeschaltete Kapitalerhöhung bietet dem Unternehmen gegenüber einer Umplazierung deutliche Vorteile: Zum einen fließen der Gesellschaft erhebliche Mittel zu, weil bei Kapitalerhöhungen im Zusammenhang mit dem *going public* eben doch große Agios die Regel sind.[54] Zum anderen kann hier im voraus sichergestellt werden, daß die für die Kotierung benötigten Aktien zur Verfügung stehen. Bei der Umplazierung ist dieses Ziel ungleich schwerer erreichbar, da dort kein Eigentümer zur Abgabe von in seinem Besitz befindlichen Aktien gezwungen werden darf (Prinzip der Freiwilligkeit der Anteilsabgabe). Bei der Kapitalerhöhung kann ein anderer Weg beschritten werden: Zwar ist es auch hier unmöglich, jemanden zu zwingen, einmal übernommene Aktien wieder abzugeben. Aber es ist zulässig - und im Zusammenhang mit dem *going public* gängige Praxis -, daß den Altgesellschaftern erst gar keine "jungen" Aktien zugeteilt werden.[55] Dies

---

51 Vgl. Mettler (1990), S. 59.
52 Hierzu später mehr (vgl. S. 132 f.).
53 Hierzu ebenfalls später mehr (vgl. 24 f., 68 ff., 90, 142).
54 Vgl. S. 20, Fn. 47.
55 Vgl. Hirte (1986), S. 65 mit Beispielen.

wird durch einen Ausschluß des gesetzlich vorgesehenen Bezugsrechts der Eigentümer erreicht (§ 186 Abs. 3 AktG). Hierzu ist allerdings ein Beschluß der Hauptversammlung erforderlich. Dieser Beschluß bedarf, soweit die Satzung nichts anderes bestimmt, nicht der Zustimmung aller Aktionäre; es reicht vielmehr ein Mehrheitsbeschluß aus, der aber bestimmte formelle und materielle Kriterien erfüllen muß.[56] Unzufriedene Aktionäre können diesen Mehrheitsentscheid gerichtlich anfechten. Wird dieser allerdings durch die Gerichte bestätigt, haben die belasteten Eigentümer die Nachteile zu akzeptieren. Diese Gesellschafter müssen einen entschädigungslosen Einfluß- und Vermögensverlust hinnehmen. Die über die Börse hinzugekommenen Aktionäre zahlen den Kaufpreis für die erworbenen Eigentümerrechte *nur* an die Gesellschaft. Als Verkäufer der Aktien tritt nämlich das Unternehmen - gegebenfalls auch ein zwischengeschalteter Emissionsbegleiter - und eben nicht ein Altgesellschafter auf. Deshalb bevorzugen die Eigentümer des Börsenkandidaten normalerweise die Aufrechterhaltung des gesetzlichen Bezugsrechts. Jeder kann dann individuell entscheiden, ob er die neuen Aktien beziehen will oder nicht. Möchte er die "jungen" Aktien nicht behalten oder die Bezugsrechte gar nicht erst ausüben, veräußert er seine Eigentümerrechte unter Zwischenschaltung einer Bank über die Börse an Dritte. Die Käufer entschädigen die verkaufenden Altgesellschafter für den Einflußverlust und für die erlittenen Vermögensnachteile. Allerdings kann sich das Unternehmen bei diesem Ablauf nicht sicher sein, ob überhaupt genügend Aktien für den Handel an der Börse zusammenkommen, weil hier ebenso wie bei der Umplazierung die Freiwilligkeit der Anteilsabgabe gilt. Die Bereitschaft zur Abgabe von Beteiligungstiteln an Dritte kann allerdings durch einen hohen Börsenverkaufspreis gefördert werden. Jedoch scheint das Risiko, nicht genug Aktien zum Verkauf aufbringen zu können, so groß, daß in der Praxis der Gang an die Börse oftmals doch mit einem Bezugsrechtsausschluß verknüpft wird.[57] Im allgemeinen stellen aber die meisten Going-Public-Konstruktionen sicher, daß den Alteigentümern zumindest ein Teil des Plazierungserlöses zukommt, z.B. durch die Kombination einer Kapitalerhöhung ohne Bezugsrecht mit einer Umplazierung. Auch ist die Verknüpfung einer zunächst von den Eigentümern übernommenen Kapi-

---

56 Mehr hierzu im zweiten Teil der Arbeit (vgl. S. 132 f.). Vgl. auch § 186 AktG sowie Lutter (1994), S. 440 ff.
57 Vgl. Hirte (1986), S. 65.

talerhöhung mit einer gleichzeitig abgeschlossenen Verkaufsvereinba-
rung zwischen den Gesellschaftern bezüglich eines Teils der "jungen"
Aktien möglich. Außerdem sind Konstruktionen vorstellbar, bei denen
das Bezugsrecht der Aktionäre nur teilweise ausgeschlossen wird. Dies
stellt einen Kompromiß zwischen Lösungen dar, die entweder das
Bezugsrecht gewähren oder aber völlig ausschließen.

Es gibt somit vielfältige Gestaltungsmöglichkeiten, über die der Gang an
die Börse erreicht werden kann. In all diesen Fällen muß man immer
darauf achten, daß die Interessen der Aktionäre hinreichend berücksichtigt werden, da es sonst zu Kontroversen zwischen den Beteiligten
kommt. Konflikte sind insbesondere dann vorprogrammiert, wenn für
die Altgesellschafter ein zu niedriger Nachteilsausgleich vorgesehen
ist.[58]

cc) Verschieden ausgestaltete Aktien

Nicht nur die Finanzierungswirkungen und Entschädigungsaspekte beeinflussen die Ausgestaltung des Börseneintritts, sondern auch Entscheidungen über den angestrebten verbleibenden Resteinfluß der Altgesellschafter nach der Unternehmensöffnung. Neben der oben
beschriebenen Bezugsrechtsproblematik und der Anzahl der am Markt
plazierten Aktien sowie der Streuung der Gesellschaftsanteile sind hierbei auch andere Aspekte zu beachten: Über die Ausgabe verschiedener
Aktiengattungen kann man einen möglichen Einflußverlust an neu hin-
zukommende Eigentümer steuern. Je nach vorhandener Interessenlage
werden entweder Stamm- oder Vorzugsaktien plaziert, wobei auch eine
Kombination aus beiden denkbar ist. Bei Vorzugsaktien wird meistens
das Stimmrecht ausgeschlossen, um dadurch den Einfluß der Altgesellschafter abzusichern.

Auch ein Gang an die Börse mit vinkulierten Namensaktien statt mit
Inhaberaktien ist möglich. Man denke in diesem Zusammenhang z.B. an
das *going public* des Unternehmens Springer.[59] Durch die Ausgabe von
Namensaktien wird die Anonymität der Aktienbesitzer aufgehoben, da
diese Aktionäre nach § 67 Abs. 1 AktG in das Aktienbuch der Gesell-

---

58 Zu den im Zusammenhang mit dem Börseneintritt vorhandenen Aktionärs-
    interessen und auftretenden Konflikten an späterer Stelle mehr (vgl.
    S. 29 ff., 73 ff.).
59 Vgl. Heinsius/Hein (1991), S. 260.

schaft einzutragen sind.[60] Durch die Vinkulierung soll zusätzlich sichergestellt werden, daß die Aktien nur auf jene Eigentümer übertragen
werden, die im Unternehmen erwünscht sind.

b) Unternehmensexterne Ausgestaltung
Beim *going public* stehen verschiedene unternehmensexterne Ausgestaltungsmöglichkeiten zur Wahl. Dabei geht es um die Festlegung des
Börsensegments und um die Bestimmung der Emissionshelfer. Aber
auch die Art der Plazierung ist von Bedeutung.

aa) Wahl des Börsensegments
Die Bestimmung des geeigneten Börsensegments ist ein wichtiger
Gesichtspunkt beim *going public*. Je nach Marktsegment hat der Emittent nämlich unterschiedliche einmalige und laufende Anforderungen zu
erfüllen. Das Unternehmen muß beispielsweise für die Wertpapierzulassung zum amtlichen Handel einen umfangreichen Zulassungsprospekt
erstellen und veröffentlichen.[61] Für den Börseneintritt in den geregelten
Markt ist dagegen ein Unternehmensbericht erforderlich, der weniger
detailliert sein muß.[62] Auch *nach* der Börseneinführung hat der Emittent segmentspezifische Publizitätspflichten zu beachten. Bei der Wahl
des optimalen Börsensegments sind außerdem die zu erwartenden
Kosten, die erwünschte Anlegerzielgruppe, die Größe und Häufigkeit
der geplanten Folgeplazierungen u.a.m. von großer Wichtigkeit.

bb) Wahl der externen Helfer
Wohl als eine der bedeutendsten Entscheidungen ist die Wahl des
Emissionspartners - im allgemeinen eine oder mehrere Banken - anzusehen, denn von dem emissionsbetreuenden Kreditinstitut hängt ein
wesentlicher Teil des Erfolges des *going public* ab. Neben der wert-
vollen Beratungsleistung, die Banken dem Emittenten anbieten, sind sie
wegen ihrer Vertriebskanäle im Firmen- und Privatkundengeschäft gera-
dezu prädestiniert, als Ansprechpartner herangezogen zu werden. Das
am Börseneintritt interessierte Unternehmen ist zudem ohnehin auf die
Mithilfe einer oder mehrerer Banken angewiesen, weil Kreditinstitute
bei der Zulassung von Wertpapieren zum Börsenhandel entweder ein

---

60   Vgl. Wiesner (1988), § 13, Rdnr. 3, S. 64.
61   § 36 Abs. 3 Nr. 2 BörsG, §§ 13 ff. BörsZulVO.
62   § 73 Abs. 1 Nr. 2 BörsG, § 52 Börsenordnung für die Frankfurter Wert-
     papierbörse.

gesetzlich fixiertes Emissionsbegleiter-Monopol haben - so im amtlichen Handel (§ 36 Abs. 2 BörsG) - oder aber weil es gängige Praxis ist, die Zulassung über eine Bank zu beantragen. Im geregelten Markt könnte theoretisch auch ein anderer sachkundiger Emissionspartner, eine "Nichtbank", gewählt werden (§ 71 Abs. 2 BörsG und § 50 Abs. 2 Börsenordnung für die Frankfurter Wertpapierbörse). Allerdings müßte diese "Nichtbank" erst einmal ihre fachliche Kompetenz nachweisen, was in der Praxis schwerfallen dürfte. In der Regel sind die Barrieren auf seiten der denkbaren Emissionsbegleiter wohl doch so hoch, daß nur Banken zum Zuge kommen.[63] Bisher sind erst sehr wenige Beispiele in der deutschen Nachkriegsgeschichte bekannt geworden, in welchen ein Emittent Aktien ohne die Unterstützung durch eine Bank an die Börse brachte. Über eine Maklerfirma wurden z.B. im Jahre 1993 Aktien der DB-Soft AG im Münchner Freiverkehr zum Kauf angeboten.[64] Im folgenden wird die in der Praxis übliche Einschaltung einer Bank unterstellt.

Die Vorbereitung und die Durchführung des Börseneintritts sind so komplex, daß das Unternehmen noch weitere externe Fachleute zu Rate ziehen sollte. Man denke beispielsweise an Wirtschaftsprüfer, die eine Unternehmensbewertung als Grundlage für die Bestimmung der Höhe des Emissionspreises durchführen, an Steuerberater, die über die steuerlichen Folgen des Börseneintritts Auskunft geben, und an Rechtsanwälte, die das Unternehmen über die juristischen Auswirkungen verschiedener Ausgestaltungsmöglichkeiten im Zusammenhang mit dem *going public* beraten.

Auffällig beim *going public* ist auch der verstärkte Einsatz geeigneter Public-Relations-Maßnahmen, wie Pressekonferenzen, Anzeigenkampagnen in Tageszeitungen u.a.m. Diese Aktivitäten sollen den Bekanntheitsgrad des Unternehmens erhöhen und den Absatz der Wertpapiere beim Anlegerpublikum erleichtern. Auch in Public-Relations-Angelegenheiten muß darüber nachgedacht werden, ob das Unternehmen die notwendigen Maßnahmen wirklich selbst durchführen kann. Gegebenenfalls sollte hier ebenfalls ein sachkundiger Dritter, z.B. eine erfahrene Public-Relations-Agentur, hinzugezogen werden.[65]

---

63 Kritisch zum Bankenmonopol z.B. Albach u.a. (1988), S. 192 f.
64 Vgl. Landgraf (1993), S. 35.
65 Vgl. Mettler (1990), S. 43 f.

cc) Wahl der Art des Emissionskonsortiums

Für das *going public* ist auch die Selektion zwischen verschiedenen Emissionsbegleiter-Verfahren von Bedeutung, weil damit festgelegt wird, wer das Plazierungsrisiko des Wertpapierabsatzes trägt: die Banken oder der Emittent. Hiernach lassen sich verschiedene Emissionskonsortien unterscheiden:[66] das Begebungskonsortium und das Übernahmekonsortium sowie Mischformen aus beiden.

In einem Begebungskonsortium handeln die Emissionsbegleiter lediglich als Kommissionäre des Emittenten, d.h. die Banken verkaufen die Aktien in eigenem Namen für Rechnung des Emittenten. Die Kreditinstitute fungieren ausschließlich als Zahl- und Zeichnungsstellen und bringen die eigenen Vertriebskanäle ein. Das Plazierungsrisiko verbleibt somit beim Emittenten.

In einem Übernahmekonsortium dagegen erwerben die Banken die Emission vom Emittenten zu einem festen Kurs und behalten die Wertpapiere über längere Zeit im eigenen Portefeuille. Erst später werden die Aktien an Dritte abgegeben, wobei die Konsorten das Wertpapier-Absatzrisiko tragen. Bei diesem Verfahren kann der Emittent nur wenig Einfluß auf die Konditionen des Weiterverkaufs nehmen.

Beide Konsortialtypen sind in Deutschland unüblich. Hierzulande wird vielmehr eine Mischform aus einem Übernahme- und einem Begebungskonsortium bevorzugt. Bei diesem gemischten Verfahren werden die Wertpapiere von den Banken zu einem festen Preis übernommen und dem Emittenten umgehend der Gegenwert der Emission gutgeschrieben. Anschließend werden die Aktien zu einem ebenfalls mit dem Emittenten bzw. den Eigentümern vereinbarten Preis beim Anlegerpublikum mehr oder weniger breit gestreut. Ist die Emission nicht voll absetzbar, verbleiben die unverkäuflichen Wertpapiere bei den Konsortialbanken. Das Absatzrisiko tragen folglich die im Konsortium vertretenen Kreditinstitute; das Plazierungsrisiko wurde auf sie abgewälzt. Vollständigkeitshalber sei darauf hingewiesen, daß Banken ihre Serviceleistungen nicht unentgeltlich anbieten. Sie stellen dem Emittenten ansehnliche Provisionen für die eingegangenen Risiken in Rechnung.[67]

---

66 Vgl. zu den nachfolgend behandelten Konsortialtypen: Rudolph (1981), S. 61 f.; Hopt (1991), S. 184, 189 f.; Hagenmüller/Diepen (1993), S. 700 f.; Paskert (1991), S. 9 ff.

67 Vgl. hierzu die Kostenaufschlüsselung bei Rudolph (1981), S. 64.

dd) Festpreis- oder Tenderemission

Für die Abwicklung des *going public* ist ferner die Unterscheidung zwischen einer Festpreis- und einer Tenderemission bedeutsam.[68]

(1) Bei der Festpreisemission wird der Verkaufspreis im voraus festgelegt.[69] Am Markt ist somit nur noch eine Mengenreaktion möglich, was mit schwerwiegenden Folgen verbunden sein kann: Zum einen ist eine überhöhte Nachfrage des Publikums vorstellbar. Dies wirft das Problem auf, an *wen* man die repartierten Wertpapiere veräußern soll. Zum anderen kann es vorkommen, daß der geforderte Plazierungspreis weit über dem am Markt erzielbaren Gleichgewichtspreis liegt. Es werden dann nicht alle Papiere von den Anlegern gezeichnet; der Plazierungserfolg ist in Gefahr. Allerdings geht, wie oben erwähnt, zumindest beim in Deutschland üblichen gemischten Übernahme- und Begebungskonsortium das Absatzrisiko der Wertpapiere auf die vermittelnden Kreditinstitute über. Dies bedeutet, daß die Konsorten dem Emittenten den Gegenwert der Emission in jedem Fall gutschreiben. Der Gang an die Börse - ein entscheidender Bestandteil des Plazierungserfolges - ist trotzdem nach wie vor unsicher, weil unter Umständen die für den Börsenhandel erforderliche Mindeststreuung der Papiere nicht erzielt wird und deshalb die Wertpapierzulassung versagt bleibt. Eine Gefährdung des Börseneintritts beeinträchtigt zudem das Image des Emittenten und des Emissionsbegleiters. Es ist verständlich, daß alles getan wird, um dieses Fiasko zu vermeiden.

Die Festpreisemission ist trotz der damit verbundenen Nachteile das in der Schweiz und in Deutschland (noch) gebräuchlichste Abwicklungsverfahren,[70] wohl vor allem deshalb, weil der Emittent bzw. die Altgesellschafter den Zeichnungspreis vorgeben können.

(2) Beim Tenderverfahren beschreitet man einen völlig anderen Weg:[71] Der Verkaufspreis wird nicht vorher festgelegt; vielmehr geben die potentiellen Käufer Kaufgebote ab. Die Zuteilung der Wertpapiere erfolgt anschließend nach dem Auktionsprinzip. Zuerst wird das höchste Kaufpreisgebot bedient, anschließend das unmittelbar darunterliegende

---

68 Vgl. Mettler (1990), S. 137 ff.
69 Vgl. Mettler (1990), S. 138.
70 In Frankreich und Großbritannien ist dagegen das im folgenden behandelte Tenderverfahren verbreitet. Vgl. Mettler (1990), S. 145.
71 Vgl. im folgenden Mettler (1990), S. 141 ff.

usw. Auf diese Weise kann das Unternehmen den am Markt maximal durchsetzbaren Emissionserlös erzielen. Allerdings werden die Interessen der Anbieterseite zu wenig berücksichtigt, da der Verkaufspreis nicht vorgegeben werden kann - allenfalls ein Mindestpreis. Deshalb ist der Erlös nicht im voraus bestimmbar. Diese Nachteile sind wohl so schwerwiegend, daß das Tenderverfahren in Deutschland bei der Plazierung von Aktien bisher unüblich ist.[72]

ee) Private oder öffentliche Plazierung
Man unterscheidet außerdem zwischen einer öffentlichen und einer privaten Plazierung. Eine Privatplazierung richtet sich im Gegensatz zur öffentlichen Plazierung nicht an das gesamte Anlegerpublikum, sondern nur an einen kleinen, individuell bestimmbaren Anlegerkreis. Diese Emissionstechnik bietet sich allenfalls bei Namensaktien und "Mini-Emissionen" an. In der vorliegenden Arbeit wird ein *going public* mittels der in der Praxis üblichen öffentlichen Plazierung unterstellt.[73]

ff) Sonstiges
Es sei noch auf einige technische Begleitumstände des *going public* hingewiesen: Sollen Aktien zum Börsenhandel zugelassen werden, müssen sie die einschlägigen Bestimmungen der Richtlinien für den Druck von Wertpapieren erfüllen.[74] Diese fordern aus Gründen der Fälschungssicherheit als verschärfte Variante einer Aktienunterzeichnung die handschriftliche Unterschrift durch einen sogenannten Kontrollbeamten.[75] Zudem muß ein börsennotiertes Unternehmen für eine ausreichende Anzahl von Hinterlegungs- und Zahlstellen sorgen,[76] damit z.B. Dividendenzahlungen und Hauptversammlungen reibungslos durchgeführt werden können. Schließlich hat der Emittent unter den an der jeweiligen Börse vorgesehenen Börsenpflichtblättern jene auszuwählen, in denen er die Pflichtpublikationen veröffentlichen will.[77]

---

72 In jüngster Zeit hat die Festpreisemission allerdings Konkurrenz vom Tenderverfahren in Form des Bookbuildingverfahrens bekommen. Vgl. zu letzterem Voigt (1995), S. 339 ff.
73 Vgl. zu diesem Abschnitt Hopt (1991), S. 186 ff.
74 Abgedruckt in: Bruns/Rodrian: Wertpapier und Börse, Kennzahl: 250, Loseblattsammlung (näheres zum genauen Titel dieses Gesamtwerkes vgl. im Literaturverzeichnis unter "Rodrian").
75 Vgl. Wiesner (1988), § 12, Rdnr. 11, S. 57.
76 Vgl. Schäfer (1987), S. 955.
77 Vgl. Gerickes Tabelle zu den Börsenpflichtblättern, in: ders. (1990), S. 221 ff.

II. Die Interessen der Beteiligten

Bei der Darstellung der beim *going public* zu beachtenden Aspekte (Umplazierung oder Kapitalerhöhung, Wahl des Emissionsverfahrens, des Emissionsbegleiters, des Börsensegments, des Emissionsvolumens, der Public-Relations-Maßnahmen etc.) wurde deutlich, daß der Börseneintritt ein überaus komplexer Vorgang ist, der vom Emittenten nicht allein bewältigt werden kann und viel Zeit, Geld und Personal in Anspruch nimmt. Der Vorgang berührt die Interessen vieler Beteiligter in grundlegender Weise. Unter Umständen ist es nach der Unternehmensöffnung via Börse nicht mehr möglich, die eigenen Interessen in früher gewohnter Weise auch weiterhin durchzusetzen. Gegebenenfalls muß sogar verstärkt Rücksicht auf andere Interessen genommen werden. Im folgenden sollen die Beweggründe und Interessen herausgearbeitet werden, die bei der Entscheidung über den Gang an die Börse eine Rolle spielen.

1. Die Interessen der Aktionäre
Ein *going public* ist mit weitreichenden Konsequenzen für die bisherigen Gesellschafter verbunden und kann nur schwer wieder rückgängig gemacht werden.[78] Es muß deshalb geprüft werden, ob der Börseneintritt tatsächlich den Interessen der Eigentümer dient.

a) Nachteile und Probleme des *going public*
Zur Lösung der Frage, ob ein *going public* für die Altgesellschafter in Frage kommt, muß man sich über die Nachteile und Probleme dieses Vorhabens im klaren sein. Sie sind teils rechtlicher, teils faktischer Art. Ihr Gewicht wird von den Beteiligten unterschiedlich empfunden.

aa) Unternehmensöffnung
Der Gang an die Börse ist mit der Öffnung des Eigentümerkreises für Dritte verknüpft. Viele neue, meist anonyme Aktionäre treten hinzu, die u.U. Interessen verfolgen, welche von denen der bisherigen Gesellschafter abweichen. Es kommt zu einer mehr oder weniger starken Überfremdung und zu Fremdeinfluß.[79] Gegebenenfalls müssen sogar die Unternehmensziele angepaßt werden. Außerdem wird die Position der Alteigentümer geschwächt: Man kann nicht mehr so leicht schalten

---

78 Ähnlich Mettler (1990), S. 301; Oettingen (1990), S. 9. Näheres zum *going private* siehe später (vgl. S. 99 ff.).
79 Vgl. Albach u.a. (1988), S. 130.

und walten wie bisher. Weiterhin müssen familiär geprägte Organisationsstrukturen weitgehend preisgegeben werden.[80] Der Gang an die Börse kann somit das Ziel der Altgesellschafter, ihren Einfluß zu wahren, beeinträchtigen. Zudem besteht die Gefahr, daß das Unternehmen zum Opfer heimlicher Aktienaufkauf-Strategien wird. Zumindest aber kann sich die Konkurrenz über die Börse unter erleichterten Bedingungen beim Emittenten einkaufen. Bei der Ausgestaltung des Börseneintritts sollte deshalb überlegt werden, wie viele Aktien man an Dritte ausgeben will. Gegebenenfalls ist es auch sinnvoll, stimmrechtslose Vorzugsaktien oder vinkulierte Namensaktien zu plazieren, um dadurch den Einflußverlust in Grenzen zu halten. Außerdem muß bedacht werden, daß die Aufnahme neuer Eigentümer die Gewinn- und Liquidationsansprüche der Altgesellschafter schmälert. Unter Umständen ist allerdings eine Kompensation durch eine Kapitalzufuhr möglich.

bb) Mitbestimmung
Bisher war das *going public* für vormals mitbestimmungsfreie kleine Familienaktiengesellschaften mit der Einführung der Arbeitnehmer-Mitbestimmung verbunden. Diese Gesellschaften verloren nämlich ihren Sonderstatus für Familienaktiengesellschaften mit weniger als 500 Arbeitnehmern, denn im Sinne des § 76 Abs. 6 BetrVerfG (1952) waren börsennotierte Gesellschaften keine Familiengesellschaften mehr. Dieser Nachteil hielt viele Eigentümer vom Gang an die Börse ab.[81]

Die Vorschrift wurde jedoch im August 1994 geändert. Künftig, d.h. für neugegründete Aktiengesellschaften, entscheidet allein das Kriterium der Arbeitnehmerzahl über die Einführung der Arbeitnehmer-Mitbestimmung (im Sinne des BetrVerfG (1952)). Dies bedeutet, daß künftig eine kleine Aktiengesellschaft an die Börse gehen kann, ohne daß dies die Arbeitnehmer-Mitbestimmung auslöst. Das Mitbestimmungsargument wird deshalb in Zukunft bei Entscheidungen über ein *going public* von kleinen (neuen) Familienaktiengesellschaften keine Rolle mehr spielen, es sei denn, die Gesellschaft benötigt wegen des Börseneintritts mehr Mitarbeiter und überschreitet dadurch den Schwellenwert

---

80   Vgl. Albach u.a. (1988), S. 130.
81   Vgl. zur Mitbestimmung z.B. Fritsch (1987), S. 55 f.; Oettingen (1990), S. 20 ff.

von 500 Beschäftigten. Dieser Fall erscheint in der Praxis allerdings unwahrscheinlich und wird deshalb nicht weiterverfolgt.[82]

cc) Publizität

Durch den Gang an die Börse entstehen einer Aktiengesellschaft neue Publizitätspflichten. Börsennotierte Unternehmen gelten ohne Rücksicht auf Größenkriterien als "große Kapitalgesellschaften" im Sinne des Handelsgesetzbuches (§ 267 Abs. 3 HGB). Zusätzlicher Aufwand für eigentlich kleine Gesellschaften ist die Folge; handelsrechtliche Vergünstigungen fallen weg. Außerdem ist im Rahmen des *going public* die Publikation eines börsenrechtlichen Zulassungsprospekts bzw. eines Unternehmensberichts unumgänglich.[83] Darüber hinaus sind im amtlichen Handel notierte Unternehmen verpflichtet, regelmäßig mindestens einen Zwischenbericht während des Geschäftsjahres zu veröffentlichen (§ 44b BörsG). Weiterhin haben die Emittenten bei Bedarf den Börsenorganen Auskünfte zu erteilen (§ 44c BörsG). Schließlich müssen die börsennotierten Gesellschaften ihren Verpflichtungen aus der "Ad-hoc-Publizität" nachkommen. Hiernach sind die Emittenten gehalten, jene dem Publikum bisher unbekannten Tatsachen unverzüglich zu veröffentlichen, die zu erheblichen Kursschwankungen führen können (§ 15 WpHG).

Publizitätspflichten haben positive und negative Seiten. Es müssen die Auswirkungen auf die Interessengruppen bedacht werden.[84] Nutznießer der erhöhten Informationstätigkeit des Emittenten sind nicht nur Adressaten wie Aktionäre und der Staat - man denke z.b. an das Finanzamt -, sondern auch gegenwärtige und potentielle Gläubiger, Lieferanten, Kunden, Arbeitnehmer sowie Gewerkschaften und die Konkurrenz. Die Geheimhaltungsziele der Eigentümer werden verletzt. Die Befürchtung, Nachteile aus der verstärkten Informationstätigkeit zu erleiden, erschwert deshalb die Entscheidung für den Gang an die Börse erheblich.[85] Die Publizität ist ferner mit Kosten verbunden, welche die

---

82 Allerdings spielt der Status einer Familienaktiengesellschaft bei der Beurteilung einer Einführung der Mitbestimmung beim *going public* auch weiterhin eine Rolle, sofern ein Unternehmen als AG vor dem 10. August 1994 eingetragen war. Diese Ungleichbehandlung sollte der Gesetzgeber beseitigen. Abgesehen hiervon ist die Mitbestimmungsproblematik noch im Vorfeld des *going public* relevant, und zwar bei einer Umwandlung einer Personengesellschaft in eine AG.

83 §§ 36 Abs. 3 Nr. 2 und 73 Abs. 1 Nr. 2 BörsG.

84 So auch Kaden (1991), S. 151 f.

85 Vgl. Albach u.a. (1988), S. 131 f.

Unternehmensgewinne schmälern. Reduzierte Überschüsse wiederum verletzen die Gewinninteressen der Aktionäre. Auch muß bedacht werden, daß die Unternehmenspublizität zu haftungsrechtlichen Konsequenzen führen kann.[86] Der beim *going public* erforderliche Wertpapierzulassungsprospekt (Börsensegment: amtlicher Handel) unterliegt der Sanktion einer möglichen Prospekthaftung des Emittenten für falsche oder unterlassene bewertungsrelevante Angaben (§ 45 BörsG).[87]

Neben diesen negativen Aspekten hat die Publizität auch ihre positiven Seiten. Die Eigentümer haben ein berechtigtes Interesse zu erfahren, wie die Manager des Unternehmens mit dem Aktionärsvermögen wirtschaften. Dies wird durch die Informationspflichten erreicht. Als Nebeneffekt bewirken die Informationen ein gewisses Maß an Kontrolle.[88] Der Gang an die Börse kommt somit den Informations- und Kontrollinteressen bisher nur unzulänglich unterrichteter Eigentümer entgegen.

Die Publizität sollte vom Management und von ohnehin gutunterrichteten Aktionären nicht nur als lästige Erfüllung gesetzlicher Bestimmungen aufgefaßt werden, sondern vielmehr als Element der aktiven Gestaltung der Binnen- und Außenbeziehung des Unternehmens. Andernfalls bestehen berechtigte Zweifel, ob die Gesellschaft die Börsenreife tatsächlich erreicht hat.

dd) Emissionspreis und Opportunitätskosten

Durch eine offene, kontinuierliche Informationspolitik kann bereits im Vorfeld des *going public* eine Vertrauensbasis zu den potentiellen Anlegern aufgebaut werden. Dies wiederum erlaubt der Gesellschaft und den Eigentümern, einen höheren Börseneinführungspreis am Markt durchzusetzen als bei einer restriktiven Informationspolitik.[89] Ein möglichst hoher Börsenemissionspreis liegt selbstverständlich im Interesse der Eigentümer: Entweder profitieren sie selbst unmittelbar davon oder indirekt, weil der Erlös dem Unternehmen zugute kommt.[90] Durch eine vertrauenschaffende Informationspolitik kann das lästige *underpricing*

---

86 Vgl. Kaden (1991), S. 151.
87 Im geregelten Markt gilt entsprechendes für den vorzulegenden Unternehmensbericht (§ 77 BörsG).
88 So z.B. auch Mettler (1990), S. 172 f.
89 Vgl. Kaden (1991), S. 150; Wittleder (1989), S. 281.
    Es wird allerdings eine prosperierende Gesellschaft vorausgesetzt.
90 Zu den Wirkungen einer Umplazierung oder/und einer Kapitalerhöhung vgl.
    S. 18 ff.

bei Neuemissionen - Opportunitätskosten für die Gesellschaft und die Alteigentümer - verringert werden.[91] Untersuchungen haben ergeben, daß bei Neuemissionen in der Vergangenheit eine Unterbewertung der offerierten Aktien von durchschnittlich 17,58 % vorlag.[92] Dieser im Regelfall beim *going public* auftretende Einführungsrabatt kann nur schwer vermieden werden, denn es besteht ein Informationsgefälle zwischen den Altgesellschaftern und den potentiellen Käufern der Aktien. Die schlecht informierten Käufer fordern eine Risikoprämie in Form eines *underpricing* für mögliche Gefahren aus der Wertpapieranlage, die aus der Ungewißheit über die wahren Gegebenheiten im Unternehmen herrühren.[93] Ohne einen Einführungsabschlag hat es der Emittent demnach oft schwer, genügend Anleger zu finden; u.U. scheitert dann das *going public*. Das erforderliche *underpricing* hält die Gesellschafter oft davon ab, den Gang an die Börse zu wagen,[94] denn Dritte haben dadurch die Möglichkeit, sich zu günstigen Konditionen zu Lasten der bisherigen Aktionäre am Gesellschaftsvermögen zu beteiligen. Eine kontinuierliche und vertrauensbildende Informationspolitik der Gesellschaft kann allerdings, wie schon gesagt, die Unsicherheit der Käufer verringern und damit die Opportunitätskosten für die Altgesellschafter und das Unternehmen senken.

ee) Weitere Kosten

Andere Kosten können allerdings nur schwer reduziert werden. So fallen z.B. Aufwendungen für die Erstellung und die Veröffentlichung des Zulassungsprospekts an. Weiterhin entstehen Kosten durch die Inanspruchnahme der Emissionsleistungen der Kreditinstitute und das Hinzuziehen von Anwälten und Steuerberatern. Auch kann man oftmals auf eine Anzeigenkampagne in Zeitungen nicht gänzlich verzichten. Es führt kein Weg an der Feststellung vorbei: Das *going public* ist trotz der am Markt mittlerweile erzielbaren großen Agios nach wie vor teuer. Der durchschnittliche Emissionskurs lag zwar im Jahre 1989, wie bereits angemerkt, bei über 400 % des Aktien-Nennwerts,[95] aber es fallen Emissionskosten in der Größenordnung von ca. 5 bis 9 % des Plazie-

---

91 Vgl. Kaden (1991), S. 150. Zum Thema "*underpricing*" vgl. auch Uhlir (1989), S. 2 ff.; R. Schmidt u.a. (1988), S. 1193 ff.; Döhrmann (1990); Wittleder (1989), S. 214 ff., 271 ff.
92 Vgl. Wittleder (1989), S. 271. Uhlir ermittelte sogar 20 %, vgl. ders. (1989), S. 14.
93 Vgl. Wittleder (1989), S. 272.
94 Vgl. Kübler/Schmidt (1988), S. 175.
95 Vgl. Deutsche Bundesbank (1991), S. 24.

rungsvolumens an.[96] Im übrigen darf nicht übersehen werden, daß durch das neugeschaffene Wertpapierhandelsgesetz auf börsennotierte Unternehmen zusätzliche Kosten zukommen. Man denke beispielsweise an § 11 Abs. 1 Nr. 3 WpHG, welcher vorschreibt, daß börsennotierte Gesellschaften 10 % der anfallenden Kosten des Bundesaufsichtsamts für den Wertpapierhandel tragen müssen - und dies ohne Limit. Die Aufteilung dieser Kosten unter den Emittenten erfolgt nach Maßgabe der Börsenumsätze ihrer kotierten Wertpapiere (§ 11 Abs. 1 letzter Satz WpHG).

ff) Steuerliche Folgen

Schließlich müssen die steuerlichen Nachteile des *going public* berücksichtigt werden. Die vermögen- und erbschaftsteuerlichen Konsequenzen sind erheblich und verletzen die Vermögensinteressen der Eigentümer offenkundig.

(1) So kann es beispielsweise zu einer denkbar ungünstigen Entwicklung bei der *Vermögensteuer* kommen: Muß wegen des Gangs an die Börse zunächst eine Personengesellschaft in eine Kapitalgesellschaft umgewandelt werden, kommt es zu einer vermögensteuerlichen Belastung sowohl der Gesellschaft als auch der Eigentümer.[97] Dies führt zu einer vermögensteuerlichen Doppelbelastung der Substanz, was einer Diskriminierung von Kapitalgesellschaften gegenüber Personengesellschaften gleichkommt, denn für Personengesellschaften gibt es keine eigenständige Vermögensteuerpflicht.[98] Außerdem wird bei Kapitalgesellschaften, deren Beteiligungstitel nicht an der Börse gehandelt werden, im Gegensatz zu Personengesellschaften der *gemeine Wert* als Bemessungsgrundlage der Anteilsbewertung angesetzt (§ 11 Abs. 2 BewG).[99] Ist dieser Wert nicht aus Verkäufen ableitbar, die weniger als ein Jahr zurückliegen, so muß er unter Berücksichtigung der Ertragsaussichten und der Vermögenssubstanz geschätzt werden (§ 11 Abs. 2 BewG). In der Praxis wird der *gemeine Wert* nach dem sogenannten

---

96 Vgl. Küffer (1992), S. 93; Fritsch (1987), S. 78 f.
    Vollständigkeitshalber sei darauf hingewiesen, daß Werbeagenturen, Anwälte, Steuerberater etc. Interesse an hohen Beratungshonoraren, Provisionen usw. haben, weil bei diesen Personen und Unternehmen zweifellos Gewinnerzielungsabsicht besteht.
97 Vgl. Fritsch (1987), S. 16.
98 Vgl. o.V. (1986b), S. 20.
99 Dies gilt auch, wenn der letzte Börsenkurs mehr als 30 Tage vor dem steuerlichen Stichtag ermittelt wurde (§ 11 Absätze 1 und 2 BewG).

Stuttgarter Verfahren ermittelt.[100] Der Ansatz von Ertragskomponenten kann zu einer erheblichen Mehrbelastung durch die Vermögensteuer führen.

Die Börseneinführung einer Kapitalgesellschaft ist dann meist mit einer nochmaligen Steigerung der Vermögensteuerlast verbunden, da bei notierten Kapitalgesellschaften als Bemessungsgrundlage der Anteilsbewertung statt des *gemeinen Wertes* ein Börsenstichtagskurs angesetzt wird (§ 11 Abs. 1 BewG). Der aus dem Börsenkurs abgeleitete Wert ist normalerweise weit höher als jener, der über das Stuttgarter Verfahren ermittelt worden wäre. Allein diese Höherbewertung kann die zwei- bis vierfache vermögensteuerliche Belastung im Vergleich zu einer nichtbörsennotierten Kapitalgesellschaft bewirken.[101]

(2) Neben den erheblichen vermögensteuerlichen Konsequenzen des *going public* sollten auch *erbschaftsteuerliche* Folgen bedacht werden. Hierzu nur soviel: Als Bemessungsgrundlage sind wie bei der Vermögensteuer ebenfalls Börsenkurse anzusetzen, was zu der oben ausgeführten deutlichen Höherbewertung der Gesellschaftsanteile führt. Dazu kommt noch, daß die Steuerlast nicht wie bei der Vermögensteuer nur linear mit der Höhe der Bemessungsgrundlage steigt, sondern sogar überproportional.[102] Eine Erbschaft, die erst nach dem Gang an die Börse eintritt, wirkt sich steuerlich sehr ungünstig aus. Es wird deshalb empfohlen, vor dem *going public* eine Schenkung durchzuführen und erst anschließend die Aktien an die Börse zu bringen.[103] Allerdings ist für diese kostensparende Alternative eine rationale Nachfolgeplanung unerläßlich.[104]

gg) Zwischenergebnis
Es wurde deutlich, daß das *going public* u.U. mit schwerwiegenden Nachteilen für die Altgesellschafter verbunden ist. Man denke nur an die negativen steuerlichen Konsequenzen und an die nachteiligen Folgen, die eine Unternehmensöffnung nach sich ziehen kann. Zum Beispiel muß ein börsennotiertes Unternehmen verstärkt Rechenschaft über sein Tun ablegen, was nicht im Interesse aller Aktionäre ist: Es

---

100 Vgl. Abschnitt 4 ff. VStR.
101 Vgl. Herzig/Ebeling (1989), S. 222.
102 Vgl. o.V. (1986b), S. 24.
103 Vgl. o.V. (1986b), S. 24.
104 Vgl. o.V. (1986b), S. 24.

wird das Ausnutzen von Unternehmensinformationen durch Dritte befürchtet. Außerdem besteht die Gefahr, daß es zu einem Einflußverlust
der Altgesellschafter kommt. Dieses Risiko kann jedoch durch eine
geschickte Ausgestaltung des *going public* in engen Grenzen gehalten
werden (Stamm- oder stimmrechtslose Vorzugsaktien, Inhaber- oder
vinkulierte Namensaktien etc.).[105]

b) Motive für ein *going public*

Die sich aus dem Gang an die Börse ergebenden Nachteile und Probleme müssen durch die mit einem solchen Vorhaben verbundenen Vorteile kompensiert werden, sonst ist ein *going public* für die Eigentümer
uninteressant. Diese Vorteile sind ebenso wie die Nachteile teils rechtlicher, teils faktischer Art.

aa) Kapitalzufuhr der Gesellschaft

Als Motiv für den Gang an die Börse kommt beispielsweise der Wunsch
nach einer verbesserten Eigenkapitalausstattung der Aktiengesellschaft
in Frage. Hier spielen u.a. die Fremdkapitalproblematik und das Ziel
einer "Kriegskassenbildung" eine wichtige Rolle.

aaa) Fremdkapitalproblematik

Die Deckung des Kapitalbedarfs durch Fremdmittel bietet den Vorteil,
daß die Gläubiger nicht am Gewinn beteiligt sind und keine Eigentümerrechte haben. Allerdings birgt eine zu geringe Eigenkapitalquote mehrere Gefahren: Beispielsweise wächst der in der Praxis oft bestehende
Einfluß der Gläubiger auf die Unternehmenspolitik beträchtlich, sei es,
daß sie Kreditverwendungsbeschränkungen vorgeben und durchsetzen
können, sei es, daß Banken mit der Drohung, bestehende Kreditlinien zu
kürzen und Kredite nicht zu prolongieren, ein Wohlverhalten des
Schuldners erzwingen. Je größer der Fremdkapitalanteil am Gesamt-
vermögen des Unternehmens ist, desto geringer wird der Spielraum für
eine eigenständige, auf die Interessen der Anteilseigner ausgerichtete
Unternehmenspolitik. Das Tätigen von riskanten und gleichzeitig mit
hohen Gewinnchancen ausgestatteten Geschäften wird immer unwahrscheinlicher, weil Gläubiger um den Bestand ihrer Forderungen fürchten
und deshalb ihren faktischen Einfluß auf die Unternehmenspolitik des
Schuldners geltend machen. Eine vernünftige Eigenmittelausstattung

---

105 Zu den Techniken der Einflußsicherung vgl. May (1992), S. 87 ff., 124 ff.,
199 ff.

sichert die Unabhängigkeit des Unternehmens, beugt Liquiditätsschwie-
rigkeiten vor und ist letztlich unabdingbar, wenn man Krisenzeiten
unbeschadet überstehen will. Dem Eigenkapital kommt eine Pufferfunk-
tion zu, die nicht unterschätzt werden darf.[106]

In vielen Fällen ist das gewünschte Unternehmenswachstum und damit
auch das Erschließen gewinnbringender Geschäftsfelder nicht mehr nur
durch die Selbstfinanzierungskraft des Unternehmens erzielbar. Durch
eine weitere Fremdkapitalzufuhr stößt man jedoch u.U. an die oben beschriebene kritische Grenze. Ein *going public* bietet sich hier vor allem
dann an, wenn die Gesellschafter nicht mehr willens oder in der Lage
sind, weiteres Eigenkapital einzubringen. Dies war beispielsweise für
das Unternehmen Traub einer der Gründe, an die Börse zu gehen.[107] Im
schlimmsten Fall zwingt schlichte Existenzangst zu einem *going
public*.[108] Eine Eigenmittelzufuhr wirkt sich günstig auf die Liquiditätssituation der Aktiengesellschaft aus und senkt damit ihre Krisenanfälligkeit. Zusätzliche Abhängigkeiten von Gläubigern können vermieden und
bereits bestehende durch den Abbau von Verbindlichkeiten verringert
werden. Durch den Gang an die Börse steigt außerdem die Bonität des
Emittenten: einerseits, weil er meist[109] zusätzliches Eigenkapital im
Sinne von Haftungskapital erhält, andererseits, weil durch die
Aktienstreuung eine *breitere* Aktionärsbasis geschaffen wird, was wiederum die Plazierung weiterer Kapitalerhöhungen erleichtert. Eine verbesserte Einstufung der Kreditwürdigkeit des Unternehmens erleichtert
zudem die Fremdkapitalzufuhr zu günstigen Konditionen. Im übrigen
wird die Gesellschaft durch eine Eigenmittelzufuhr und die Verbesserung ihrer Liquiditätssituation in die Lage versetzt, günstigere Einkaufs-
konditionen durchzusetzen.

bbb) Senkung der Finanzierungskosten
Ein Unternehmen ist bestrebt, die Finanzierungskosten möglichst
niedrig zu halten. Dabei spielen nicht nur die soeben genannten
Bonitätsüberlegungen eine Rolle, sondern darüber hinaus auch der
Zinszyklus am Kapitalmarkt. Es bietet sich beispielsweise in

---

106 Zu den Eigenkapitalfunktionen und den Folgen einer Unterkapitalisierung vgl.
die Darstellung bei Heindl (1987), S. 22 ff., 26 ff; Matschke (1991),
S. 26 ff., 61 ff.; Busse (1993), S. 416 ff.
107 Vgl. o.V. (1987), S. 28.
108 Vgl. o.V. (1986a), S. 38.
109 Nicht so bei einer Umplazierung.

Hochzinsphasen an, kostspieliges Fremdkapital durch billigeres Eigenkapital zu ersetzen. Ein *going public* kann dies ermöglichen.[110]

In den letzten Jahren erkannten nicht nur Familienunternehmen, sondern auch bereits börsennotierte Konzernunternehmen, daß man durch den Gang an die Börse zusätzliches Eigenkapital zu guten Bedingungen beschaffen kann. So haben z.b. die Unternehmen Metallgesellschaft und Viag einige jener *Konzerntöchter* an die Börse gebracht, die Gewinne erwirtschafteten oder aber in vielversprechenden Geschäftsfeldern tätig waren.[111] Über die Gründe einer Börseneinführung von Konzerntöchtern läßt sich spekulieren: Zum einen kann es sein, daß die Börsenbewertungen der kotierten Konzernmütter nicht attraktiv genug sind für die Plazierung weiterer Kapitalerhöhungen mit hohem Agio und daß deshalb die Kapitalzufuhr über eine prosperierende Tochter gewählt wird. Zum anderen sollen wohl Eigentümerrisiken mit Dritten geteilt werden. Durch das *going public* einer Konzerntochter fließen hohe Beträge in die Kassen dieser Gesellschaft oder in jene der Konzernmutter, je nachdem, ob der Weg über eine Umplazierung oder eine Kapitalerhöhung gewählt wird.[112]

ccc) Finanzierung konkreter Projekte und "Kriegskassenbildung"
(1) Die durch das *going public* erzielten Finanzmittel werden zur Finanzierung konkreter Investitionsprojekte eingesetzt,[113] wie Modernisierungs- und Rationalisierungsvorhaben, Entwicklung neuer Technologien und Erzeugnisse, Ausbau von Märkten etc. Dies beinhaltet auch den Kauf anderer Unternehmen. So wurde beispielsweise über das *going public* der Chemie Holding AG (C.H.A.) ein beabsichtigter Unternehmenskauf teilfinanziert.[114]

(2) Oft liegt allerdings überhaupt kein konkreter Kapitalbedarf vor, so z.B. beim *going public* der Sto AG.[115] Der Gang an die Börse wird in diesen Fällen häufig gewählt, um "Kriegskassen" für das unter-

---

110 Vgl. Kunz (1991), S. 16.
111 Vgl. Fieber (1992), S. 24; Karsch (1990b), S. 722, 724; Karsch (1993), S. 22 ff.; o.V. (1992a), S. 25.
112 Es sei nochmals daran erinnert, daß z.B. im Jahre 1989 Emissionserlöse in der Größenordnung von über 400 % des Aktien-Nennwertes möglich waren. Vgl. Deutsche Bundesbank (1991), S. 24.
113 Vgl. Mettler (1990), S. 104.
114 Vgl. Küffer (1992), S. 41.
115 Vgl. Küffer (1992), S. 41.

nehmensexterne Wachstum - sprich: zukünftige Unternehmenskäufe - anzulegen.[116]

ddd) Flexible Kapitalzufuhr und Unabhängigkeit

(1) Weiterhin führt die Chance, in konjunkturellen Boomphasen - die auch noch von einem guten Börsenklima begleitet werden - jederzeit über die Börse relativ günstig neues Eigenkapital beschaffen zu können, zu erheblichen Wettbewerbsvorteilen gegenüber jener Konkurrenz, die nicht über diese Möglichkeit verfügt.

(2) Eine Eigenmittelzufuhr über ein *going public* ermöglicht darüber hinaus die Sicherung der Unabhängigkeit des Unternehmens nicht nur von den Gläubigern - siehe oben -, sondern auch von der Konkurrenz. Ein drohender Unternehmensverkauf oder die Anlehnung an einen stärkeren Partner sind so vermeidbar.[117] Es soll allerdings nicht verschwiegen werden, daß durch die Börsenpräsenz die Gefahren für einen heimlichen Unternehmensaufkauf steigen. Dieses Risiko kann jedoch durch eine geschickte Emissionspolitik relativ klein gehalten werden: Es wird fast immer darauf geachtet, daß die neuen Aktionäre nur minimalen Einfluß auf den Emittenten gewinnen können. Dies erreichen die Altgesellschafter beispielsweise dadurch, daß sie die eigene Beteiligung lediglich bis zu den kritischen Werten 75 % bzw. 50 % des Grundkapitals abbauen.[118] Es wird dabei nach dem Motto verfahren: *Teile die Risiken mit Dritten, akquiriere möglichst viel neues Eigenkapital, herrsche aber uneingeschränkt fort.*

bb) Lösung von Nachfolgeproblemen

Der Weg des *going public* wird auch aus anderen Gründen als den bisher genannten beschritten. So bietet sich der Börseneintritt z.B. zur Regelung von Nachfolgeproblemen an.[119]

Es ist nicht ungewöhnlich, daß einzelne Erben kein Interesse an der *Unternehmensbeteiligung* zeigen, da sie beispielsweise aus privaten Finanzierungsgründen lieber ausgezahlt werden wollen.[120] Über die Börse können diese Aktionäre abgefunden werden, ohne daß die anderen Erben die Anteile erwerben müssen. Dabei ist es - wie bereits ange-

---

116 So auch Mettler (1990), S. 104 f.
117 Ähnlich Walter (1984), S. 403.
118 Vgl. zu den Wegen zur Einflußsicherung auch S. 23 f.
119 Vgl. o.V. (1986a), S. 37 f.; Albach u.a. (1988), S. 218.
120 Näheres zu den privaten Finanzierungsgründen siehe unten: S. 41 ff.

deutet - möglich, das *going public* so auszugestalten, daß der Einfluß-
gewinn Dritter in Grenzen gehalten werden kann, z.B. durch die Plazierung stimmrechtsloser Vorzugsaktien. Man erinnere sich in diesem Zusammenhang an das *going public* des Unternehmens Porsche.[121]

Über die Börse läßt sich außerdem noch ein anderes Nachfolgeproblem
lösen: In Familienunternehmen kann mit zunehmendem Firmenalter die
Schwierigkeit entstehen, qualifizierte Familiennachfolger für die *Unternehmensleitung* zu finden. Es ist auch vorstellbar, daß durchaus
geeignete Erben vorhanden sind, diese aber an der Mitarbeit im Unternehmen kein Interesse zeigen.[122] Die Umwandlung in eine Aktiengesellschaft und das *going public* können hier weiterhelfen. Beides führt
in vielen Fällen zu einer Neuausrichtung der Unternehmensorganisation
und stärkt die Position der Unternehmensleitung. Der Gang an die Börse
kann dazu genutzt werden, um eine klare Trennung zwischen der Pri-
vatsphäre der Eigentümer von der Unternehmensebene zu schaffen; es
kommt zu einer Versachlichung der Beziehungen innerhalb des Eigentümerkreises.[123] Börsenunternehmen sind attraktiver für fachkundige
externe Manager,[124] da die Aktionäre - zumindest in der Theorie - nicht
in die laufende Geschäftspolitik der Unternehmensleitung hineinregie-
ren. Die Eigentümer können deshalb leichter Nachfolger für vakante
Vorstandsämter finden und sich selbst von diesen Positionen zurückzie-
hen. So kann die Unternehmenskontinuität durch die Einstellung unter-
nehmensexterner Manager gesichert werden.

cc) Lösung von Konflikten im Gesellschafterkreis

Das *going public* ist außerdem sinnvoll, um bestehende Differenzen
zwischen den Gesellschaftern, beispielsweise über die richtige Unternehmenspolitik, zu regeln. Als Beispiel in diesem Zusammenhang kann
das *going public* des Unternehmens Dyckerhoff & Widmann genannt
werden.[125]

Der Zwist behindert die Durchführung jener unternehmerischen Maßnahmen, über welche die Aktionäre befinden müssen. So werden beispielsweise erforderliche Kapitalerhöhungen durch sich streitende

---

121 Vgl. o.V. (1986a), S. 38.
122 So auch Kaden (1991), S. 24.
123 Vgl. Walter (1984), S. 402.
124 Vgl. Albach u.a. (1988), S. 220.
125 Vgl. o.V. (1986a), S. 38.

Gesellschafter blockiert. Unter Umständen leidet auch die normale Geschäftstätigkeit der Gesellschaft erheblich. Dieses Problem kann durch den Gang an die Börse gelöst werden. Die sich gegenseitig blockierenden Eigentümer einigen sich darauf, daß nur noch eine richtungsbestimmende Aktionärsgruppe im Unternehmen verbleibt, alle anderen aber gegen Abfindung ausscheiden. Kann oder soll die im Unternehmen verbleibende Gruppe die "austretenden" Aktionäre nicht abfinden, bietet sich ein Aktienverkauf an Dritte via Börse an. Ein derartiges *going public* ist im Interesse einer berechenbaren und gewinnbringenden Unternehmenspolitik nur zu empfehlen.

dd) Verwirklichung privater Finanzierungsziele
Der Börseneintritt kann nicht nur zur Deckung des Kapitalbedarfs der Gesellschaft, zur Regelung von Nachfolgeproblemen und zur Ausräumung bestehender Meinungsverschiedenheiten zwischen Gesellschaftern genutzt werden. Darüber hinaus lassen sich auch private Finanzierungsinteressen verwirklichen.

aaa) Begleichung der Erbschaftsteuer und Vermögensdiversifikation
(1) Unter Zuhilfenahme der Börse können beispielsweise *erbschaftsteuerliche* Zahlungsverpflichtungen der Aktionäre erfüllt werden.[126] Altgesellschafter verkaufen bei dieser Strategie Unternehmensanteile am Kapitalmarkt. Man denke an eine Umplazierung oder auch an den Verkauf von Bezugsrechten. Die erzielten Erlöse werden von den veräußernden Eigentümern dann zur Begleichung einer bestehenden Erbschaftsteuerschuld eingesetzt. Diese Überlegungen spielten beim *going public* des Unternehmens VDO eine wichtige Rolle.[127]

(2) Auch ohne Erbfall denken die Eigentümer oftmals an einen Anteilsverkauf: Sie möchten u.U. ihr privates *Vermögen diversifizieren,*[128] um das Eigenkapitalrisiko nicht mehr selbst voll tragen zu müssen. Darüber hinaus ist es vorstellbar, daß die unternehmensinterne Verzinsung des eingesetzten Kapitals einigen Gesellschaftern zu niedrig erscheint;[129] womöglich sind anderweitig größere Gewinne erzielbar. Unter diesen

---

126 Sinngemäß können die folgenden Ausführungen auch auf andere Schuldnersituationen übertragen werden. Hier kann ebenfalls ein *going public* eingesetzt werden.
127 Vgl. o.V. (1986c), S. 163.
128 So z.B. auch Wagner (1991), S. 253.
129 Ähnlich Kaden (1991), S. 24.

Umständen bietet es sich an, die bezweckte Vermögensumschichtung über ein *going public* anzustreben.

bbb) Gewinn- und Vermögenssicherung

Es ist auch denkbar, daß "Kasse gemacht" werden soll,[130] um Gewinne aus einer bestehenden Unternehmensbeteiligung zu sichern. Eine Umplazierung ist hierfür geeignet. Über die Börse können die Aktien bei Dritten untergebracht werden - jedoch nur dann, wenn sich das Unternehmen nicht in einer erkennbaren Krise befindet. Andernfalls dürfte es schwerfallen, neue Anleger zu finden.

Es besteht die Gefahr, daß Alteigentümer zu Lasten Dritter Vorteile aus ihren Kenntnissen über die wahre Situation im Unternehmen ziehen. Deshalb ist es nicht immer auszuschließen, daß kurz vor einer zu erwartenden Verschlechterung der Gewinnsituation des Unternehmens über ein *going public* Anteile zu hohen Preisen am Markt verkauft werden. Insiderwissen kann so gewinnbringend genutzt werden. Auffällig war in diesem Zusammenhang der Börseneintritt einiger Gesellschaften in der jüngeren Vergangenheit. Kurz nach der ersten Börsennotierung dieser Emittenten fielen die Kurse über lange Zeit ins "Bodenlose". Man denke z.B. an das Kursdebakel bei den Unternehmen Sartorius und Volksfürsorge. Der Verdacht, daß in vielen Fällen unmittelbar vor einer für jedermann erkennbaren Unternehmenskrise schnell noch "Kasse gemacht" werden sollte, ist zumindest nicht völlig abwegig.[131] Vor dem Börsengang verbreitete optimistische Gewinnschätzungen, die selbstverständlich als gesichert galten, wurden nach der Börseneinführung deutlich verfehlt.[132] Besonders extrem war die Diskrepanz zwischen Prognose und Realität z.B. bei den Unternehmen Gold-Zack und Sartorius. Im letzteren Fall betrug die Abweichung nach unten sogar 70 %.[133] Die eingetretene Gewinnerosion war angeblich im vorhinein nicht absehbar.

Zwar sollen die uninformierten Käufer durch Gesetze vor einer Übervorteilung geschützt werden, bisher muß aber *keine* Schätzung der künftigen Gewinnentwicklung *im* Börsenzulassungsprospekt veröffentlicht

---

130 Siehe S. 18 ff., insbes. Fn. 43, 47. Vgl. auch Kaden (1991), S. 24, insbes. die dortige Fn. 45.
131 Vgl. Kunz mit einem Beispiel aus der Praxis; ders. (1991), S. 17.
132 Vgl. Nachweise mit Tabellen bei Landgraf (1992), S. 35 und Schreib (1992), S. 24 f.
133 Vgl. Burgmaier (1992), S. 79.

werden.[134] Nicht nur aus diesem Grund ist eine Prospekthaftung ungemein schwer durchsetzbar; zusätzlich erschweren Beweislastprobleme das Geltendmachen etwaiger Ersatzansprüche: Es wäre nachzuweisen, daß bereits zum Zeitpunkt der Veröffentlichung des Prospekts eine verschlechterte Unternehmensentwicklung absehbar war, diese aber verschwiegen wurde, obwohl solche Informationen eine andere Anteilsbewertung und damit einen niedrigeren Verkaufspreis erforderlich gemacht hätten (§ 45 Abs. 1 BörsG).[135]

ccc) Rückzug auf "Raten" und Fungibilitätsüberlegungen

(1) Der Gang an die Börse kann ferner dazu genutzt werden, einen geordneten *Rückzug* der Altgesellschafter auf "*Raten*" durchzuführen. Dies geschieht beispielsweise dadurch, daß die bisherigen Eigentümer Kapitalerhöhungen nicht mehr mitmachen, um private Kassen zu schonen. Man überläßt es vielmehr den Käufern der "jungen" Aktien, die notwendigen Unternehmensinvestitionen zu finanzieren. Auch ist es möglich, daß die verkaufswilligen Gesellschafter (unabhängig von Kapitalerhöhungen) nach und nach Aktien über die Börse zum Verkauf anbieten. Dabei hilft die ständige Börsenbewertung des Unternehmens den Aktionären, die geeigneten, gewinnbringenden Zeitpunkte für eine schrittweise Reduzierung bis hin zur vollständigen Auflösung der Unternehmensbeteiligung zu bestimmen.

(2) Schließlich wird durch den Börseneintritt die *Fungibilität* der Gesellschaftsanteile entscheidend gesteigert. Die Übertragbarkeit der Anteile ist für die Aktionäre von größter Wichtigkeit, um ihre Unternehmensmitgliedschaft beenden zu können, da es andere Ausscheidungsmöglichkeiten, wie ein Austritts- oder Kündigungsrecht, im Aktienrecht normalerweise nicht gibt.[136] Die nahezu jederzeitige Liquidierbarkeit von Aktien an der Börse, der standardisierte Wertpapierhandel, eine transparente Preisbildung am Markt und die niedrigen Transaktionskosten erleichtern den Anteilsverkauf ungemein und machen deshalb eine Kapitalbeteiligung für viele Anleger erst attraktiv.[137] Hierin dürfte

---

134 Vgl. Landgraf (1992), S. 35; o.V. (1992e), S. 56.
135 Zur Prospekthaftung und den Lücken im Aktionärsschutz vgl. Brondics/Mark (1989), S. 339 ff.
136 Vgl. Wirth (1992), S. 617. Ausnahmen finden sich allerdings im Konzernrecht; vgl. z.B. § 305 AktG. Im übrigen wird auf § 262 Abs. 1 Nr. 2 AktG hingewiesen.
137 Vgl. z.B. H. Schmidt (1970), S. 70 f.; Kübler (1990), § 14 II 1 b, S. 166; Zahn (1981), S. 103 f.

auch der Grund zu finden sein, warum Aktiengesellschaften es relativ leicht haben, über die Börse große Eigenkapitalbeträge zu akquirieren.

Die Börsenpräsenz des Emittenten dient offensichtlich sowohl den Kapitalbedürfnissen der Gesellschaft als auch den Spekulations-, Anlage-, Sicherheits- und Liquiditätsinteressen der Aktionäre.

ee) Bekanntheitsgrad und Wettbewerbsposition[138]

Bei der Entscheidung für den Gang an die Börse spielen nicht nur die soeben genannten privaten Finanzierungsabsichten eine Rolle. Vielmehr können auch günstige Auswirkungen auf den Bekanntheitsgrad des Unternehmens, positive Image- bzw. Werbeeffekte und damit letztendlich die Sicherung und der Ausbau der Wettbewerbsposition Gründe für ein *going public* sein.[139] Durch die dauernde Börsenberichterstattung erfahren weitere potentielle Lieferanten und Kunden im In- und Ausland von der Existenz des Emittenten und von seinen Produkten. Man erhofft, dadurch mehr gewinnbringende Aufträge zu erhalten. Durch das *going public* soll darüber hinaus ein größeres Vertrauen der Lieferanten und Kunden in das Unternehmen erreicht werden. Großzügigere Zahlungszielregelungen der Lieferanten und der Aufbau langfristiger Kundenbeziehungen sind weitere mögliche Folgen eines Börseneintritts. Auch ist es nicht von der Hand zu weisen, daß die Aktionäre des Emittenten eher geneigt sind, Produkte des eigenen Unternehmens zu erwerben, als jene der Konkurrenz.[140] Dieser Effekt kann mittels einer Verbreiterung der Eigentümerbasis (via Börse) genutzt werden. Dadurch werden mehr Kunden, die gleichzeitig Aktionäre sind, an das Unternehmen gebunden.

Gesellschaften, die sich an der Börse notieren lassen, haben es außerdem leichter, einen Partner für ein Joint-venture zu finden.[141] Überhaupt scheinen sich Aktiengesellschaften gut dafür zu eignen, überkreuzte Minderheitsbeteiligungen zwischen Geschäftspartnern (Lieferanten und Kunden) einzugehen.

Durch das *going public* sollen nicht nur auf den Güterbeschaffungs- und -absatzmärkten, sondern auch auf dem Arbeitsmarkt Vorteile erzielt

---

138 Dieser Gliederungspunkt ist für Aktionäre *und* Vorstände gleichermaßen von erheblicher Bedeutung.
139 Vgl. Fritsch (1987), S. 51.
140 Vgl. Kübler (1990), § 14 II 1 c bb, S. 167.
141 Vgl. Möhle (1987), S. 6.

werden.[142] Beispielsweise steigt durch den Gang an die Börse die Attraktivität des Unternehmens für hochqualifizierte Mitarbeiter. Dies alles soll die Wettbewerbsposition und die Gewinnchancen des Emittenten erhalten und verbessern - und liegt sicher im Interesse der Aktionäre.

Ähnliche Argumente werden übrigens von Unternehmen angeführt, die eine *zusätzliche* Notiz an einer ausländischen Börse anstreben (Börsenpräsenzausweitung). Große deutsche Unternehmen wie BASF, Bayer, Volkswagen, Daimler-Benz u.a.m. haben den Schritt an die japanische Börse gewagt.[143] Speziell in Japan erleichtert eine Börsennotierung den Markteintritt erheblich, weil dadurch bestehende Marktzutrittsschranken, beispielsweise jene auf dem Arbeitsmarkt, einfacher überwunden werden können. Japaner wollen ein Leben lang bei demselben Unternehmen bleiben. Dabei ist eine an der japanischen Börse präsente Auslandsgesellschaft für sie bei weitem attraktiver als eine dort unnotierte. Von einem zusätzlichen *listing* der Gesellschaftsanteile im Ausland werden ähnlich wie bei einem *going public* auch Vorteile an den lokalen Güterbeschaffungs- und -absatzmärkten erhofft.[144]

ff) Mitarbeiterbeteiligung

Schließlich kann über das *going public* ein überaus sinnvolles Mitarbeiter-Beteiligungssystem[145] aufgebaut werden. Denn vor allem über Aktien des Emittenten, die im Regelfall über die Börse nach Ablauf einer vereinbarten Festlegungsfrist jederzeit wieder liquidierbar sind, ist es möglich, die Mitarbeiter zum Erwerb von Eigenkapitaltiteln zu bewegen. Da in Aktiengesellschaften die Eigentümer normalerweise weit weniger Einflußmöglichkeiten auf die Geschäftspolitik haben als in anderen Gesellschaftsformen, ist die Beteiligung der Belegschaft am Eigenkapital des Unternehmens hier auch relativ unproblematisch.

Durch die Eigenkapitalbeteiligung steigt die Bindung der Arbeitnehmer an "ihr" Unternehmen. Dies führt zu einer Verringerung der Fluktuationsrate. Unter Umständen sind ferner positive Motivationswirkungen bei den Arbeitnehmern zu erzielen. Zudem wird ein kostenbewußtes

---

142 Vgl. Walter (1984), S. 402.
143 Vgl. Paul (1992), S. 951 f.
144 Vgl. zu diesem Abschnitt Musahl (1993), S. B 5; Paul (1992), S. 914 ff., insbes. S. 932 f.
145 Vgl. hierzu im einzelnen Schanz (1985), S. 71 ff., insbes. S. 88 ff.

Verhalten der Belegschaft bezweckt.[146] Dies alles führt zu den allseits erwünschten Kosteneinsparungen im Unternehmen.

gg) Zwischenergebnis
Als Motive für den Gang an die Börse kommen einerseits Gegebenheiten im Unternehmen in Frage, wie z.b. das Streben nach einem Abbau der Verschuldung, ein gesteigerter Kapitalbedarf für Investitionen oder auch eine gezielte "Kriegskassenbildung". Andererseits sind private Gründe der Gesellschafter entscheidend. Im letzteren Fall sind oft erbschaftbedingte Ursachen sowie Strategien ausschlaggebend, die auf eine Vermögensrealisation oder -diversifikation zielen.

Das *going public* stellt eine sinnvolle Strategie zur langfristigen Unternehmenssicherung, Vermögensmehrung und -erhaltung dar. Dies ist im Sinne aller Gesellschafter, die Gewinn- und Sicherheitsinteressen verfolgen. Allerdings werden die privaten Gewinnansprüche der Altgesellschafter durch die Aufnahme neuer Eigentümer geschmälert. Dieser Nachteil wird u.U. aber durch im Anschluß an das *going public* stark steigende Unternehmensgewinne mehr als wettgemacht: Jedem Anteilseigner steht dann - absolut gesehen - ein höherer Gewinnanteil zu als zuvor.

Die hohe Fungibilität börsennotierter Gesellschaftsanteile dient den Liquiditätsinteressen der Aktionäre und erleichtert das Verfolgen von kurzfristigen Spekulationsstrategien.

c) Klassifikation der Aktionäre nach ihren spezifischen Interessen
Die Aktionäre beurteilen das *going public* nicht nur nach den in den letzten Gliederungspunkten aufgezeigten Vor- und Nachteilen. Vielmehr stehen hierbei die individuellen Interessen der Gesellschafter im Vordergrund, welche allerdings oft gruppenspezifisch sind.

aa) Unterteilung in Befürworter und Gegner des Börseneintritts
Die Eigentümer lassen sich in zwei Hauptkategorien einteilen: Die eine Aktionärsgruppe hat Interesse an einem *going public*; für die andere kommt ein Börseneintritt nicht in Frage. Aus der Sicht der zuletzt genannten Gruppe überwiegen die Nachteile einer Börsenpräsenz die

---

146 Vgl. Walter (1984), S. 402.

möglichen Vorteile; ein *going public* dient nicht ihren Zielen - anders bei der ersten Gruppe.[147]

bb) Unterteilung in ausscheidende und im Unternehmen verbleibende Gesellschafter

Die am *going public* interessierten Eigentümer kann man wiederum in zwei Gruppen einteilen. Die eine ist nach dem Börseneintritt nicht mehr an der Unternehmensmitgliedschaft und an Einfluß in der Gesellschaft interessiert.[148] Diese Aktionäre lassen sich via Börse abfinden, weil eine Entschädigung durch andere Altgesellschafter nicht möglich oder aber unerwünscht ist. Die weitere Zukunft des Unternehmens ist ihnen weitgehend gleichgültig. Eine Bindung zum Emittenten wird höchstens durch emotionale und immaterielle Aspekte aufrechterhalten.[149] Ihr vorrangiges Interesse gilt einem möglichst hohen Börsenverkaufspreis, da sie mit dem *going public* private Vermögensrealisations- und Liquiditätsziele verfolgen.

Die andere Eigentümergruppe ist auch nach dem Börseneintritt an einer Beteiligung am Eigenkapital des Emittenten interessiert. Die Aktionäre dieser Gruppe wollen nach wie vor ihr privates Vermögen in der Gesellschaft gewinnbringend anlegen und möchten fast immer ihren Einfluß im Unternehmen weiterhin behalten.[150] Diese Gesellschafter lassen sich mehr oder weniger stark von Dritten für die Unternehmensöffnung und die gegebenenfalls auftretende Kapitalverwässerung entschädigen. Darüber hinaus ist für solche Eigentümer ein Gang an die Börse nur vorstellbar, wenn die auftretenden Nachteile die Unternehmensgewinne nur vorübergehend schmälern: Die Nachteile einer Börsennotierung müssen durch die Vorteile ausgeglichen werden. Diese Gesellschafter verfolgen mit ihrer beibehaltenen Unternehmensbeteiligung Substanzsicherungs-, Einflußwahrungs- und Unabhängigkeitsinteressen. Gewinnziele verstehen sich von selbst.

cc) Unterteilung der Aktionäre nach ihrem Kapitalanteil

Neben den oben genannten Unterscheidungen der Eigentümer ist noch eine weitere wichtig, und zwar jene, die auf den individuellen Kapital-

---

147 Auf entstehende Konflikte zwischen den Eigentümern soll später ausführlich eingegangen werden (vgl. S. 73 ff.).
148 So auch Mettler (1990), S. 39 f.
149 Vgl. Mettler (1990), S. 40. Ein Anstellungsverhältnis bleibt außer Betracht.
150 In diesem Sinne auch Oettingen (1990), S. 18.

anteil (u.U. auch Stimmenanteil) der Aktionäre abstellt. Mit der Höhe des Aktienbesitzes variiert der Einfluß, den ein Aktionär auf die Gesellschaft ausüben kann. Es soll deshalb zwischen Groß- und Kleinaktionären differenziert werden.

aaa) Groß- und Kleinaktionäre

Kleinaktionäre sind solche Eigentümer, die nur in äußerst geringem Umfang am Gesellschaftsvermögen beteiligt sind. Sie halten im Regelfall deutlich weniger als 5 % des Aktienkapitals. Großaktionäre dagegen besitzen mindestens 25 % des Beteiligungskapitals. Allerdings kann u.u. auch ein Gesellschafter, der beispielsweise lediglich 22 % des Grundkapitals hält, die Stellung eines Großaktionärs einnehmen, weil in der Hauptversammlung oft nicht das gesamte Aktienkapital vertreten ist. Die Größenangaben sind deshalb fließend zu interpretieren.

Die Gruppe der Großaktionäre läßt sich weiter untergliedern: in Mehrheitsaktionäre und qualifizierte Minderheitsgesellschafter.

Mehrheitsaktionäre sind jene Eigentümer, die wegen ihres hohen Stimm- und Kapitalanteils Beschlüsse der Hauptversammlung grundsätzlich frei nach ihren eigenen Vorstellungen gestalten und durchsetzen können (*aktive Einflußnahme*).[151] Dies gilt zumindest für solche Beschlüsse, für deren Wirksamkeit nur eine einfache Mehrheit in der Hauptversammlung erforderlich ist, wie z.B. bei Gewinnverwendungsentscheidungen oder auch bei der Besetzung von Aufsichtsratsposten. Hält ein Mehrheitsaktionär gar eine qualifizierte Mehrheit, verfügt er über noch größere Gestaltungsspielräume, weil er dann auch Grundlagenentscheidungen wie beispielsweise Satzungsänderungen oder gar die Liquidation der Gesellschaft erzwingen kann.

Qualifizierte Minderheitsaktionäre haben diese aktiven Einflußmöglichkeiten nicht. Sie halten allerdings eine Sperrminorität von mindestens 25 % des Grundkapitals. Das bedeutet, daß von ihnen Beschlüsse der Hauptversammlung zwar nicht durchgesetzt, aber Entscheidungen verhindert werden können, für die eine qualifizierte Mehrheit erforderlich ist. Somit können qualifizierte Minderheiten ihr Vetorecht zur *passiven Einflußnahme* einsetzen.

---

151 Auf Einschränkungen, die sich aus bestehenden Regelungen zum Minderheitenschutz ergeben, wird später eingegangen (vgl. S. 131 ff.).

Die Großaktionäre kennen sich in vielen Fällen persönlich. Dies bietet den Vorteil, daß man sich bereits im Vorfeld einer Hauptversammlung untereinander abstimmen kann. Bestehende Meinungsverschiedenheiten können so oftmals - ohne überhaupt für andere publik zu werden - vor der entscheidenden Abstimmung in der Aktionärsversammlung durch einen für alle Großaktionäre annehmbaren Kompromiß geklärt werden. Dadurch wird ein Veto in der Hauptversammlung von vornherein verhindert.

Außer Groß- und Kleinaktionären gibt es strenggenommen noch eine weitere Aktionärsgruppe: jene Eigentümer, die mehr als 5 %, aber weniger als 25 % des Aktienkapitals halten.[152] Diese Gesellschafter nehmen somit eine Stellung zwischen den anderen beiden Gruppen ein und sollen im folgenden als Aktionäre mit einer Schachtelbeteiligung oder auch als "Schachtelaktionäre" bezeichnet werden. Sie haben mehr Kontrollrechte als Kleinaktionäre, aber weniger als jene Minderheiten, die über eine Sperrminorität verfügen.[153] So können "Schachtelaktionäre" beispielsweise eine Sonderprüfung der Gesellschaft erzwingen (§ 142 Abs. 2 AktG).

Groß- und Kleinaktionäre sowie "Schachtelaktionäre" verfolgen die weiter oben aufgeführten typischen Eigentümerinteressen[154] - allerdings in unterschiedlicher Ausprägung. Die Aktionäre profitieren deshalb von einem *going public* nicht alle gleich stark.

bbb) Interessen der Kleinaktionäre
(1) Kleinanleger verfügen wegen ihres minimalen Kapitalanteils am Unternehmen nur äußerst selten über Aufsichtsratsmandate bzw. können nur selten einen wirksamen Einfluß auf die Besetzung des Aufsichtsrates nehmen. Nach § 133 Abs. 1 i.V.m. § 119 Abs. 1 Nr. 1 AktG können nämlich die Mehrheitsaktionäre alle Sitze der Arbeitgeberseite für sich allein beanspruchen. Den Kleinaktionären wird allenfalls "anstandshalber" ein Mandat überlassen.[155] Des weiteren kennen Kleinanleger einander normalerweise nicht und sind auch der Verwal-

---

152 Die Größenangaben sind wiederum fließend zu interpretieren.
153 Vgl. zu den Kontrollrechten im einzelnen Lehmann (1983), S. 117 f.; Zankl (1978), S. 1755 f.
154 Vgl. nochmals z.B. S. 35 f., 46.
155 Vgl. Raiser (1992), § 15, Rdnr. 45, S. 129 f.; Vogel (1980), S. 120 ff., insbes. Tabelle 23 auf S. 122 sowie S. 124.

tung unbekannt[156] (außer bei Unternehmen mit Namensaktien). Zudem sind diese Aktionäre meist unzureichend organisiert.[157] Sie können nur die jedem Eigentümer zustehenden Individualrechte - z.b. die Anfechtungsklage - geltend machen, um gegen nachteilige Beschlüsse der Hauptversammlung vorzugehen. Im übrigen haben Kleinaktionäre keinen Einfluß auf das Unternehmensgeschehen, weshalb sie im Normalfall auch *keine* Einflußziele verfolgen.[158] Für Kleinanleger stehen vielmehr Gewinn-, Sicherheits- und Informationsinteressen im Vordergrund. Ihr Hauptinteresse ist auf Kursgewinne, Bezugsrechte und Dividendenzahlungen gerichtet.[159] Kleinaktionäre sehen ihr Aktien-Engagement im wesentlichen als Finanz- und Spekulationsanlage[160] und nehmen deshalb die Rolle von Renten- und Spekulationsaktionären[161] ein, wobei diese Eigentümer mit ihrer Aktienanlage meist eine *kurzfristige* Gewinnmaximierung anstreben.[162]

(2) Der Gang an die Börse dient ihren Interessen ganz besonders: So führen beispielsweise die hohen Publizitätspflichten an der Börse zu einer verbesserten Transparenz des Emittenten, wovon vor allem die vor dem *going public* uninformierten Eigentümer - also gerade die Kleinaktionäre - profitieren. Nur mit diesen Informationen ist es ihnen möglich, das Risiko ihrer Aktienbeteiligung und die Entwicklung des Unternehmens zu beurteilen.[163] Da Kleinaktionäre in der Regel weder in der Hauptversammlung noch im Aufsichtsrat in irgendeiner Art Einfluß geltend machen können, bleibt ihnen - wenn man von Klagemöglichkeiten absieht - als einziges Mittel eine "Abstimmung" an der Börse:[164] nämlich durch Käufe und Verkäufe. Dieses Verhalten ist äußerst ökonomisch und hat nicht unbedingt etwas mit mangelndem Interesse am Unternehmensgeschehen zu tun.[165] Das Ausüben von Eigentümerrechten ist für sie zu aufwendig.[166] Der regelmäßige Besuch einer Haupt-

---

156 Vgl. Huppert (1978), S. 56.
157 Vgl. Huppert (1978), S. 55 f.
158 Manche versuchen allerdings über die Medien, Einfluß auf die Unternehmenspolitik auszuüben, z.b. im Zusammenhang mit Rüstungsgüterexporten, Umweltfragen etc. Diese Möglichkeit der Einflußnahme bleibt im folgenden außer Betracht.
159 So auch Iber (1987), S. 60 und 86.
160 Vgl. Iber (1987), S. 60.
161 Vgl. Immenga (1971), S. 9.
162 Vgl. Wedell (1971), S. 65.
163 So auch Hopt (1977), S. 403; Weber/Wohlfahrth (1986), S. 700.
164 Vgl. Hopt (1977), S. 403.
165 Vgl. Kübler (1990), § 14 III 3 b aa, S. 179.
166 Vgl. Kübler (1990), § 14 III 3 b aa, S. 179.

versammlung wird Kleinanlegern oftmals zu teuer und bringt ihnen
normalerweise auch nur wenig ein. Sie haben deshalb kein großes
Interesse an einer Stimmrechtsausübung und überlassen dies den
Depotbanken.[167] Diese wiederum stimmen im Normalfall - es liegen
selten Weisungen der Kleinanleger vor - für die Vorschläge der Verwaltung und vertreten die Interessen der Aktionäre in vielen Fällen nicht
optimal.[168] Unter Umständen werden nicht einmal Banken mit der
Ausübung des Stimmrechts beauftragt. Deshalb bleiben die Aktien der
Kleinaktionäre auf den Hauptversammlungen häufig unvertreten.

Eine Unternehmenskontrolle über den Markt erscheint den Kleinanlegern
wesentlich effizienter.[169] Diese funktioniert allerdings nur, wenn die
Gesellschaft nach dem Börseneintritt an einer Plazierung von Kapitalerhöhungen über die Börse interessiert ist oder wenn eine drohende
Übernahme vermieden werden soll. Permanent fallende Börsenbewertungen - hervorgerufen durch anhaltende Verkäufe der Kleinanleger -
führen u.U. zu Übernahmegefahren bzw. lassen keine hohen Aufgelder
beim Unterbringen von Kapitalerhöhungen zu und verteuern somit die
Eigenkapitalbeschaffung. Würde die Gesellschaft eine anlegerfreundli-
chere Politik betreiben, wären die Aktienkurse mit großer Wahrscheinlichkeit höher (da weniger Aktien verkauft würden) und damit attraktiver für die Plazierung einer Kapitalerhöhung. Selbstverständlich ist eine
möglichst hohe Börsenbewertung ein wichtiger Aspekt bei der Beschaffung von billigem Eigenkapital. Diese erwünschten hohen Kurse sind
aber normalerweise nur bei einer anlegerfreundlichen Politik möglich.
Und hierin liegt eben die Kontrolle über den Markt.

Die Kleinanleger profitieren vom *going public* auch aus anderen Grün-
den: Die Börse ermöglicht nahezu jederzeit einen Anteilsverkauf zu
Marktpreisen.[170] Wirft die Kapitalbeteiligung an einem börsennotierten
Emittenten eine unterdurchschnittliche Rendite ab, können die Aktio-
näre ihr Vermögen deshalb leicht in attraktivere Anlagen transferieren.
Außerdem erleichtert die Börsenpräsenz des Emittenten die Anwendung
kurzfristiger Spekulationsstrategien ungemein. Man denke in diesem
Zusammenhang an die hohe Fungibilität der Gesellschaftsanteile bör-

---

167 Vgl. Kübler (1990), § 14 III 3 b bb, S. 180.
168 Vgl. Kübler (1990), § 14 III 3 b bb, S. 180, insbes. Fn. 46; Wenger (1993),
     S. 35.
169 Vgl. Kübler (1990), § 14 III 3 b aa, S. 179 f.
170 Ähnlich z.B. Zahn (1981), S. 104; Kübler (1990), § 14 II 1 b, S. 166.

sennotierter Unternehmen, die fortwährende Anteilsbewertung des Emittenten und die niedrigen Transaktionskosten. Eine Kotierung an der Börse dient schließlich auch den Liquiditäts- und Sicherheitsinteressen der Kleinanleger.

ccc) Interessen der Großaktionäre

(1) Die Großaktionäre erhoffen sich von ihrer Vermögensbeteiligung ebenfalls Gewinne. Allerdings streben sie normalerweise eine *lang-fristige* Gewinnmaximierung an.[171] Dabei sind ihnen neben laufenden Dividendenzahlungen und einem zukünftig anfallenden Liquidationserlös auch andere Einnahmequellen wichtig. Man denke in diesem Zusammenhang beispielsweise an Geschäftsführungsgehälter oder Aufsichtsrats-Tantiemen. Ein *going public* wird von Großaktionären, die an einem Dauer-Engagement interessiert sind, nur dann befürwortet, wenn diese Unternehmensmaßnahme ihren Gewinninteressen langfristig dient. Neben Gewinnzielen verfolgen sie vor allem auch Einflußinteressen,[172] wobei ein Einfluß auf allen Unternehmensebenen angestrebt wird, so z.B. in der Hauptversammlung. Darüber hinaus sind Großaktionäre auch an einer persönlichen Vertretung in den Verwaltungsorganen (Vorstand oder Aufsichtsrat) interessiert, um ihre Verwaltungs-, Sicherheits-, Gewinn-, Informations- und Kontrollinteressen optimal realisieren zu können. Diese Aktionäre stimmen dem *going public* im Regelfall nur dann zu, wenn es für sie zu keinem nennenswerten Einflußverlust kommt.[173] Demgegenüber spielt die leichte Liquidierbarkeit der Gesellschaftsanteile über die Börse für die Einstellung der Großaktionäre zum *going public* eine untergeordnete Rolle, da ihre gegebenenfalls zum Verkauf stehenden Aktienpakete in der Regel ohnehin außerhalb der Börse den Besitzer wechseln.[174] Auch die vermehrte Publizität des Emittenten am Aktienmarkt bietet den Großaktionären wenig Vorteile. Diese Gesellschafter sind meist sowieso umfassend über ihr Unternehmen unterrichtet. Die erhöhten Informationspflichten sind für sie sogar eher hinderlich, weil u.U. ihre Geheimhaltungsinteressen verletzt werden.

(2) Großaktionäre verbinden mit dem Gang an die Börse langfristige Substanzsicherungs- und Gewinnmehrungsabsichten. Die Börse wird

---

171   Vgl. Wedell (1971), S. 32.
172   Ebenso Wedell (1971), S. 30.
173   So auch Oettingen (1990), S. 18.
174   Die anfallenden Transaktionskosten sind bei Aktienpaketen im Vergleich zu Verkäufen von einigen wenigen Aktien - relativ gesehen - gering. Deshalb lohnt sich erst ein Verkauf von Aktienbündeln außerhalb der Börse.

von ihnen zur Finanzierung bestehender Projekte, zur "Kriegskassenbildung", zum Aufbau von Konzernverflechtungen u.ä. eingesetzt.[175]
Dabei ist es für sie durchaus verlockend, wenn neue und gleichzeitig
einflußlose Eigentümer Eigenkapital einbringen, über das die Großaktionäre - gegebenenfalls mit Hilfe eines von ihnen abhängigen Vorstandes - verfügen können.[176]

(3) Vollständigkeitshalber sei noch auf die Gruppe der "Schachtelaktionäre" hingewiesen: Diese Eigentümer haben eine längere Anlage-
perspektive als Kleinanleger, verfolgen aber im übrigen ähnliche Ziele.
Unter Umständen sind "Schachtelaktionäre" darüber hinaus ebenso wie
die Großaktionäre am Einfluß auf das Unternehmen interessiert, z.B. an
einem Mandat im Aufsichtsrat. Die "Schachtelaktionäre" nehmen deshalb, wie bereits angedeutet, eine Stellung zwischen den Groß- und
Kleinaktionären ein. Dementsprechend können die für Groß- und Kleinanleger vorgestellten Interessen sinngemäß auf diese Aktionärsgruppe
übertragen werden.

dd) Zwischenergebnis
Aktionäre sind keine homogene Gruppe. Sie sind aber alle an Gewinnen
interessiert, außer vielleicht jene "Eigentümer", die aus politischen
Gründen kurz vor der Hauptversammlung Aktien eines Unternehmens
kaufen, um auf dieser Versammlung ihre politischen Ansichten kundzu-
geben. Informations-, Sicherheits-, Verwaltungs-, Kontroll- und Liquiditätsinteressen sind weitere typische Eigentümerziele. Die Aktionäre verfolgen diese allerdings in unterschiedlichem Maße. Ein *going public* tangiert zudem nicht alle Gesellschafterinteressen gleich stark. Deshalb
muß der Gang an die Börse immer aus der Sicht der jeweiligen Aktionärsgruppe betrachtet werden.

2. Die Interessen des Vorstands
Vorstandsmitglieder üben die Funktion von Treuhändern fremden Vermögens - jenes der Aktionäre - aus.[177] Dabei leitet der Vorstand die
Aktiengesellschaft eigenverantwortlich (§ 76 Abs. 1 AktG) und vertritt
sie gerichtlich und außergerichtlich (§ 78 AktG), wobei die Vertretungsmacht des Vorstands von den Eigentümern nicht beschränkt wer-

---

175 Ähnlich Mettler (1990), S. 104 f.
176 Auf die Verflechtungen zwischen Vorständen und Großaktionären sowie bestehende Machtverhältnisse wird später eingegangen. Vgl. S. 79 ff., 83 ff.
177 Vgl. Kübler (1990), § 14 III 2 e aa, S. 177.

den kann (§ 82 Abs. 1 AktG). Restriktionen ergeben sich nur im Innenverhältnis der Gesellschaft: durch die Satzung und durch Zustimmungsvorbehalte des Aufsichtsrates (§ 82 Abs. 2 AktG). Die starke Stellung
der Unternehmensleitung von Aktiengesellschaften wird auch durch
andere Vorschriften gesichert: So wird beispielsweise der Vorstand
nicht durch die Hauptversammlung gewählt und entlassen, sondern
beides erfolgt durch den Aufsichtsrat der Gesellschaft (§ 84 AktG).
Eine Absetzung ist zudem nur aus wichtigem Grund möglich (§ 84
Abs. 3 AktG). Durch diese Bestimmungen soll sichergestellt werden,
daß sich wechselnde Eigentümermehrheiten nur mit erheblicher Zeitver-
zögerung auf die Vorstandsarbeit auswirken können. Die nahezu unan-
greifbare Position der Vorstände erlaubt es den Vorstandsmitgliedern in
unabhängigen Aktiengesellschaften infolgedessen, eigene Ziele zu verwirklichen - auch solche, die nicht im Interesse der Eigentümer sind.[178]
Die Vorstände sind vor allem an der Sicherung und am Ausbau ihrer
Stellung in jeder Hinsicht interessiert. Dabei spielen private Einkom-
menserhaltungs- und Einkommensmehrungsziele die wichtigste Rolle.
Daneben werden Macht-, Einfluß-, Status-, Prestige- und Unabhängigkeitsinteressen verfolgt.[179]

Der Gang an die Börse dient solchen Absichten unterschiedlich stark,
weil dieser Vorgang mit Vor- und Nachteilen für den Vorstand verbunden ist.

a) Motive für ein *going public*

aa) Erweiterung des Finanzierungsspielraums

Fließen der Gesellschaft neue Eigenmittel zu, wird der Finanzierungs-
spielraum des Emittenten erhöht. Dies ist aus der Sicht der Unternehmensleitung ohne Frage positiv zu werten: Die Handlungsflexibilität und
die Macht des Vorstands steigen, bestehende Abhängigkeiten von
Gläubigern können abgebaut und die Liquiditätssituation nachhaltig verbessert werden. Darüber hinaus lassen sich Expansionsabsichten der
Unternehmensleitung verwirklichen.[180] Aus all diesen Gründen hat der
Vorstand - ähnlich wie die am Börseneintritt interessierten Aktionäre -

---

178 Gibt es einen dominierenden Mehrheitsaktionär, trifft dies allerdings nicht
   mehr zu. Später mehr zu diesem Thema (vgl. S. 85 f.).
179 Ähnlich Bühner (1990), S. 295.
180 Ähnlich Bühner (1990), S. 295. Unten mehr dazu (vgl. S. 55 f.).

großes Interesse an einem möglichst hohen Börsenverkaufspreis, damit viel Eigenkapital zu günstigen Konditionen in den Verfügungsbereich des Unternehmens fließt (mit den entsprechenden Folgen für das Erreichen der Managementziele). Die hohen Kosten, die mit dem *going public* verbunden sind, können so durch noch größere Finanzzuflüsse überkompensiert werden. Außerdem braucht die Gesellschaft künftig nur auf wenige neue Aktien eine zusätzliche Dividende auszuschütten. Allerdings wird eine Aktienplazierung bei den potentiellen Käufern nur dann erfolgreich verlaufen, wenn die Preisvorstellungen der Eigentümer und des Vorstands nicht offenkundig überzogen sind. Die Bestimmung des "richtigen" Börsenverkaufspreises muß deshalb äußerst sorgfältig vorgenommen werden.

Aus der Sicht des Vorstands ist die Erweiterung des Finanzierungsspielraums nicht nur ein wichtiges Motiv für ein *going public*, sondern darüber hinaus auch für einen Börsensegmentwechsel und eine Börsenpräsenzausweitung.

bb) Einkommensziele und Interesse am Unternehmenswachstum
Es besteht ein Zusammenhang zwischen der Unternehmensgröße und dem Ausmaß der Vorstandsbezüge:[181] Mit der Größe der Gesellschaft steigt die Wahrscheinlichkeit, daß die Vorstandsmitglieder (und auch andere leitende Angestellte) in höhere Einkommensregionen vordringen können. Dies ist einer der Gründe, weshalb die Vorstände in zahlreichen Fällen Interesse an einer Unternehmensexpansion zeigen.

Außerdem wird durch das *going public* eine bessere Positionierung des Unternehmens am Markt bezweckt;[182] man hofft auf steigende Unternehmensgewinne. Dies wiederum führt zu einer Steigerung der Einkommen der Unternehmensleitung, sofern zumindest teilweise gewinnabhängige Bezüge vereinbart wurden. Eine verbesserte Gewinnsituation stärkt zudem die Verhandlungsposition des Managements bei Gehaltsverhandlungen, die sich auf die gewinnunabhängigen Bestandteile der Vorstandsgehälter beziehen. Eine Unternehmensexpansion dient somit in vielen Fällen den privaten Einkommenssicherungs- und -mehrungszielen der Unternehmensleitung.

---

181 Vgl. Göbel (1986), S. 177 f.
182 Vgl. dazu den Gliederungspunkt "Bekanntheitsgrad und Wettbewerbsposition" S. 44 f.

Oft erscheint den Vorständen der Weg über das unternehmensinterne Wachstum zu langwierig. Deshalb wird in zahlreichen Fällen die schnellere Alternative bevorzugt, nämlich der Aufkauf anderer Unternehmen (unternehmensexternes Wachstum). Zur Finanzierung der Unternehmenskäufe können die über das *going public* in "Kriegskassen" angehäuften Finanzmittel eingesetzt werden.[183]

Über die Börse lassen sich somit letztlich auch Konzernbildungsstrategien und Einflußmehrungsabsichten des Vorstands verwirklichen. Begünstigt wird dies durch die Tatsache, daß in abhängigen Konzerntöchtern *nicht die Eigentümer der Konzernmutter* das Sagen haben, sondern deren Vorstände.[184] Hierfür sind zweierlei Gründe verantwortlich: Zum einen werden die Eigentümerrechte aus den Gesellschaftsanteilen der Töchter durch die Unternehmensleitung der Konzernmutter ausgeübt. Zum anderen erlaubt das Aktiengesetz dem Vorstand der Konzernmutter, Einfluß auf die Unternehmensleitung der abhängigen Unternehmen zu nehmen (§ 311 AktG). Die Machtfülle und das Ansehen des Vorstands der Konzernobergesellschaft steigen. Die Vorstände einer beherrschenden Gesellschaft sind oft auch bei den Töchtern persönlich als Aufsichtsratsmitglieder oder gar als Geschäftsführer vertreten. Dadurch fließen ihnen neben ihren Bezügen aus dem Anstellungsverhältnis bei der Konzernmutter Tantiemen und zusätzliche Geschäftsführergehälter zu. Die Verwirklichung ihrer privaten Einfluß-, Macht- und Einkommensinteressen kann so optimiert werden. Aus all diesen Gründen ist es kaum verwunderlich, daß man bei vielen deutschen börsennotierten Unternehmen eine ausgeprägte Konzernverschachtelung feststellen kann. Damit allerdings die Ämterhäufung bei den einzelnen Verwaltungsmitgliedern nicht überhandnehmen kann, hat der Gesetzgeber die Anzahl der Aufsichtsratsmandate, die von einer Person gleichzeitig wahrgenommen werden dürfen, begrenzt.[185]

---

183 Vgl. Mettler (1990), S. 104 f.
  Selbstverständlich können die über ein *going public* beschafften Eigenmittel auch für das unternehmensinterne Wachstum verwendet werden.
184 Ausnahmen ergeben sich allerdings durch das "Holzmüller"-Urteil des Bundesgerichtshofes (BGHZ 83, 122). Vgl. hierzu im zweiten Teil der Arbeit S. 128 ff.
185 Vgl. näheres hierzu in § 100 Abs. 2 AktG und bei Kübler (1990), § 15 IV 2 b, S. 198.

cc) Lösung von Konflikten im Gesellschafterkreis

Darüber hinaus kann durch ein *going public* die Arbeit des Vorstands in solchen Unternehmen, in denen bisher Kontroversen im Eigentümerkreis vorherrschten, erleichtert werden:[186] Durch das freiwillige Ausscheiden von Gesellschaftergruppen, die jede sinnvolle Grundlagenentscheidung blockieren, wird, wie bereits dargelegt, die Zukunft des Unternehmens gesichert, und die Unternehmensleitung braucht bei ihren Entscheidungen nur noch auf die Belange einer wichtigen Aktionärsgruppe Rücksicht zu nehmen.[187]

dd) Börsenbewertung

Außerdem ist der Vorstand an der laufenden Bewertung des Unternehmens durch die Börse interessiert, da Börsenkurse Auskunft über geeignete Zeitpunkte für eine günstige Plazierung von Kapitalerhöhungen am Aktienmarkt geben.[188] Die Vorstände erhalten somit über die Börse eine unschätzbare Entscheidungshilfe bei der Frage, ob Investitionen besser mit Eigen- oder mit Fremdkapital finanziert werden sollen.

b) Nachteile und Probleme des *going public*

aa) Personelle Belastungen, Kosten und Liquiditätsprobleme

Zumindest kurzfristig wird das Management personell und zeitlich ziemlich stark in Anspruch genommen; u.U. leidet die normale Geschäftstätigkeit erheblich. Das *going public* verursacht außerdem hohe Kosten. Diese bewegen sich in der Größenordnung von ca. 5 bis ungefähr 9 % des Emissionsvolumens.[189] Der finanzielle Spielraum und damit auch die Flexibilität des Vorstands werden vorübergehend eingeschränkt. Fließen der Gesellschaft - wie bei einer Umplazierung - keine neuen Mittel zu, dann fallen die Liquiditätsnachteile, hervorgerufen durch die Kosten für die Erstellung und Veröffentlichung eines Wertpapierverkaufsprospekts, die fälligen Provisionen für die Emissionsbegleiter usw., stark ins Gewicht.[190] Eine Umplazierung wird deshalb von den Vorständen der betroffenen Unternehmen meist abgelehnt, es sei denn,

---

186 Vgl. o.V. (1986a), S. 38.
187 Es wird unterstellt, daß nur noch eine mächtige Aktionärsgruppe im Unternehmen verbleibt.
188 Ähnlich H. Schmidt (1970), S. 72; Ledermann (1990), S. 90.
189 Vgl. Küffer (1992), S. 93.
190 Zu den Kosten vgl. auch Oettingen (1990), S. 43 f. oder Fritsch (1987), S. 78 f.

dieser Vorgang dient zur Schlichtung gegensätzlicher Eigentümer-
positionen.

bb) Änderungen im Gesellschafterkreis

Der Gang an die Börse darf nicht zu einer Gefährdung der Stellung der
Vorstände führen, da sonst der Börseneintritt den Managementinteres-
sen widerspricht. Ein Wechsel der Eigentümermehrheit - sei es, daß er
unmittelbar durch das *going public* entsteht, sei es, daß diese Veränderung erst später z.b. durch Aufkäufe über die Börse zustande kommt -
ist meist gefährlich für den Vorstand. Dies ist vor allem dann der Fall,
wenn zwischen der Unternehmensleitung und den neuen Eigentümern
Interessengegensätze über die "richtige" Unternehmenspolitik bestehen.
Unter Umständen sind die Meinungsverschiedenheiten so gravierend,
daß es durch eine Neubesetzung des Aufsichtsrats über kurz oder lang
zum Auswechseln von Vorstandsmitgliedern kommt. Für den Vorstand
ist es deshalb von größter Wichtigkeit, auch nach der Börseneinführung
einer ihm genehmen Eigentümermehrheit gegenüberzustehen.

cc) Folgen der Publizitätspflichten

Die erhöhten Publizitätsauflagen börsennotierter Gesellschaften weisen
aus der Sicht der Unternehmensleitung sowohl positive als auch negative Aspekte auf. Der Zwang zu informieren übt Kontrolle über die
Handlungen des Managements aus.[191] Einerseits werden dadurch die
Maßnahmen des Vorstandes rationaler, was sicherlich auch für die Vorstände positiv zu werten ist. Andererseits fällt es schwerer, Manage-
mentfehler vor den Eigentümern, den Gläubigern und der Konkurrenz zu
verbergen. Folglich wird die Unternehmensleitung für eine kritische
Öffentlichkeit angreifbarer. Der Gang an die Börse widerspricht somit
den Neigungen des Managements zur restriktiven Informationspolitik.
Die Flexibilität des Vorstands wird eingeengt. Gegebenenfalls ist es
nicht mehr möglich, an sich richtige, langfristig gewinnbringende, kurzfristig aber das Unternehmensergebnis stark belastende Investitionsent-
scheidungen durchzuführen. Denn kurzfristig denkende, einflußreiche
Anleger, die nur über die Höhe der nächsten Quartalsdividende nach-
denken - siehe die Situation in den USA - werden ihre Aktienpositionen
bei einer ihnen nichtgenehmen Unternehmenspolitik abstoßen und so
den Börsenkurs nachhaltig drücken. Das Plazieren von Kapitalerhöhungen wird in solchen Fällen zu teuer. An sich richtige Investitionsvor-

---

191 So auch Mettler (1990), S. 198.

haben müssen evtl. dann unterbleiben. Vor allem in angelsächsischen Ländern sind die Vorstände börsennotierter Gesellschaften oft gezwungen, bei ihren Unternehmensentscheidungen kurzfristig zu denken und zu handeln.[192] Dies beschneidet den strategischen Entscheidungsspielraum der Unternehmensführung erheblich. Zudem erlaubt die erhöhte Transparenz börsennotierter Gesellschaften, wie schon angedeutet, auch Dritten Einblicke in das Unternehmen, die sie bei unnotierten Gesellschaften nicht haben. Dies ist u.U. mit Nachteilen verbunden, so beispielsweise bei Lohnverhandlungen mit den Gewerkschaften und den einzelnen Arbeitnehmern. Auch Nachahmungsstrategien der Konkurrenz sind vorstellbar. Dies alles kann zu einer Gewinnschmälerung des Emittenten und zu einer Einbuße an Handlungsflexibilität der Unternehmensleitung führen. Gegebenenfalls müssen die Vorstände durch die Gewinnverschlechterung sogar persönliche Einkommensverluste hinnehmen.

Die verstärkte Transparenz des Emittenten ist situationsabhängig mit Chancen oder Risiken für die Unternehmensleitung verbunden: In *Boomphasen* des Unternehmens erleichtert eine forcierte Öffentlichkeitsarbeit die Plazierung von Kapitalerhöhungen mit hohem Agio bei den Anlegern. Auch steigt das Vertrauen der Arbeitnehmer, der Gläubiger und der Kunden. Dies alles erhöht wiederum die Flexibilität des Vorstandes. In solchen Unternehmensphasen können die Vorstände darüber hinaus die Informationstätigkeit des Emittenten geschickt zur privaten Prestigemehrung sowie Statusverbesserung nutzen. Unter Umständen lassen sich auch Interessen leichter durchsetzen, die auf eine Einkommensmehrung zielen.
Dagegen wirkt Publizität in einer *Krisenphase* sogar noch krisenverstärkend, und das Ansehen der Unternehmensleitung wird in Mitleidenschaft gezogen. Der bereits geringe Spielraum des Vorstandes wird noch weiter beschnitten, weil Lieferanten evtl. keine Zahlungsziele mehr einräumen, Kunden ihre Orders stornieren und lieber bei der Konkurrenz bestellen sowie qualifizierte Angestellte sich vermehrt nach anderen Arbeitsplätzen umsehen. *Publizität hat somit die teils sehr angenehme, teils aber auch sehr schädliche Eigenschaft, eine Unternehmensentwicklung noch zu verstärken.*[193]

---

192 Ähnlich Mettler (1990), S. 302. Vgl. auch Lea (1990), S. 107.
193 Ähnlich Kaden (1991), S. 152.

Aus all den dargestellten Gründen steht der Vorstand den erhöhten Publizitätspflichten an der Börse - und den Rechenschaftspflichten generell - zwiespältig gegenüber. Eines muß den Vorständen allerdings immer bewußt sein: Die Machtfülle eines weitgehend selbständig agierenden Vorstands einer Aktiengesellschaft und die Börsenpräsenz des Emittenten haben ihren Preis. Veröffentlicht eine Gesellschaft keine Informationen, die es ermöglichen, das Management zu kontrollieren, wird ihr niemand sein Geld anvertrauen. Die Börsenkandidaten und die bereits an der Börse notierten Gesellschaften sollten deshalb eine nicht zu restriktive Informationspolitik betreiben. Eine vertrauenerweckende Öffentlichkeitsarbeit ermöglicht es, das *underpricing* bei Plazierungen zu verringern und langfristig orientierte Anleger zu finden, die auch in einer Unternehmenskrise bereit sind, ihr Aktien-Engagement beizubehalten. Eine kontinuierliche Informationspolitik vermindert ferner Kursausschläge an der Börse und erschwert Insidergeschäfte[194].

dd) Kursverlauf

Allerdings hat der Emittent nur begrenzt Einfluß auf die Kursentwicklung an den Kapitalmärkten. Dies kann aus mehrerlei Gründen nachteilig für die Unternehmensleitung sein: Börsenkurse spiegeln nicht immer die tatsächliche Situation beim Emittenten wider;[195] es kommt zu Kursübertreibungen. Unter Umständen führen Ereignisse, die nichts mit der fundamentalen Lage des Emittenten zu tun haben, zu einer verzerrten Börsenbewertung des Unternehmens. Man denke hierbei beispielsweise an das allgemeine Börsen- und Konjunkturklima, Spekulationen, langanhaltende Verkaufsstrategien von Eigentümern und die "Psychologie" der Anleger, welche im schlimmsten Fall zu einem Crash an der Börse führen kann. Die unvorhersehbaren Kursentwicklungen machen es schwierig, den besten Zeitpunkt für die Plazierung von Kapitalerhöhungen am Aktienmarkt zu bestimmen. Diese Unsicherheit bereitet börsennotierten Aktiengesellschaften in der Praxis allerdings meist keine allzu großen Probleme. Die Vorstände lassen sich nämlich in vielen Fällen von den Aktionären ein *genehmigtes Kapital* einräumen. So kann die Gesellschaft relativ schnell auf Veränderungen am Aktienmarkt reagieren. Jedoch können langanhaltende, ungünstige Kursentwicklungen die Finanzierungspläne des Vorstands erheblich stören. Zumindest für einen gewissen Zeitraum wird dann eine Eigenkapitalzufuhr unattraktiv. Nach-

---

194 Vgl. Hopt (1977), S. 403.
195 So auch z.B. bei Mettler (1990), S. 302.

teilige Auswirkungen auf Investitionsvorhaben können deshalb nicht ausgeschlossen werden.

Viel schwerer wiegt für die Vorstände allerdings der Umstand, daß es an Börsen - aus welchen Gründen auch immer - zu einer deutlichen *Unterbewertung* des Unternehmens kommen kann. Dies führt u.U. zu Gefahren für die Stellung des Managements. Die Börse begünstigt nämlich den heimlichen Aufkauf von Unternehmensanteilen - auch von kleinen Stückzahlen - durch andere Gesellschaften zu niedrigen Transaktionskosten. Konkurrenten - gegebenenfalls auch ein Altgesellschafter, der seine Position ausbauen will - können sich so unbemerkt und zu günstigen Preisen sukzessive in das Unternehmen einkaufen. Unter Umständen ist es ihnen sogar möglich, eine Sperrminorität aufzubauen oder gar ein *take-over* mit Erfolg durchzuführen. Die bisherigen Vorstände müssen dann um ihre Positionen fürchten. Prominentes Opfer einer Übernahme in Deutschland ist die frühere Feldmühle Nobel AG. Sie wurde nach der Börseneinführung durch das Unternehmen Veba und die Flick-Erben aufgekauft und schließlich an den Stora-Konzern weiterveräußert.[196] Die leichte Übertragbarkeit der Gesellschaftsanteile über die Börse hat demnach nicht nur positive[197], sondern auch negative Seiten.[198]

c) Zwischenergebnis

Bei der Entscheidung über den Gang an die Börse muß u.a. bedacht werden: Zum einen kommt es an der Börse zu Kursübertreibungen wie beispielsweise beim Crash im Oktober 1987. Zum anderen wirken die weitreichenden Publizitätspflichten einer börsennotierten Gesellschaft trendverstärkend. Geht es dem Emittenten gut, hat der Vorstand meist eine positive Presse; sein Ansehen und sein Einfluß wachsen. Es kommt u.U. zu erheblichen Kurssteigerungen an der Börse. Die Unternehmensleitung kann dann fast alle Finanzierungswünsche durchsetzen. Steckt das Unternehmen dagegen in der Krise, wirken die Börsennotierung und die Informationspflichten schädlich. Die Führung des Unternehmens wird erschwert, und negative Auswirkungen auf das Prestige der Vorstände sind nicht auszuschließen.

---

196 Vgl. Karsch (1993), S. 22.
197 Zu den positiven Aspekten vgl. S. 43 f.
198 Vgl. Albach u.a. (1988), S. 188.

3. Die Interessen der Börse

Beim *going public* spielen neben den bereits aufgezeigten Interessen der Aktionäre und Vorstände auch jene der Börse (Geschäftsführung und Zulassungsstelle) eine wichtige Rolle. Im folgenden wird unter der Thematik "Interessen der Börse" aber auch das öffentliche Interesse an einem funktionsfähigen, organisierten Kapitalmarkt behandelt.

a) Aufgaben am Primär- und Sekundärmarkt

Die Aktienmärkte übernehmen wichtige volkswirtschaftliche und gesellschaftspolitische Funktionen.[199] Die Börsen sorgen dafür, daß die Kapitalanbieter und die kapitalsuchenden Unternehmen zusammenfinden. Die Gelder vieler Anleger werden gesammelt und langfristig bei den Emittenten gebunden; es findet eine Transformation der Ersparnisse statt.[200] Der Aktienmarkt dient somit der Finanzierung der Wirtschaft.[201] Dies ist die *Primärmarktaufgabe* der Börse.[202] Dabei muß allerdings beachtet werden, daß durch den Kapitalmarkt selbst keine neuen Eigenmittel geschaffen werden.[203] Die Börse stellt lediglich ihre Einrichtungen zur Verfügung und übernimmt Mittlertätigkeiten.

Der Grund für das leichte Plazieren von Aktien ist in der Möglichkeit des anschließenden Börsenhandels dieser Eigentümertitel zu sehen.[204] Die Anleger finden einen transparenten Markt vor, an dem sie ihr eingegangenes Aktien-Engagement jederzeit wieder beenden können. Nur deshalb sind die Unternehmen in der Lage, große Kapitalbeträge von einem breiten Eigentümerkreis zu akquirieren.[205] Der Aufbau und Erhalt eines transparenten, standardisierten, kostengünstigen und zuverlässigen Wertpapierhandels stellt die zweite wichtige Aufgabe der Börse dar. Man spricht von der *Sekundärmarktaufgabe* des Kapitalmarkts.[206]

---

199 Vgl. Schwark (1994), § 4, Rdnr. 9, S. 121 f.
200 Vgl. Kübler (1977), S. 89; Lambsdorff (1992), S. 55.
201 Ähnlich auch Schwark (1994), § 4, Rdnr. 9, S. 121 f.; Arbeitsgemeinschaft (1991), S. 106.
202 Vgl. Kümpel (1992), S. 383.
203 Vgl. Küffer (1992), S. 2.
204 Ähnlich Rosen (1992), S. 95.
205 Dieser Meinung ist auch Zahn (1981), S. 104.
206 Vgl. Kümpel (1992), S. 383.

b) Funktionen des Wertpapierhandels und der Börsenkurse

Der Wertpapierhandel erfüllt gleichzeitig mehrere Funktionen:[207]

1. *Die Substitutionsfunktion*: Aktionäre können durch den Verkauf von Anteilen ihr Vermögen umschichten, ohne daß der Gesellschaft dadurch Gelder entzogen werden. Das Unternehmen erhält lediglich neue Eigentümer.

2. *Die Marktfunktion*: Die Wertpapiernachfrager und -anbieter werden zusammengebracht, und Börsenkurse sorgen für den Marktausgleich zwischen den Wirtschaftssubjekten.

3. *Die Bewertungsfunktion*: Es wird laufend der Marktwert des Unternehmens ermittelt.

Börsenkurse sind aus vielerlei Gründen wichtig: So erhalten beispielsweise die Emittenten Anhaltspunkte für ihre Finanzierungsentscheidungen.[208] Außerdem können Börsenpreise die Richtschnur für Abfindungen unter Eigentümern sein. Auch der Umfang der Steuereinnahmen, insbesondere das Vermögensteueraufkommen, wird berührt. Ferner können Gläubiger und Arbeitnehmer ihre Schlüsse aus der Börsenbewertung des Emittenten ziehen.[209] Börsenkurse üben für viele Interessenten eine *Signalfunktion* aus,[210] denn mit ihrer Hilfe können z.B. Aktionäre und potentielle Anleger die Attraktivität eines Investments beurteilen und entsprechend handeln. So kommt es zu einer Lenkung des in der Volkswirtschaft angebotenen Kapitals. Die Mittel fließen - Gewinnoptimierungsstrategien der Wirtschaftssubjekte vorausgesetzt - dorthin, wo die Renditen am höchsten sind, d.h. in jene Unternehmen, die am effizientesten wirtschaften.[211] Man spricht von der *Allokationsfunktion* der Börse.[212]

c) Eigenkapitalausstattung der Wirtschaft

Die Verbesserung der Eigenkapitalausstattung der Unternehmen via Börse ist aus volkswirtschaftlichen Gründen nur zu begrüßen. Die Krisenanfälligkeit der Unternehmen sinkt, und die Wettbewerbsfähigkeit gegenüber in- und ausländischen Konkurrenten steigt. Dadurch werden Steuerausfälle und die Belastung öffentlicher Kassen durch zusätzliche Zahlungen von Arbeitslosengeld oder gar Sozialhilfe verringert. Das

---

207 Zu den folgenden drei Funktionen vgl. Büschgen (1989), S. 154 f.
208 So auch H. Schmidt (1970), S. 2.
209 Zur Bedeutung von Börsenpreisen vgl. auch Ledermann (1990), S. 71.
210 Vgl. Heindl (1987), S. 42.
211 Risikoüberlegungen seien an dieser Stelle vernachlässigt.
212 Vgl. Heindl (1987), S. 42.

Erreichen der Vollbeschäftigung ist eines der zentralen Ziele der Politik - nicht zuletzt, um den sozialen Frieden in der Gesellschaft zu erhalten. Indirekt leisten neben anderen Einrichtungen auch die Börsen einen positiven Beitrag zur allgemeinen Beschäftigungs- und Sozialpolitik, zur Wirtschafts- und Steuerpolitik usw.

d) Aktie als Anlageform

Der Staat möchte erreichen, daß die Anzahl der Aktionäre hierzulande zunimmt. Bisher gibt es nämlich lediglich ca. 3,5 Millionen Aktionäre in Deutschland, was im internationalen Vergleich wenig ist. In Frankreich gibt es dagegen ungefähr 9 Millionen Aktionäre, in Großbritannien ca. 12 Millionen. Setzt man die Zahlen mit der jeweiligen Gesamtbevölkerung in Relation, wird das Mißverhältnis noch augenfälliger, da in Frankreich und Großbritannien erheblich weniger Menschen leben als in Deutschland.[213]

Auch sollen private Haushalte nicht mehr nur 8 %[214] ihres Geldvermögens in Aktienanlagen halten, sondern sich verstärkt am Produktivvermögen der Wirtschaft beteiligen.[215] In der Vergangenheit förderte deshalb der Staat das Aktiensparen durch diverse Vermögensbildungsgesetze.[216] Ein Aktien-Engagement soll der Bevölkerung neue Einnahmequellen erschließen - und zwar in Form einer Gewinn- und Substanzbeteiligung an Unternehmen. Weiterhin wird ein Abbau bestehender ideologischer Konflikte zwischen Arbeitgebern und Arbeitnehmern bezweckt. Unser marktwirtschaftliches System soll in der Bevölkerung noch breitere Zustimmung finden.[217]

Die einzelnen Börsen unterstützen diese Ziele, indem sie für das Anlageinstrument "Aktie" werben und über den Ablauf an der Börse aufklären. Außerdem stellen sie den Medien, wie z.b. dem Fernsehen, Räumlichkeiten zur Verfügung, damit diese über das Börsengeschehen berichten.[218] Solche Maßnahmen reichen allerdings nicht aus, um eine Aktienanlage hierzulande attraktiver zu gestalten. Bisher sprechen zu viele

213 Zu den in diesem Abschnitt genannten Zahlen vgl. Lambsdorff (1992), S. 55.
214 Vgl. Arbeitsgemeinschaft (1992), S. 99.
215 Vgl. Schwark (1994), § 4, Rdnr. 9, S. 121 f.; Lambsdorff (1981), S. 8 f.
216 Zur Aktienförderung durch den Staat vgl. ausführlich Albach u.a. (1987), S. 147 ff.
217 Ähnlich Lambsdorff (1981), S. 9.
218 Vgl. zur Öffentlichkeitsarbeit der Börse z.B. Arbeitsgemeinschaft (1990), S. 112 f.

Gründe gegen ein Aktien-Engagement der Bevölkerung: Emittenten honorieren die Risikobereitschaft der Anleger zu wenig. Dividenden werden oft nicht ertragsorientiert gezahlt; Unternehmen betreiben vielmehr eine Dividendenpolitik, die auf eine Verstetigung der Ausschüttungen (auf niedrigem Niveau) hinausläuft.[219] Zudem muß sich der Anleger verstärkt mit den Geschehnissen an der Börse und der Lage der Unternehmen befassen, was wohl für viele zu umständlich und zu aufwendig ist. Auch wird das Erzielen eines Spekulationsgewinns von weiten Teilen der Gesellschaft als unanständig abgelehnt.[220] Alles in allem müssen noch zahlreiche Hemmnisse abgebaut werden, damit das Interesse der Bevölkerung an einer Aktienanlage wächst.

e) Wettbewerbliche Ausrichtung der Börsenmärkte

Die Börsen haben größtes Interesse an der Erhaltung ihrer Funktionsfähigkeit, denn nur eine funktionierende Börse kann die ihr zugedachten Aufgaben erfüllen.[221] Die einzelnen Börsen sind bestrebt, ihre Stellung nicht nur zu erhalten, sondern diese noch auszubauen. Sie haben dabei vor allem ihre inländische Marktposition im Auge. Darüber hinaus spielt auch ihr internationaler Stellenwert eine Rolle. Der Aufbau neuer Börsenarten und -segmente - man denke z.B. an die Deutsche Terminbörse oder den geregelten Markt - sind die Antwort auf die Bedürfnisse der Wirtschaft, der Anleger, der Wertpapierhändler und der Banken sowie die Reaktion auf Herausforderungen ausländischer Börsenkonkurrenz. Die Verlagerung von Geschäften ins Ausland soll so unterbunden werden. Um neue Emittenten zu gewinnen, bieten die Börsen außerdem spezielle Informationsseminare an und sind darüber hinaus zu persönlichen Gesprächen mit Unternehmen über Finanzierungsfragen bereit.[222]

Mehr Emittenten und Anleger führen meist auch zu höheren Wertpapierumsätzen, was von den Börsen aus mehreren Gründen begrüßt wird: Größere Umsätze in den einzelnen Werten verringern die Wahrscheinlichkeit von Kurszufälligkeiten und Preismanipulationen. Zudem wird die Wirtschaftlichkeit des Börsenbetriebs verbessert. Große

---

219 Dieses Problem wird in der Literatur unter dem Stichwort "Dividendenkontinuität" behandelt; vgl. z.B. Lambsdorff (1981), S. 13.
220 Ähnlich z.B. Kübler (1990), § 14 III 2 d, S. 177; Lambsdorff (1981), S. 11 f.
221 Im zweiten Teil der Arbeit wird ausführlich auf die Regelungen zum Institutionenschutz eingegangen. Vgl. S. 138 ff.
222 Vgl. Fritsch (1987), S. 52.

Umsätze liefern im übrigen den Beweis für die Daseinsberechtigung einer einzelnen Börse und verbessern ihre Position bei Kooperationsverhandlungen mit anderen Plätzen. Ohne Frage sind hohe Umsätze auch für die Börsenteilnehmer (Banken und Makler) wichtig, denn mit den Umsätzen schwankt die Höhe der anfallenden Provisionen.

4. Die Interessen des Emissionsbegleiters

Beim *going public* sind neben den bereits genannten Interessengruppen (Aktionäre, Vorstand und Börse) die emissionsbegleitenden Kreditinstitute von zentraler Bedeutung, denn sie entscheiden oft über Erfolg oder Mißerfolg des Börsenvorhabens einer Aktiengesellschaft. Auch für die Banken ist der Gang eines Unternehmens an die Börse sowohl mit Vorteilen als auch mit Nachteilen verbunden.

a) Vorteile einer Emissionsbegleitung

Die Vorteile einer Emissionsbegleitung beschränken sich nicht nur auf das Emissionsgeschäft des Kreditinstituts. Vielmehr wirkt sich die Emissionsbetreuung auch auf andere Geschäftsbereiche positiv aus.

aa) Gewinne aus dem Antragstellungsmonopol und der Emissionsbetreuung

Kreditinstitute verfolgen im Emissionsgeschäft zweifelsohne Gewinninteressen. Ihre Gewinnvorstellungen durchzusetzen, fällt den Banken in Deutschland relativ leicht, da sie bei der Antragstellung im Wertpapierzulassungsverfahren das Monopol haben (§ 36 Abs. 2 BörsG). Nach dieser Vorschrift darf im amtlichen Handel der Börsenkandidat den Antrag nur zusammen mit einer Bank stellen. Die verschwindend kleine Konkurrenz von "Nichtbanken", z.B. Maklern, in anderen Börsensegmenten kann vernachlässigt werden.[223] Demnach haben die Emittenten nur die Möglichkeit, zwischen den Leistungen und Gebühren verschiedener Banken zu wählen. Allerdings bestehen hierzulande kaum Auswahlmöglichkeiten unter den Kreditinstituten, da nur wenige Banken das Going-Public-Geschäft betreiben.[224] Oft wird es deshalb nicht einfach sein, ein Kreditinstitut zu finden, das bereit ist, die Zulassung des Emittenten an der Börse zu akzeptablen Konditionen zu begleiten.

---

223 Vgl. hierzu nochmals S. 24 f.
224 Vgl. Möhle (1987), S. 6 f. Auch stellt Mettler fest, daß *zwischen* den Kreditinstituten - zumindest in der Schweiz - ein nur unzureichender Wettbewerb besteht (vgl. ders. (1990), S. 42 und die dortige Fn. 12).

Kreditinstitute lassen sich nicht nur für die im Zulassungsverfahren er-
brachten Leistungen bezahlen. Sie übernehmen im Regelfall auch die
gesamte Wertpapieremission und plazieren diese bei den Anlegern:[225]
Weitere Provisionen sind die Folge. Für die Tätigkeiten im Zulassungsverfahren und bei der Plazierung der Wertpapiere fallen insgesamt
Bankgebühren in der Größenordnung von ca. 5 % des Plazierungsvolu-
mens an.[226]

Die Gewinnspanne beim *going public* läßt sich noch weiter erhöhen: Oft
vereinbart der Emittent nämlich mit der emissionsbegleitenden Bank,
daß sie für einen bestimmten Zeitraum nach der Börseneinführung
Kurspflegemaßnahmen durchführen soll, wofür das Kreditinstitut ebenfalls Provisionen in Rechnung stellt. Darüber hinaus muß der Börsenkandidat an den Börsenplätzen mindestens ein Institut benennen, das
als Zahlstelle für Dividenden dienen soll.[227] Dafür sind erneut Provisionen fällig.[228]

bb) Gewinne aus der Erhaltung bzw. der Erweiterung des Kundenkreises
Durch eine geschickte Unternehmenspolitik der Bank können die Erträge
langfristig noch weiter gesteigert werden. Der Emissionsbegleiter verzichtet bei dieser Strategie im Einzelfall auf die volle Höhe der im
Going-Public-Geschäft maximal durchsetzbaren Gewinnspannen. Durch
das Anbieten von günstigen Preis-Leistungs-Verhältnissen kann das
Kreditinstitut u.U. börsenwillige Unternehmen, die bisher nicht zum
eigenen Firmenkundenkreis zählen, von anderen Instituten abwerben
und für sich gewinnen. Zwar sinkt dadurch die Rendite im Going-Public-
Geschäft; die Bank hat aber einen neuen Kunden gewonnen. Sie hofft
nun, gewinnbringende Anschlußgeschäfte[229] - auch solche außerhalb
des Wertpapierbereichs - mit dem Unternehmen tätigen zu können.
Diese Geschäfte wiederum sollen den Verzicht auf Erträge im Emissionsgeschäft mehr als ausgleichen.

---

225 Vgl. Paskert (1991), S. 12; Rudolph (1981), S. 61.
226 Vgl. Fritsch (1987), S. 79; Küffer (1992), S. 93; Albach u.a. (1988),
     S. 136; Mettler (1990), S. 309; Rudolph (1981), S. 64.
227 Vgl. Büschgen (1991), S. 301.
228 Zu den verschiedenen Bankleistungen und den Provisionen vgl. Büschgen
     (1991), S. 298, 300; Walter (1984), S. 403 f.
229 So auch Mettler (1990), S. 42.

Eine ähnliche Strategie ist für Kreditinstitute denkbar, die bisher keine Emissionsgeschäfte durchführen, solche aber gern auch tätigen möchten. Durch "Kampfkonditionen" versuchen diese Banken, den Marktzutritt im Going-Public-Geschäft zu erreichen. Dadurch sollen der Konkurrenz nicht nur Unternehmen abgeworben werden. Vielmehr muß auch verhindert werden, daß eigene Firmenkunden, die einen Emissionsbetreuer suchen, an die Konkurrenz verlorengehen - und mit ihnen interessante Kreditgeschäfte und anderes mehr.[230]

Des weiteren berührt das Emissionsgeschäft einer Bank auch ihre Gläubigerinteressen: Fließen dem Emittenten durch das *going public* neue Eigenmittel zu - Haftungskapital aus der Sicht der Gläubiger -, so steigt die Sicherheit der von der Bank gewährten Kredite. Das Kreditausfall- und das Zinsertragsrisiko sinken. Gefahren für die Liquidität des Kreditinstituts werden geringer.

Eine attraktive Neuemission zieht ferner die vermögende Privatkundschaft an: Unter Umständen sind Wertpapieranleger, die ihre Effektengeschäfte bisher bei anderen Banken getätigt haben, bereit, mit dem emissionsbetreuenden Institut eine Bankverbindung aufzubauen, weil sie auf diese Weise ihre Chancen auf Zuteilung von Aktien erhöhen können. Ähnlich wie bei den Firmenkunden hofft der Emissionsbegleiter auch hier auf gewinnbringende Anschlußgeschäfte in und außerhalb der Wertpapiersparte. Außerdem soll durch das Betreiben des Emissionsgeschäfts verhindert werden, daß vermögende Privatkunden - ähnlich wie oben bereits für Firmenkunden angedeutet - zur Konkurrenz abwandern.[231]

b) Nachteile und Probleme einer Emissionsbegleitung
Mit dem *going public* eines Unternehmens sind für den Emissionsbegleiter nicht nur die aufgezeigten Gewinnchancen verbunden; es bestehen auch Risiken. Für eine Bank ist es von erheblicher Bedeutung, daß ein ausgewogenes Gewinn-Risiko-Verhältnis erhalten bleibt. Ziel muß sein, möglichst viel Gewinn bei geringem Risiko zu erzielen. Wo liegen nun die Gefahren im Neuemissionsgeschäft?

---

230 Ähnlich Möhle (1987), S. 6 f.; Mettler (1990), S. 42.
231 Vgl. zu diesem Abschnitt auch Möhle (1987), S. 7 und 9.

aa) Prospekthaftung

Das Börsengesetz schreibt vor, daß nicht nur der Emittent der Prospekthaftung unterliegt, sondern auch jene Kreditinstitute, die für den
Inhalt des Zulassungsprospekts mitverantwortlich sind (§ 45 i.v.m.
§ 36 BörsG).[232] Die Banken prüfen den Börsenkandidaten deshalb
genau auf seine Finanz-, Vermögens- und sonstigen Verhältnisse, bevor
sie die Emissionsbetreuung übernehmen. Unter Umständen werden die
Kreditinstitute sogar ablehnen.

bb) Gefahren für das Ansehen

Die Banken müssen beim *going public* des Emittenten auch andere Gefahren beurteilen. Zum Beispiel entstehen Risiken bei der Plazierungs-
tätigkeit des Emissionsbegleiters. Verläuft die Unterbringung der Aktien
schleppend oder wird die Emission vom Markt nicht angenommen,
schadet dies nicht nur dem Ansehen des Börsenkandidaten, sondern
auch dem Renommee des betreuenden Kreditinstituts. Einer solchen
Bank verbleiben dann oft nur noch riskante Neuemissionen, die andere
Institute bereits abgelehnt haben. Außerdem begegnen die Anleger
einer in der Vergangenheit im Going-Public-Geschäft glücklosen Bank
mit wachsendem Mißtrauen und halten sich mit Zeichnungsaufträgen
bei weiteren von diesem Institut betreuten Neuemissionen zurück; der
Ruf eines Emissionsbegleiters färbt auf den Börsenkandidaten ab und
hat Einfluß auf den Erfolg der Börseneinführung.[233] Im schlimmsten
Fall muß sich die Bank vom einträglichen Emissionsgeschäft völlig zu-
rückziehen.[234]

Das Kreditinstitut wird selbstverständlich alles daransetzen, damit es
erst gar nicht so weit kommt, denn die Erhaltung eines makellosen Re-
nommees im Emissionsgeschäft ist von größter Wichtigkeit. Dem betreuenden Institut liegt deshalb viel daran, daß der Emissionspreis nicht
zu hoch angesetzt wird. Dadurch können die Papiere halbwegs sicher
am Markt untergebracht werden. Oft reichen allerdings die Plazierungsmöglichkeiten im eigenen Kundenkreis des Emissionsbegleiters
nicht aus, um die gesamte Emission abzusetzen.[235] Eine kleine Bank

---

232 Vgl. zur Prospekthaftung z.B. bei Paskert (1991), S. 34 ff., insbes.
     S. 115 ff.
233 Ähnlich Küffer (1992), S. 37; Rudolph (1981), S. 62.
234 Vgl. Paskert (1991), S. 131 mit Beispielen aus der Praxis.
235 Die Qualität einer Aktien-Emissionsbank wird entscheidend durch die Plazie-
     rungskraft und den Ruf des Instituts bestimmt (vgl. Büschgen (1991),
     S. 296).

wird deshalb die Neuemission nicht allein plazieren wollen. Unter Umständen fehlt auch der qualifizierte Mitarbeiterstab, welcher für die Betreuung des *going public* unerläßlich ist - im übrigen ein Grund dafür, weshalb nicht jede Bank das Emissionsgeschäft betreiben kann. In der Praxis wird deshalb der Gang eines Unternehmens an die Börse von *mehreren* Kreditinstituten betreut. Sie schließen sich, wie bereits angedeutet, zu *Emissionskonsortien* zusammen.[236] Dadurch können die Risiken aus dem Emissionsgeschäft unter den Konsorten gestreut und ein ausreichend großer Kundenkreis angesprochen werden.[237]

cc) Plazierungsrisiken
Beim *going public* bestehen nicht nur die Gefahren einer möglichen Prospekthaftung und eines Schadens für das Ansehen der beteiligten Kreditinstitute, sondern auch solche, die sich aus der Übernahme der Neuemission durch das Bankenkonsortium ergeben. Beim in Deutschland üblichen gemischten Übernahme- und Begebungskonsortium geht nämlich, wie nochmals zu betonen ist, das Wertpapier-Absatzrisiko auf die Konsorten über.[238] Zwar lassen sich Banken dieses Risiko vom Emittenten teuer bezahlen, die Gefahren bleiben aber dennoch bestehen. Kann die Emission am Markt, aus welchen Gründen auch immer, nur teilweise untergebracht werden, müssen die im Konsortium vertretenen Institute die unverkäuflichen Papiere auf unabsehbare Zeit in die eigenen Bestände nehmen und auf bessere Plazierungsmöglichkeiten in der Zukunft hoffen; Kurs- und Liquiditätsrisiken sind die Folge.[239]

5. Die Interessen des Anlegerpublikums
Potentielle Anleger haben im Prinzip ähnliche Ziele wie die Aktionäre des Emittenten. Allerdings nimmt das Publikum beim *going public* die Rolle von Käufern ein. Hieraus ergeben sich spezifische Interessen.

a) Gewinninteressen und Anlegerrisiken
Die Anleger suchen nach günstigen Anlagemöglichkeiten für ihre Gelder, weshalb ein hohes *underpricing* ganz in ihrem Sinne ist: Der Emissionspreis soll niedrig (im Sinne von billig) ausfallen; damit steigen die Gewinnchancen der Käufer.

---

236 Vgl. Hagenmüller/Diepen (1993), S. 699 ff.
237 So auch Küffer (1992), S. 36.
238 Vgl. Paskert (1991), S. 12; Rudolph (1981), S. 61 f. Vgl. zu diesem Verfahren auch oben, S. 26.
239 Ebenso Paskert (1991), S. 10 f.

Das *going public* einer Gesellschaft wird vom anlagesuchenden Publikum begrüßt, weil dadurch die Auswahlmöglichkeiten unter den Aktien zunehmen. Die Anleger vergleichen die neu angebotenen Eigentümertitel sowohl mit den bereits am Markt gehandelten Aktien anderer Unternehmen als auch mit den am Anleihemarkt erzielbaren Renditen. Sind die Zukunftsaussichten des Emittenten vielversprechend und wird die Neuemission günstig bewertet, ist die Zeichnung für die Anleger attraktiv. Sie hoffen auf hohe Dividenden und Kursgewinne, gegebenenfalls auch Wechselkursgewinne.

Dabei darf allerdings das *Anlegerrisiko* nicht außer acht gelassen werden. Dieses besteht in vielerlei Hinsicht:

1. Der Käufer erwirbt die Aktien über ihrem wahren Wert. Der unterschiedliche Informationsstand von Käufer und Verkäufer kann die Ursache hierfür sein. Beim späteren Verkauf ist der zu hohe Einstandspreis nicht mehr zu erzielen; es kommt zu einem Vermögensverlust.
2. Die Dividendenversprechungen des Unternehmens können nicht eingehalten werden, was sich in einer Kürzung oder dem Ausfall der Ausschüttungen bemerkbar macht. Die Anlage wirft dann geringere Erträge ab als erwartet.[240]
3. Das Unternehmen läßt die Anleger nur in bescheidenem Maße am Erfolg partizipieren; die Dividenden sind unangemessen niedrig. Auch hier kommt es zu einem Minderertrag.
4. Börsenkurse entwickeln sich entgegen den Erwartungen negativ. Fallende Kurse führen ebenfalls zu einem Vermögensverlust.
5. Im schlimmsten Fall kommt es zu einer Vernichtung des Unternehmens. Die auf die Gesellschaft lautenden Aktien behalten dann allenfalls noch einen historischen Wert.
6. Für die Anleger aus dem Ausland kommen noch Wechselkursrisiken hinzu.[241]

Aus diesen Gründen bewerten die Anleger alle Anlagemöglichkeiten nach ihren spezifischen Risiken sowie Rendite- und Liquiditätsauswirkungen.[242] Erscheinen ihnen die Anlagebedingungen attraktiv - wichtig ist hierbei die individuelle Risikoneigung -, sind die Anleger durchaus

---

240 Ähnlich Haeseler (1988), S. 149 f.
241 Ebenso Haeseler (1988), S. 150.
242 So auch Bauer (1992), S. 795; Beiertz (1992), S. 11.

bereit, auch riskante Anlage-Engagements einzugehen. Man denke in diesem Zusammenhang unter anderem an Anlagen in hochriskanten Abschreibungsgesellschaften.[243]

b) Informationsinteressen und Erwartungen an den Kapitalmarkt
Eine rationale Anlageentscheidung kann allerdings nur dann getroffen werden, wenn alle bewertungsrelevanten Informationen von den Unternehmen rechtzeitig zur Verfügung gestellt werden. Nur so ist eine Bewertung der Chancen und der Risiken möglich. Das Anlegerpublikum verfolgt Publizitäts- und Informationsinteressen und will deshalb eine transparente Anlage.

Die Käufer sind außerdem, wie mancher Altgesellschafter auch, an einem funktionierenden und zuverlässigen Aktienhandel interessiert, damit sie ihr Engagement jederzeit wieder beenden können. Von der Börse werden eine faire, transparente und kontinuierliche Preisfestsetzung, niedrige Transaktionskosten und eine schnelle Auftragsabwicklung erwartet.[244]

c) Sonstige Interessen
Nicht nur die oben genannten Überlegungen spielen beim Aktienkauf eine Rolle, sondern u.U. auch politische Vorstellungen, das Prestige[245] einer Aktie sowie steuerliche Gesichtspunkte. Noch weitere Motive kommen in Frage: Gegebenenfalls soll, wie bereits angedeutet, eine kapitalmäßige Bindung zwischen verschiedenen Unternehmen zum beiderseitigen Vorteil geschaffen werden, beispielsweise durch Überkreuzbeteiligungen. Ziel ist es, strategische Allianzen aufzubauen und Konkurrenzsituationen zu entschärfen.[246] Dabei spielen zweifellos Einflußinteressen eine wichtige Rolle. Beim Aktienerwerb können neben Einflußzielen gegebenenfalls auch Übernahmeabsichten ausschlaggebend sein. Schließlich haben evtl. auch die Arbeitnehmer einer Gesellschaft Interesse am Aktienkauf. Sie möchten eine engere Beziehung zum Arbeitgeber aufbauen und an der Unternehmensentwicklung nicht bloß als Angestellte, sondern auch als Miteigentümer teilhaben.

---

243 Vgl. Deutsche Bundesbank (1991), S. 29.
244 Zu diesem Abschnitt vgl. Zahn (1981), S. 103 f.
245 So auch Wedell (1971), S. 26; Bauer (1992), S. 795.
246 Vgl. Wedell (1971), S. 101 f.

III. Die Interessenkonflikte bei Börseneintritt

In den vorangegangenen Abschnitten wurden die Motive und Ziele der von einem Börseneintritt betroffenen Gruppen aufgezeigt. Es ist offensichtlich, daß die Interessen nicht immer miteinander harmonieren werden. Bei der näheren Betrachtung der auftretenden Interessenkonflikte und des notwendigen Interessenschutzes muß man differenzieren zwischen der Grundsatzentscheidung "*going public*: ja oder nein?" und den begleitenden Entscheidungen, welche die technische Umsetzung der beschlossenen Börsenentscheidung betreffen.

1. Die Konflikte zwischen den Eigentümern

In bezug auf potentielle Konflikte zwischen den Eigentümern denkt man im allgemeinen vorwiegend an mögliche Differenzen zwischen Mehrheits- und Minderheitsaktionären. Eine solche Sichtweise greift zu kurz. Mindestens ebenso bedeutsam sind die Konflikte zwischen den Großaktionären.

a) Konflikte zwischen den Großaktionären

Im folgenden wird unter einem Großaktionär in erster Linie ein Privat-Großaktionär verstanden. Selbstverständlich kann es in einer Aktiengesellschaft auch einen Unternehmensgroßaktionär (Konzernunternehmen) geben. Auf einen solchen Aktionär treffen die nachfolgend aufgeführten Großaktionärskonflikte teilweise ebenfalls zu.[247]

aa) Konflikte bei der Entscheidung über das *going public*

Beim *going public* kann es vor allem zu Kontroversen wegen der damit verbundenen steuerlichen Konsequenzen kommen. Aber auch die Folgen der Unternehmensöffnung und die strengeren Publizitätspflichten enthalten erhebliches Konfliktpotential. Außerdem führen u.U. auch psychologische Gründe zu Differenzen zwischen den Aktionären.

aaa) Steuerbelastung

Die Eigentümer sehen ihre Unternehmensmitgliedschaft vorwiegend aus ihrer privaten Perspektive. Die Aktionäre haben unterschiedliche Vermögensverhältnisse und unterliegen einer individuellen Steuerbelastung.

---

247 Hier entstehen Konflikte vor allem durch die Unternehmensöffnung, die anfallenden Kosten, die Publizitätspflichten und bei der Ausgestaltung des *going public*. Vgl. zu einem Unternehmensaktionär S. 38 f., 44, 56, 85, 93 f.
Im Zusammenhang mit dem *going private* vgl. insbes. S. 105, 203 f., 207.

Deshalb kann sich der Gang an die Börse für jeden Altgesellschafter verschieden auswirken. Man betrachte beispielsweise die im Zuge des *going public* in der Regel steigende Vermögensteuer. Der eine Aktionär ist hiervon nicht oder zumindest kaum betroffen, weil er lediglich über ein geringes Vermögen verfügt und womöglich einen vorhandenen Frei-betrag[248] noch gar nicht voll ausgeschöpft hat. Der andere Eigentümer besitzt dagegen ein großes Vermögen und muß dieses dementsprechend versteuern. Selbst im letzten Fall gibt es Unterschiede: Der eine begleicht die Steuer problemlos aus dem Barvermögen, der andere verfügt nur über wenig liquide Mittel; entsprechend schwer fällt es ihm, seinen Verpflichtungen nachzukommen. Es ist einleuchtend, daß sich bereits in bezug auf die Vermögensteuer ein Konflikt zwischen den unterschiedlich belasteten Großaktionären entwickeln kann (im übrigen auch mit den Kleinaktionären, die meist mangels hoher Vermögensbeträge ohnehin nur selten Vermögensteuer zahlen müssen).

bbb) Unternehmensöffnung und Beendigung der Mitgliedschaft im Unternehmen

Außerdem kommt es oft zu Meinungsverschiedenheiten, weil einige Großaktionäre lieber unter sich bleiben wollen, andere wiederum zur Öffnung des Eigentümerkreises bereit sind. Die Gegner der Unternehmensöffnung fürchten Übernahmegefahren. Die Befürworter dagegen glauben nicht an das Risiko, von einem fremden Unternehmen über die Börse aufgekauft zu werden.[249]

Konflikte entstehen weiterhin dann, wenn ein Großaktionär seine Unternehmensbeteiligung beenden will, die anderen Gesellschafter aber nicht bereit oder in der Lage sind, die geforderte Abfindung zu zahlen. Es stellt sich die Frage, ob ein einzelner am Verkauf interessierter Großaktionär den Gang an die Börse gegen den Willen anderer Eigentümer, insbesondere gegen jenen eines Mehrheitsaktionärs, erzwingen kann. Dieses Problem soll im zweiten Teil der Arbeit gelöst werden.

ccc) Publizität und Kosten

Ferner bestehen oft unterschiedliche Ansichten über die Informationspolitik der Gesellschaft. Es gibt verschiedene Vorstellungen darüber, welche Informationen noch als geheim einzustufen sind. Außerdem ist

---

248 Vgl. z.B. § 6 VStG.
249 Vgl. Albach u.a. (1988), S. 222.

nicht jeder bereit, Dritten überhaupt Einblicke in das Unternehmen zu gestatten. Darüber hinaus sind Meinungsverschiedenheiten hinsichtlich der unvermeidlichen Kostenbelastung durch das *going public* möglich. Man denke z.b. an die anfallenden Kosten für Werbeaktionen in den Medien, den Wertpapierdruck, die Wertpapierzulassung, an die Anwaltskosten, Bankprovisionen etc. Für manche Großaktionäre mögen diese Aufwendungen noch im vertretbaren Rahmen liegen, für andere dagegen sind sie schon zu hoch.

ddd) Psychologische Gründe

Zu Differenzen kann es auch aus psychologischen Gründen kommen. Es gibt Menschen, die für Neues aufgeschlossener sind als andere: Die einen sind zu Veränderungen bereit, die anderen dagegen wollen die eingefahrenen und bewährten Abläufe auf keinen Fall aufgeben; sie scheuen Innovationen. Der Gang an die Börse stellt sicher eine Zäsur in der Unternehmensentwicklung dar. Die Altgesellschafter müssen sich deshalb umstellen, was nicht jedem leichtfallen wird.

Eine weitere psychologische Schwierigkeit besteht darin, die Gesellschaft gerade in einer Boomphase des Unternehmens an die Börse zu bringen. Mancher Unternehmer meint, auch in der Zukunft allein - ohne das Kapital anderer - bestens bestehen zu können. Dabei wird übersehen, daß man einen hohen Emissionserlös vor allem in guten Zeiten erzielen und auf diese Weise optimal für eine später mögliche Unternehmenskrise vorsorgen kann. Nicht jeder Eigentümer hat Verständnis für eine solche auf die Zukunft gerichtete Politik. Unstimmigkeiten zwischen den Aktionären sind somit auch hier vorstellbar.

Solche psychologischen Probleme treten im übrigen auch beim Management auf. Dies kann zu Differenzen zwischen den Eigentümern und den Vorständen führen.[250]

bb) Konflikte bei der Ausgestaltung des *going public*

Selbst wenn ein Konsens zwischen den Großaktionären über den Gang an die Börse an sich besteht, gibt es immer noch genügend Probleme, die zu Konflikten führen können. Differenzen entstehen nämlich regelmäßig bei der Umsetzung der Going-Public-Entscheidung, d.h. bei der

---

[250] Selbstverständlich sind auch andere Gründe vorstellbar. Nähere Einzelheiten siehe unten, S. 83 ff.

Ausgestaltung im Detail. Zu Meinungsverschiedenheiten kommt es z.B. bei der Frage, ob man lieber Stamm- oder Vorzugsaktien, gegebenenfalls gar vinkulierte Namensaktien begeben soll. Wie wird ein Vorzug ausgestaltet, insbesondere wie groß soll er ausfallen? Und in welchem Maße sollen Aktien an Dritte abgegeben werden? Letztlich geht es darum festzulegen, wieviel Einfluß man den neuen Eigentümern zubilligen will.

Konflikte gibt es auch bei der Wahl des geeigneten Börsensegments, des begleitenden Kreditinstituts, des Emissionsverfahrens sowie des genauen Emissionszeitpunktes.

Weiterhin kommt es zu Differenzen bei der Wahl der Herkunftsquellen der am Markt zu plazierenden Aktien: Sollen die Papiere aus einer Umplazierung, einer Kapitalerhöhung oder gar aus einer Kombination beider Möglichkeiten stammen? Auf welche Weise wird die Aufbringung der zum Verkauf vorgesehenen Stückzahl gesichert? All diese Fragen und Probleme müssen von den Aktionären beantwortet und gelöst werden.

Man denke auch an Meinungsunterschiede, die mit der Bestimmung der Höhe des Börsenverkaufspreises zusammenhängen. "Mondpreise" schaden der Gesellschaft, weil das Vertrauen des nach günstigen Anlagemöglichkeiten suchenden Publikums untergraben wird; nachfolgende Kapitalerhöhungen können nur noch schwer plaziert werden. Jene Altgesellschafter, die das *going public* zum Ausstieg nutzen wollen, sind verständlicherweise an diesem eigentlich zu hohen Emissionspreis interessiert. Die weiterhin an der Gesellschaft beteiligten Aktionäre dagegen wollen zwar auch einen hohen, aber keinen nachteilig teuren Börsenverkaufspreis. Sie bleiben eben im Gegensatz zur ausscheidenden Aktionärsgruppe[251] mit der Zukunft des Unternehmens verbunden. Konflikte bei der Preisgestaltung sind deshalb wahrscheinlich.[252]

cc) Zwischenergebnis

Es kommt nicht nur auf die objektiv meßbaren Auswirkungen des *going public* an, sondern vor allem auf die subjektiv empfundenen Folgen. Die einen Großaktionäre befürworten den Gang an die Börse, weil für sie die Nachteile durch die Vorteile mindestens aufgewogen werden; die

---

251 Emotionale Aspekte und ein Anstellungsverhältnis bleiben außer Betracht.
252 Ähnlicher Ansicht ist z.B. Mettler (1990), S. 205.

anderen dagegen lehnen dieses Vorhaben kategorisch ab, weil es für sie eben nicht zu einem Nachteilsausgleich kommt.

Oft sind Differenzen unvermeidlich, wenn die einen Aktionäre mit dem *going public* rein private Ziele verwirklichen wollen, andere dagegen das Wohl der Gesellschaft im Auge haben.

Je größer die Anzahl der Gesellschafter, desto leichter kommt es zwischen ihnen zu Meinungsverschiedenheiten.

Selbst wenn die Eigentümer ähnliche Absichten verfolgen, müssen sie noch nicht die gleiche Vorstellung vom Weg zur Erreichung der Ziele haben. Es ist somit nahezu unmöglich, Differenzen zwischen den Eigentümern im Zusammenhang mit dem Gang an die Börse zu vermeiden. Deshalb muß später geklärt werden, wer seine Interessen gegen die Vorstellungen anderer durchzusetzen vermag - und umgekehrt: wer sich vor nachteiligen Folgen im Zusammenhang mit dem *going public* schützen kann.

b) Konflikte zwischen der Mehrheit und der Minderheit
Von den dargestellten Differenzen zwischen den Großaktionären unterscheiden sich die Konflikte zwischen der Mehrheit und der Minderheit zum Teil ganz erheblich. Das resultiert aus den grundlegenden Interessenunterschieden, die typischerweise vor allem in bezug auf die Dividendenpolitik und die Informationspolitik bestehen.

aa) Konflikte aus dem Mehrheitsprinzip
Die Aktionäre verfolgen, wie gesagt, oft ganz unterschiedliche individuelle Interessen. Hätte der Gesetzgeber für eine Beschlußfassung in der Aktionärsversammlung das Einstimmigkeitsprinzip vorgeschrieben, würden sich somit die normalerweise zahlreichen Eigentümer einer Aktiengesellschaften fast immer gegenseitig blockieren. Um die Handlungsfähigkeit in solchen Unternehmen zu sichern, hat der Gesetzgeber deshalb in fast allen Fällen das Einstimmigkeitsprinzip verworfen und statt dessen das Mehrheitsprinzip vorgesehen (vgl. z.B. § 133 Abs. 1 AktG).[253] Daraus folgt, daß die Mehrheit auch für die Minderheit allgemein verbindliche Entscheidungen treffen und über deren ein-

---

253 Vgl. Bischoff (1987), S. 1055. Zur Absage an das Einstimmigkeitsprinzip vgl. auch Timm (1980), S. 32 f.

gebrachte Vermögenswerte verfügen darf.[254] Somit wurde bereits im Gesellschaftsrecht ein Grundkonflikt zwischen den Aktionären geschaffen.

Die in den Hauptversammlungen überstimmten Eigentümer müssen sich mit ihrer Situation grundsätzlich abfinden, denn sie haben die gesetzlich für die Aktiengesellschaften bestimmten "Spielregeln" mit dem Erwerb der Mitgliedschaft akzeptiert. Das Mehrheitsprinzip ist dieser Gesellschaftsform eben wesensimmanent.[255]

bb) Interessenkonstellationen bei der Entscheidung über das *going public*

Zwischen den Aktionären kommt es regelmäßig zu Unstimmigkeiten, wenn unterschiedliche Ansichten über die "richtige" Unternehmenspolitik bestehen. Wie schon erwähnt, sind Großaktionäre - sie halten normalerweise vor und nach dem *going public* die Aktienmehrheit - im Regelfall nur dann für den Börseneintritt, wenn es für sie zu keinem nennenswerten Einflußverlust kommt.[256] Der Gang an die Börse muß in ihre langfristige Strategie passen, andernfalls lehnen sie ein solches Vorhaben ab. Kleinaktionäre dagegen befürworten die Entscheidung für das *going public* so gut wie immer, weil sie dadurch in der Regel nur gewinnen können.[257]

Aus dieser Interessenlage ergeben sich drei mögliche Interessenkonstellationen:
1. Es liegt Interessenharmonie vor. Sowohl Groß- als auch Kleinaktionäre sind für den Gang an die Börse, um z.B. den Bestand des Unternehmens zu sichern. Oder beide Gruppen lehnen das *going public* ab, was aber nur selten vorkommen dürfte.
2. Es entstehen Interessenkonflikte, weil die Großaktionäre den Börseneintritt - aus welchen Gründen auch immer - ablehnen, die Kleinaktionäre das Unternehmen jedoch gern an der Börse sehen wollen.
3. Es kommt ferner dann zu einem Dissens, wenn ausnahmsweise ein Teil der Minderheit gegen den Gang an die Börse ist, die anderen Aktionäre aber dafür sind. Die skeptischen Eigentümer fürchten bei-

---

254 So schon das Reichsgericht, in: RGZ 132, 149, 163.
255 Vgl. May (1992), S. 194. Auf den erforderlichen Minderheitenschutz wird später eingegangen (vgl. S. 131 ff.).
256 So auch Oettingen (1990), S. 18.
257 Vgl. die Ausführungen zu diesem Thema auf S. 49 ff.

spielsweise, jenen Einfluß zu verlieren, der ihnen nach ihrem Kapital-
und Stimmenanteil eigentlich nicht zusteht, den sie aber gleichwohl
besitzen.

cc) Milderung typischer Konflikte zwischen der Mehrheit und der Minderheit durch das *going public*

Man muß sich die Frage stellen, in welcher Weise ein going public die
typischen Konflikte zwischen der Mehrheit und der Minderheit beein-
flußt. Dabei muß unterschieden werden, ob es sich um die Dividendenpolitik oder um die Informationspolitik und die Absprachen zwischen
den Großaktionären und dem Vorstand handelt.

(1) Unabhängig vom *going public* bestehen zwischen der Mehrheit und
der Minderheit Interessengegensätze bezüglich der *Dividendenpolitik* der
Gesellschaft. Die Kleinanleger wollen innerhalb kurzer Zeit eine möglichst hohe Dividende erzielen; sie sind ausschüttungsorientiert.[258] Die
Großaktionäre dagegen verfolgen, wie schon angedeutet, eine meist
viel längerfristige Anlagestrategie. Diese Eigentümer sind daher eher an
einer Gewinnthesaurierung interessiert. Dies auch deshalb, weil sie dadurch die gesamten Unternehmenserträge im eigenen Einflußbereich
halten können,[259] also auch jenen Anteil, der bei einer Ausschüttung
an die Kleinaktionäre verlorengehen würde. Ferner können steuerliche
Gründe für das Einbehalten von Gewinnen sprechen. Es besteht somit
ein Dissens zwischen beiden Aktionärsgruppen über den *Zeitpunkt* und
die *Höhe* der Ausschüttungen. Diese Ausführungen gelten im Prinzip
auch für Konflikte zwischen *Vorständen* und einflußlosen Minderheitsaktionären. Die Unternehmensleitung und die Großaktionäre verfolgen
nämlich in der Dividendenpolitik ganz ähnliche Thesaurierungsvorstel-
lungen zu Lasten der Kleinanleger. Da die Großaktionäre - Einigkeit
untereinander vorausgesetzt - ihre Gewinnverwendungsziele in der
Hauptversammlung leicht durchsetzen können und die Vorstände
erhebliche Spielräume in der Bilanzpolitik besitzen - man denke an die
stille Reservenpolitik, die Rücklagenbildungskompetenz usw. -, werden
die Ausschüttungswünsche der Minderheit nur selten erfüllt.

Durch den Gang an die Börse werden diese Interessengegensätze zwar
nicht beseitigt, aber gleichwohl gemildert, denn Eigentümer, die mit der

---

258 Vgl. Schalek (1988), S. 100.
259 So auch Iber (1987), S. 62.

Dividendenpolitik des Unternehmens nicht einverstanden sind, können sich durch den Anteilsverkauf über die Börse vor dem "Aushungern" durch die Mehrheit und vor Thesaurierungsstrategien des Vorstands schützen. Auch gilt die Gesetzmäßigkeit: "Tendenziell ist die Ausschüttungsquote einer Gesellschaft um so höher, je mehr ihre Anteile gestreut sind. Ebenso gilt der Umkehrschluß: je höher die Konzentration des Grundkapitals, desto geringer ist die Gewinnausschüttung."[260] Durch den Gang an die Börse wird gerade die Konzentration des Grundkapitals abgebaut; die Anteile werden breiter gestreut. Dies hat eine tendenzielle Erhöhung der Ausschüttungsquote zur Folge, was den Interessen von Kleinanlegern entgegenkommt. Dadurch verringert sich das Konfliktpotential zwischen Groß- und Kleinaktionären bezüglich der Dividendenpolitik.

(2) Eng verknüpft mit der Dividendenpolitik ist die *Informationspolitik* der Gesellschaft. Unter Umständen haben Großaktionäre - sie wissen über die Lage der Gesellschaft meist genauestens Bescheid - neben den Vorständen ein Interesse daran, daß die wahre Unternehmenssituation nicht allen Aktionären bekannt wird,[261] da besser unterrichtete Kleinanleger womöglich eine der Gewinnsituation des Unternehmens entsprechende Dividende fordern. Die Thesaurierungsbestrebungen der Mehrheit und des Managements treffen dann auf mehr Widerstände von seiten der ausschüttungsorientierten Kleinaktionäre. Außerdem können besser informierte Minderheitsaktionäre ihre Kontrollrechte gegen Großaktionäre und Vorstände effizienter einsetzen. Diese Minderheiten hinterfragen dann beispielsweise im Rahmen der Hauptversammlung die Handlungen der Großaktionäre als Aufsichtsratsmitglieder. Auch können die eigentlich unzulässigen, in der Praxis wohl aber üblichen *Absprachen*[262] zwischen Vorständen und Großaktionären schwerer verheimlicht werden. Diese in der Realität existierenden engen Verflechtungen zwischen Vorständen und Großaktionären stellen eine erhebliche Gefahr für die Minderheiten dar, denn es besteht das Risiko, daß die Unternehmenspolitik zum Nachteil von einflußlosen Gesellschaftern einseitig auf die Interessen der Großaktionäre ausgerichtet

---

260 Iber (1987), S. 79.
261 Zu den Informationsvorsprüngen bestimmter Aktionäre nimmt z.B. Henn kritisch Stellung; vgl. ders. (1985), S. 246 ff.
262 Vgl. Kübler (1990), § 14 III 3 a aa, S. 178.

wird.[263] Mächtige Eigentümer können nämlich mit Hilfe faktisch von ihnen abhängiger Vorstände die Geschicke des Unternehmens zu Lasten der Minderheit bestimmen. Dies führt bei einem verbesserten Einblick der Kleinanleger in das Unternehmensgeschehen unweigerlich zu Konflikten. Ein für alle Eigentümer transparenteres Unternehmen - und damit auch das *going public* - dient somit nicht unbedingt den Interessen der Großaktionäre und des Managements. Dies auch deshalb nicht, weil die erhöhten Informationspflichten an der Börse Absprachen zwischen Großaktionären und Vorständen zum Teil unterbinden, da die Gefahr besteht, daß die benachteiligten, nun besser informierten Aktionäre gegen die unzulässigen Übereinkünfte prozessieren. Aus all diesen Gründen sind beim *going public* Konflikte zwischen den Kleinanlegern und den um ihren Vorteil fürchtenden Großaktionären durchaus möglich.

Befürworten neben den Kleinanlegern trotz allem auch die Großaktionäre den Gang an die Börse, werden zwar die unterschiedlichen Vorstellungen darüber, was das Unternehmen alles berichten soll, nicht beseitigt, aber das in der Praxis vorhandene inhaltliche und zeitliche Informationsgefälle[264] zwischen Groß- und Kleinanlegern wird geringer. Außerdem warnt die Publizität die gegenwärtigen und potentiellen Anleger nicht nur vor einer nachteiligen Dividendenpolitik der Großaktionäre und des Managements, sondern ganz generell vor einer negativen Unternehmenspolitik. Die Kleinanleger können sich dann durch den Anteilsverkauf via Börse vor größerem Schaden bewahren.[265]

dd) Konflikte bei der Ausgestaltung des *going public*
Auch wenn Mehrheitsaktionäre und Minderheiten über den Gang an die Börse grundsätzlich einig sind, kann es bezüglich der Ausgestaltungsmerkmale des *going public* trotzdem zu Konflikten kommen - und zwar nicht nur zwischen Großaktionären, sondern auch mit Kleinanlegern und "Schachtelaktionären". So bestehen unterschiedliche Auffassungen darüber, ob die angebotenen Aktien aus einer Kapitalerhöhung oder einer Umplazierung stammen sollen. Wird eine Kapitalerhöhung bevor-

263 Zu den Verflechtungen und Gefahren vgl. z.B. Wedell (1971), S. 165; Kübler (1990), § 14 III 3 a, S. 178 f.; Lutter (1976a), S. 228 f.; Matthiessen (1989), S. 184 f.
264 Vgl. Henn (1985), S. 246 f.
265 Dies ist allerdings nicht immer möglich, denn an der Börse kommt es zu blitzschnellen Reaktionen auf nachteilige Unternehmensmeldungen, weshalb ein Ausstieg u.U. nur zu erheblichen Kursabschlägen möglich ist.

zugt, kommt es oft zu Meinungsverschiedenheiten im Zusammenhang mit dem Bezugsrecht. Wird dieses nicht allen gleichermaßen gewährt, erleiden die ausgeschlossenen Eigentümer zumindest Vermögensnachteile.[266] Unter Umständen ist zudem durch die Ausweitung der Kapitalbasis eine Sperrminorität qualifizierter Minderheiten in Gefahr, und "Schachtelaktionäre" werden gegebenenfalls zu bedeutungslosen Kleinanlegern herabgestuft. Ein Bezugsrechtsausschluß kann somit zu einer Einflußschmälerung einiger Eigentümer führen. Werden die Aktionäre für die Vermögens- und die Einflußnachteile nicht ausreichend entschädigt, ist ein Dissens unausweichlich.[267] Ein Bezugsrechtsausschluß wird von den Gesellschaftern allenfalls dann gutgeheißen, wenn alle Altgesellschafter - was die Vermögens- *und* die Einflußsphäre anbelangt - hiervon in ähnlichem Umfang betroffen sind.[268]

Bei der Ausgestaltung des Börseneintritts bestehen darüber hinaus noch viele andere Konfliktmöglichkeiten. Es wird in diesem Zusammenhang auf die oben gemachten Ausführungen verwiesen.[269]

ee) Zwischenergebnis
Letztlich gibt es beim *going public* eine Vielzahl von Problemen, die Differenzen zwischen den Aktionären auslösen können. Dabei kommt es zu Konflikten auf *zwei* unterschiedlichen Ebenen: einerseits zu Meinungsverschiedenheiten, die mit der Entscheidung über den Gang an die Börse zusammenhängen, andererseits zu solchen, die mit der Ausgestaltung des *going public* in Verbindung stehen. Diese Differenzierung ist für den Umfang des später zu behandelnden Interessenschutzes von grundsätzlicher Bedeutung.

Zwischen den Eigentümern kommt es insbesondere dann zu Kontroversen, wenn einzelne Aktionäre der Ansicht sind, daß andere Unternehmensmaßnahmen als das *going public* geeigneter sind, um ihre individuellen Ziele zu verwirklichen.

---

266 So auch der Bundesgerichtshof, in: BGHZ 71, 40, 45 f.
267 Auf die Schutzmöglichkeiten wird später eingegangen (vgl. S. 131 ff.).
268 Zum Thema Bezugsrecht und Entschädigung vgl. S. 21 ff.
269 Vgl. S. 75 f., wobei die dortigen Ausführungen über Konflikte zwischen Großaktionären sinngemäß auch für Unstimmigkeiten zwischen Groß- und Kleinaktionären gelten.

2. Die Konflikte zwischen dem Vorstand und den Aktionären

Neben den Konflikten zwischen den Eigentümern müssen beim *going public* auch die Konfliktpotentiale betrachtet werden, die zwischen den Vorständen und den Aktionären bestehen. Sie ergeben sich aus der Prinzipal-Agenten-Problematik.

a) Interessenkonstellationen bei der Entscheidung über das *going public*

Beim *going public* sind drei Konstellationen der Eigentümerinteressen und der Vorstandsziele denkbar:

1. Es besteht eine Interessenharmonie: Die Gesellschafter und der Vorstand befürworten den Börseneintritt oder lehnen ihn gemeinsam ab.
2. Es kommt zu Konflikten, weil die Aktionäre für den Gang an die Börse sind, der Vorstand aber daran kein Interesse hat.
3. Es entstehen Differenzen, weil der Vorstand das Unternehmen gegen den Willen der Eigentümer an die Börse bringen möchte.

b) Kompetenzproblem

Es stellt sich die Frage, wer eigentlich über das *going public* befinden darf. Handelt es sich um eine bloße Geschäftsführungsangelegenheit des Vorstands oder aber um eine Grundlagenentscheidung, die von den Aktionären in der Hauptversammlung zu treffen ist? Ganz ähnlich lautet übrigens die Fragestellung bei einer geplanten Ausweitung der Börsenpräsenz oder einem Börsensegmentwechsel. Es geht hier letztlich immer um die Kompetenzverteilung zwischen den Gesellschaftsorganen. Die Zuständigkeitsordnung im Innenverhältnis der Gesellschaft ist insbesondere beim *going public* ungeklärt. Allein schon aus der hieraus entstehenden *Unsicherheit* über die Kompetenzverteilung kann sich ein Konfliktpotential zwischen den Beteiligten ergeben.

c) Trennung von Eigentum und Geschäftsführung

Die gesetzlich vorgeschriebene Kompetenzverteilung in Aktiengesellschaften sieht die eigenständige Leitung des Unternehmens durch den Vorstand vor,[270] weshalb es zu einer Trennung von Eigentum und Geschäftsführung kommt. Der Grund hierfür ist in der Sicherung der Unternehmenskontinuität zu sehen: Ein Eigentümerwechsel soll sich, wie bereits festgestellt, nicht auf die Unternehmenspolitik auswirken.

---

270 Vgl. auch die Ausführungen auf S. 53 f.

Außerdem kann man sich auf diese Weise die Professionalität von Managern leichter zunutze machen.

Die Aufspaltung von Eigentum und Geschäftsführung birgt ein großes Konfliktpotential. Es entstehen beispielsweise dann Differenzen, wenn die Unternehmensleitung - durchaus noch im Rahmen ihrer Kompetenz - eine Politik betreibt, die von den Eigentümern nicht gewünscht wird.

aa) Publikumsgesellschaft[271]

Der Vorstand einer großen Publikumsgesellschaft ist in der Lage, seine Macht gegenüber den einflußlosen Aktionären voll auszuspielen.[272] Die Eigentümer sind faktisch von der unternehmensinternen Willens- und Entscheidungsbildung ausgeschlossen.[273] In der Unternehmenspraxis bestimmen die Vorstände und eben nicht die Aktionäre die Mitglieder des Aufsichtsgremiums einer solchen Gesellschaft.[274] Mangels hinreichender Kontrolle durch den Aufsichtsrat vertritt der Vorstand zudem die Interessen der Aktionäre nicht optimal: Die Unternehmensleitung kann ungehindert eigene Ziele auf Kosten der machtlosen Eigentümer verfolgen. Die eigentlich vom Gesetzgeber gewollte Aufspaltung von Eigentum und Geschäftsführung wirkt sich hier zum Nachteil der Eigentümer aus; es kommt zu einer Trennung von Eigentum und Herrschaft.[275] Konflikte sind somit unvermeidlich. So bestehen beispielsweise Differenzen zwischen den Prestige- und Thesaurierungsinteressen des Vorstands und den Gewinnzielen, insbesondere den Ausschüttungsinteressen der machtlosen Aktionäre. Ebenso widersprechen die Einkommensziele des Managements oft den Gewinnmotiven der Eigentümer. Außerdem stehen Konzernbildungsabsichten des Managements im Widerspruch zu den Einflußzielen der Eigentümer der Muttergesellschaft. Ferner besteht ein Dissens bezüglich der Informationspolitik des Vorstands: Vorstände wollen möglichst wenig offenlegen, Aktionäre dagegen soviel wie möglich in Erfahrung bringen.[276]

---

271 In diesem Unternehmenstyp gibt es zahlreiche Aktionäre, die alle lediglich einen verschwindend kleinen Kapitalanteil halten.
272 So auch Raiser (1992), § 13, Rdnr. 13, S. 80 f.; Immenga (1971), S. 9 ff.
273 Vgl. Kübler (1990), § 14 III b, S. 179.
274 Vgl. Matthiessen (1989), S. 186.
275 Vgl. die richtungsweisende Arbeit von Berle/Means (1933). Die Autoren sprechen von einer "separation of ownership and control" (vgl. S. 90).
276 Vgl. zu den unterschiedlichen Vorstellungen von einflußlosen Aktionären und Vorständen über die Informationstätigkeit und die Dividendenpolitik der Gesellschaft die Ausführungen auf S. 79 ff.

Das *going public* mildert in vielen Fällen die Folgen der Trennung von Eigentum und Herrschaft, denn das Ziel des Vorstands, über den Kapitalmarkt neues Eigenkapital zu guten Konditionen aufzunehmen, kann nur dann umgesetzt werden, wenn er keine allzu aktionärsfeindliche Unternehmenspolitik betreibt. Deshalb ist auch die Unternehmensleitung einer großen Publikumsgesellschaft bestrebt, den Interessen der eigentlich machtlosen Eigentümer in gewissem Maße Rechnung zu tragen.

bb) Von Aktionären dominierte Gesellschaft

Die mit der Verselbständigung der Unternehmensleitung verbundenen Probleme stellen sich allerdings fast ausschließlich in Publikumsgesellschaften. Oft entsprechen Aktiengesellschaften nicht diesem Unternehmenstypus. Das trifft gerade auf viele jener Unternehmen zu, die an die Börse gehen wollen: Die Emittenten sind Konzerntöchter[277] oder Familiengesellschaften[278] mit dominierenden Großaktionären. In solchen Unternehmen ist der Vorstand von einflußreichen Eigentümern abhängig. Betreibt die Unternehmensleitung eine Politik, die nicht mit den Interessen der mächtigen Eigentümer übereinstimmt, wird sich das Management über kurz oder lang nach neuen Arbeitsplätzen umsehen müssen. Folglich werden bestehende Konflikte zwischen Management und Großaktionären in der Regel einseitig zugunsten letzterer gelöst. Die Vorstände können daher nur äußerst schwer Ziele verfolgen, die mit Nachteilen für die Großaktionäre verbunden sind. In der Praxis treffen in diesen Gesellschaften die einflußreichen Mehrheitsaktionäre alle wichtigen Personal- und Sachentscheidungen.[279] Im Verhältnis zwischen dominierenden Großaktionären und abhängigen Vorständen kommt es somit zu *keiner* Trennung von Eigentum und Herrschaft. Ein von der Unternehmensleitung befürwortetes *going public*, das jedoch von den Großaktionären abgelehnt wird - es liegt ein Konflikt vor -, hat demnach in der Praxis keine Chance, realisiert zu werden.

Mögliche Meinungsverschiedenheiten zwischen Vorständen und Aktionären können sich daher in solchen Unternehmen lediglich mit Minderheitsgesellschaftern entfalten - in der oben vorgestellten Publikums-

---

277 Vgl. Fieber (1992), S. 24; Karsch (1990b), S. 722, 724; Karsch (1993), S. 22 ff.
278 Man denke z.B. an so prominente Namen wie Boss und Porsche.
279 Vgl. Matthiessen (1989), S. 184; Kübler (1990), § 14 III 3 a, S. 178.

gesellschaft u.U. aber auch mit dem gesamten einflußlosen Eigentümerkreis. Aus der Sicht der machtlosen Aktionäre besteht nämlich
sehr wohl eine Trennung des von ihnen gehaltenen Eigentums von der
Geschäftsführung. Es stellt sich deshalb die oben bereits angedeutete
Frage, ob die Unternehmensleitung den Gang an die Börse gegen den
Willen der Aktionäre betreiben darf, oder ob umgekehrt die Eigentümer
den Börseneintritt gegen die Vorstellungen des Vorstands erzwingen
dürfen.[280]

d) Konflikte bei der Ausgestaltung des *going public*

Auch bei der Ausgestaltung des *going public* kommt es zu Konflikten
zwischen Vorständen und Eigentümern, beispielsweise wenn die Aktionäre den Gang an die Börse mittels einer Umplazierung statt einer Kapitalerhöhung durchführen wollen. Der Vorstand kann in diesem Fall nur
wenige unmittelbare Vorteile erzielen. Es kommt vielmehr zu einer erheblichen Liquiditätsbelastung des Emittenten. Darüber hinaus eignet
sich die Umplazierung besonders zum "Ausstieg" verkaufswilliger
Eigentümer aus der Gesellschaft. Ein Großaktionärswechsel ist jedoch,
wie bereits angedeutet, mit Gefahren für die Stellung der bisherigen
Unternehmensleitung, insbesondere für die Durchsetzung ihrer Vorstandsinteressen verbunden. Konflikte mit einem nicht in Personalunion
geführten Vorstand sind somit durchaus möglich. Ferner sind Differenzen zwischen der Unternehmensleitung und den Eigentümern - ähnlich
wie unter den Aktionären selbst - bei der Wahl des begleitenden Kreditinstituts und des Emissionsverfahrens vorstellbar. Dies gilt auch für
die Bestimmung des geeigneten Börsensegments, des Emissionszeitpunktes, der Festlegung der Höhe des Emissionspreises und des Agios
bei einer Kapitalerhöhung.

3. Die Konflikte mit der Börse

Beim *going public* spielen neben den bereits genannten unternehmensinternen Differenzen auch die zwischen dem Emittenten und der Börse
auftretenden Konflikte eine erhebliche Rolle. Sie resultieren daraus, daß
die Börse einerseits anlegerschützende Kontrollfunktionen hat und
andererseits eine an Gebührenaufkommen interessierte und insoweit im
Wettbewerb mit anderen Börsen stehende Institution ist.

---

280 Die Lösung dieses Problems bleibt dem zweiten Teil der Arbeit vorbehalten
(vgl. S. 146 ff.).

a) Zugangsbarrieren und Emittentenpflichten

Viele Unternehmen möchten die Vorteile, die eine Börsennotierung bietet, in Anspruch nehmen. Allerdings stehen die einmaligen und laufenden Emittentenpflichten im Gegensatz zu den Interessen der Eigentümer und der Vorstände der Gesellschaft und verhindern deshalb oftmals den Gang an die Börse. Die an den Kapitalmärkten geltenden *Zulassungsbedingungen wirken wie Marktzutrittsschranken,*[281] was u.U. zu *Wettbewerbsverzerrungen* zwischen den Unternehmen führt: Die an der Börse etablierten Emittenten können nahezu jederzeit leicht Eigenkapital aufnehmen; die unnotierten Gesellschaften dagegen haben diese Möglichkeit in der Regel nicht. Es kommt infolgedessen zu einem Konflikt zwischen den Börsenvertretern und den Börsenkandidaten in bezug auf die Zulassungskriterien: Die Zugangsbarrieren werden von den Börsenaspiranten entgegen der Auffassung der Börsenvertreter vielfach als zu hoch angesehen, weshalb die am *going public* interessierten Unternehmen eine Senkung der Zulassungsanforderungen verlangen, um so leichter an die Börse zu gelangen und die mit der Kotierung verbundenen Vorteile nutzen zu können. Der Gesetzgeber hat solchen Wünschen durch die Einführung des geregelten Marktes zum Teil entsprochen.[282] Allerdings benötigt jedes Börsensegment aus Gründen des Institutionen- und Anlegerschutzes[283] ein Mindestmaß an Reglementierung, weshalb der Zugang zum Aktienmarkt nach wie vor an Bedingungen geknüpft sein muß.[284] Die Börse erwartet von den Börsenkandidaten, daß sie sich den "Spielregeln" an den Kapitalmärkten unterwerfen. Nur dann steht der Aktienmarkt den Unternehmen offen.

b) Wahl zwischen verschiedenen Börsenplätzen

Die einzelnen Börsen stehen untereinander in einem gewissen Wettbewerbsverhältnis um Emittenten und um Handelsumsätze, obwohl der Gesetzgeber die Zusammenarbeit zwischen den Börsenplätzen vorschreibt (§ 40 BörsG). Die Börsenvertreter einer kleinen Regionalbörse bedauern es, wenn sich ein Unternehmen aus der Region beim *going public* ausschließlich für eine andere Börse entscheidet und nicht etwa gleichzeitig auch den Handel an dem räumlich näherliegenden Börsen-

---

281 So auch Kommission "Zweiter Börsenmarkt" (1987), S. 14.
282 Zu den Intentionen, die mit der Einrichtung des geregelten Marktes verknüpft sind, vgl. etwa Weber (1987), S. 433 ff.; Schwark (1987), S. 2041 ff.; Herzog (1988), S. B 11; Weichert (1988), S. B 17; Kümpel (1988), S. 60.
283 Vgl. hierzu grundlegend Hopt (1975), insbes. S. 51 f., 310 ff., 333 ff.
284 Zu dieser Problematik vgl. unten: S. 139 ff.

platz anstrebt. Ähnliches gilt übrigens, wenn ein bereits börsennotierter Emittent eine zusätzliche Notiz an einer weiteren Börse beantragt. Unter Umständen verlagert sich dadurch das Geschäftsvolumen an den neuen Börsenplatz mit der Folge, daß die Bedeutung der kleinen Regionalbörse abnimmt. Die Börsen müssen diese Nachteile allerdings hinnehmen, denn sie sind nicht befugt, die Entscheidungsfreiheit der Unternehmen bei der Wahl zwischen den Börsenplätzen einzuschränken.[285] Das Börsenrecht sieht eine solche Reglementierung nicht vor; es erleichtert statt dessen sogar eine Notierung der Aktien des Emittenten an mehreren Börsenplätzen (Börsenpräsenzausweitung).[286]

4. Die Konflikte mit dem Emissionsbegleiter

Beim *going public* können auch zwischen dem Börsenkandidaten und dem Emissionsbegleiter Konflikte auftreten. Differenzen entstehen vor allem aus dem Auftraggeber-Auftragnehmer-Verhältnis und der Monopolstellung der Banken. Ferner kommt es zu Unstimmigkeiten u.a. bei der Festlegung des Emissionspreises sowie in bezug auf die Informations- und Geheimhaltungsinteressen.

a) Auftraggeber-Auftragnehmer-Verhältnis

Der Börsenkandidat möchte die Leistungen des Kreditinstituts möglichst billig in Anspruch nehmen, der Emissionsbegleiter dagegen will weitgehend risikolos hohe Gewinne erzielen. Dieser Konflikt um Leistung und Gegenleistung ist unumgänglich, da jede Vertragspartei versucht, ihre eigenen Nutzenmaximierungsvorstellungen durchzusetzen.

b) Monopolstellung

Allerdings befinden sich der Börsenkandidat und der Emissionsbegleiter in unterschiedlich starken Verhandlungspositionen. Banken haben, wie schon erwähnt, das Antragsmonopol im Going-Public-Geschäft.[287] Verweigern die Kreditinstitute dem Börsenaspiranten die Mitwirkung bei der Antragstellung (im Zulassungsverfahren), hat das Unternehmen keine Möglichkeit, einen formell ordnungsgemäßen Antrag auf Zulassung seiner Aktien zum amtlichen Handel zu stellen.[288] Das Unternehmen ist den Banken in diesem Börsensegment somit vollständig ausgeliefert. In anderen Marktsegmenten gilt dies mit gewissen Abstrichen

---

285 So auch völlig zu Recht Soltwedel u.a. (1986), S. 110.
286 Vgl. z.B. § 39 Abs. 4 BörsG sowie Rodrian (1990), § 39, Nr. 3, S. 127 f.
287 Dies gilt für das Börsensegment "amtlicher Handel".
288 Vgl. § 36 Abs. 2 BörsG und auch Rodrian (1990), § 36, Nr. 16, S. 119.

ebenfalls.[289] Kreditinstitute können es sich deshalb leisten, nur solche Emissionen zu begleiten, die mit geringen Risiken verbunden sind und hohe Gewinne erwarten lassen. Beim Börseneintritt kommen daher zu den bereits durch den Gesetzgeber aufgestellten beachtlichen Hürden noch die von den Banken *zusätzlich* errichteten Marktzutrittsschranken hinzu. Es ist verfassungsrechtlich äußerst fragwürdig, ob Banken den vom Gesetzgeber aufgestellten Zugangsbarrieren noch *willkürlich* eigene hinzufügen dürfen.[290] Leider sind die Kreditinstitute bisher nicht bereit, von ihren (teilweise überzogenen) Vorstellungen, insbesondere den hohen Bonitätsmaßstäben, die sie an die Börsenkandidaten anlegen, freiwillig abzurücken.[291] Der Emittent steht einerseits mit dem Gesetzgeber im Konflikt, welcher den Banken die Monopolstellung verliehen hat, und andererseits mit den Banken selbst, da diese im Emissionsgeschäft ihre eigenen "Spielregeln" aufstellen.

Börsenkandidaten können nur hoffen, daß der Wettbewerb unter den wenigen[292] im Emissionsgeschäft tätigen Kreditinstituten zunimmt und daß Marktaußenseiter durch das Anbieten günstiger Konditionen in diesen Geschäftszweig einzusteigen versuchen, wie z.B. Niederlassungen ausländischer Banken. Vielleicht macht auch das Beispiel der DB-Soft AG Schule. Dieses Unternehmen wählte, wie oben bereits vorgestellt, statt eines teuren Kreditinstituts eine günstige Maklerfirma als Emissionspartner - eine Strategie, die jedoch nur im geregelten Markt und teilweise auch im Freiverkehr möglich ist.[293] Die Kreditinstitute werden allerdings ihre überragende Stellung im Emissionsgeschäft wohl auch weiterhin behaupten können, schon allein wegen ihrer Vertriebskanäle im Wertpapierbereich.

c) Emissionspreis-Festsetzung und Emissionszeitpunkt

Zwischen den an einem *going public* interessierten Unternehmen und den Emissionsbegleitern kommt es ferner zu Differenzen bei der Festlegung der Höhe des Emissionspreises und des Emissionszeitpunktes: Nach welchen Kriterien soll der Wert des Unternehmens ermittelt werden? Wie werden die verschiedenen Einflußfaktoren gewichtet? Wie

---

289 Siehe hierzu weiter unten im Text.
290 Vgl. auch später: S. 94 ff.
291 Vgl. Albach u.a. (1988), S. 192.
292 Vgl. Möhle (1987), S. 6 f.
293 Zum *going public* der DB-Soft AG vgl. S. 25 sowie Landgraf (1993), S. 35.

positiv werden die Zukunftsaussichten eingeschätzt?[294] Wann ist die Plazierung am Markt günstig? Meinungsverschiedenheiten in diesen Fragen sind nahezu unvermeidlich.

Der Vorstand und die Altgesellschafter wollen selbstverständlich einen möglichst hohen Börsenverkaufspreis erzielen. Die Banken dagegen müssen "Mondpreise" verhindern, allein schon um die Plazierung und damit das eigene Ansehen nicht zu gefährden. Deshalb werden Kreditinstitute auf einen eher niedrigen Emissionspreis drängen und vom Börsenkandidaten einen Einführungsrabatt verlangen.[295] Allerdings befinden sich die Banken in einem Interessenzwiespalt: Einerseits steigert ein hoher Emissionspreis die hiervon abhängigen Provisionen; andererseits verletzt eine vom Markt nicht angenommene Emission die Sicherheitsinteressen des Emissionsbegleiters. Somit sind Unstimmigkeiten *innerhalb* einer Bank sowie zwischen dem Kreditinstitut und dem Emittenten vorprogrammiert.

d) Informations- und Geheimhaltungsinteressen

Außerdem werden die Banken aus Prospekthaftungsgründen vom Börsenkandidaten alle haftungsrelevanten Informationen verlangen. Dadurch erfahren die Kreditinstitute in vielen Fällen mehr als vom Börsenaspiranten erwünscht. Die Geheimhaltungsinteressen des Emittenten kollidieren also mit den Sicherheitsbedürfnissen der Emissionsbegleiter. Deshalb ist auch hier ein Dissens möglich.

e) Provisionshöhe und Transaktionskosten

Schließlich kommt es zu Unstimmigkeiten wegen der von den Banken bei An- und Verkauf von Aktien erhobenen Provisionen - und zwar nicht nur mit den unmittelbar betroffenen Anlegern, sondern auch mit den Emittenten. Die Höhe der Transaktionskosten stellt für den Anleger ein wichtiges Entscheidungskriterium bei der Wahl zwischen verschiedenen Anlageformen (Investmentzertifikate, Aktien etc.) dar. Hohe Transaktionskosten machen einen Aktienerwerb weniger erstrebenswert. Dies führt wiederum zu wachsenden Finanzierungskosten der Unternehmen,[296] da die Emittenten die Unattraktivität einer Aktienanlage durch Preiszugeständnisse an die Anleger (bei den Plazierungen) wieder

---

294 Zu den Schwierigkeiten bei der Ermittlung des "richtigen" Unternehmenswertes vgl. Dielmann/König (1984), S. 57 ff.
295 So auch Uhlir (1989), S. 3.
296 Vgl. H. Schmidt (1992), S. 792.

ausgleichen müssen. Es versteht sich somit von selbst, daß die Unternehmen und die Anleger ein großes Interesse an *niedrigen* Transaktionskosten bei Wertpapiergeschäften haben, was man von den an hohen Vermittlungsprovisionen interessierten Banken und Kursmaklern wohl nicht unbedingt behaupten kann.

Die Höhe der für Börsengeschäfte erhobenen Bankprovisionen ist zudem für den Aktienmarkt von Bedeutung, weil dadurch die Attraktivität des Börsenplatzes Deutschland berührt wird. Es kann deshalb zu einem Dissens zwischen der Börse und den Kreditinstituten kommen, wenn die Bemühungen der Börse, ihre Attraktivität zu verbessern, durch die Gebührenpolitik der Banken unterlaufen werden.

5. Die Konflikte mit dem Anlegerpublikum
Von besonderem Interesse sind die zwischen dem anlagesuchenden Publikum und dem Börsenkandidaten entstehenden Differenzen. Daneben sollen - abgesehen vom oben genannten Gebührenproblem bei Wertpapierkäufen und -verkäufen - auch jene Konflikte vorgestellt werden, die sich zwischen den Anlegern und den emissionsbegleitenden Banken ergeben können.

a) Konflikte zwischen dem Anlegerpublikum und dem Emittenten
Das *going public* steht und fällt mit der Bereitschaft des Anlegerpublikums, die angebotenen Aktien zu erwerben. Deshalb bedürfen die zwischen dem Emittenten und den potentiellen Anlegern auftretenden Konflikte besonderer Beachtung.

aa) Käufer-Verkäufer-Verhältnis
Die Altgesellschafter und die Vorstände möchten möglichst viel Eigenkapital zu hohen Emissionspreisen akquirieren, gleichzeitig aber den neuen Eigentümern nur geringe Mitspracherechte einräumen.[297] Die Käufer dagegen wollen sich billig in das Unternehmen einkaufen und zum Teil möglichst viele Einflußrechte erlangen. Die Interessen der Käufer und Verkäufer sind somit gegensätzlich, weshalb es beispielsweise bezüglich der Höhe des Börsenverkaufspreises und des darin enthaltenen Einführungsrabatts regelmäßig zu Konflikten kommt. Außerdem zeichnet das nach attraktiven Anlagemöglichkeiten suchende Publikum

---

297 So ähnlich formulierte es auch W. Schürmann, Emissionsberater der Degab, der Analysetochter der Deutschen Bank, in: o.V. (1992f), S. 48.

lieber vollwertige Stammaktien als stimmrechtslose Vorzugsaktien (Konflikt über die verbrieften Aktionärsrechte). Der meist ziemlich große Preisunterschied zwischen diesen Papieren - Vorzugsaktien sind im Regelfall viel billiger als Stammaktien - untermauert diese These.[298] Ferner werden die relativ leicht übertragbaren Inhaberaktien den kompliziert übertragbaren Namensaktien vorgezogen.[299]

Darüber hinaus kommt es zu einem Dissens in der Informationspolitik.[300] Die Käufer erwarten - ähnlich wie die Emissionsbegleiter - vom Emittenten umfangreiche Informationen über die Vermögens- und Ertragslage sowie die Zukunftsaussichten des Unternehmens. Nur so kann das Anlagerisiko vom Publikum hinreichend kalkuliert werden. Die Altgesellschafter und der Vorstand möchten allerdings u.U. nicht alle bewertungsrelevanten Informationen preisgeben. Die Versuchung, Negatives zu verbergen, ist groß, um so einen höheren Börsenverkaufspreis zu erzielen. Es kommt unweigerlich zu Konflikten zwischen den Geheimhaltungs- und den Emissionszielen des Emittenten[301] auf der einen Seite und den Sicherheits- sowie den Gewinninteressen der potentiellen Anleger auf der anderen Seite.

Besonders wichtig für die möglichen Käufer sind die Angaben des Emittenten über die beabsichtigte Verwendung des Emissionserlöses und über Veränderungen im Eigentümerkreis. Fließt der Erlös überwiegend oder gar gänzlich an die Altgesellschafter und verkauft ein Großaktionär einen beträchtlichen Teil seiner Aktien, ist Vorsicht geboten. In diesem Zusammenhang muß darauf geachtet werden, ob ein *going public* mittels einer Umplazierung oder einer Kapitalerhöhung vorgenommen wird. Eine Umplazierung sollte das Mißtrauen der potentiellen Anleger wecken. Unter Umständen ist die Unternehmenskontinuität nicht mehr gewährleistet und eine Unternehmenskrise schon sehr nahe. Veröffentlichte positive Zukunftsprognosen sollten deshalb äußerst kritisch auf ihre Glaubwürdigkeit geprüft werden. Das *underpricing* muß in all diesen Fällen wohl besonders groß ausfallen, damit überhaupt ein ausreichend großer Kaufanreiz sowie Risikoausgleich geschaffen werden.

---

298 Landgraf ermittelte, daß Stammaktien oft ca. 21 % teurer sind als Vorzugsaktien. Vgl. ders. (1994), S. 48.
299 Zu den hier auftretenden Preisunterschieden vgl. S. 106 f.
300 So auch Weber/Wohlfahrth (1986), S. 702.
301 Dahinter verbergen sich regelmäßig die Interessen der Alteigentümer und der Vorstände.

Erwirbt ein Anleger Aktien des Emittenten, gewährt er der Gesellschaft einen Vertrauensvorschuß. Die neuen Aktionäre erwarten, daß Versprechungen eingehalten werden. Ein Unternehmen kann es sich deshalb pro Anlegergeneration beispielsweise in der Dividendenpolitik nicht allzu oft leisten, falsche Hoffnungen zu wecken.[302] Konflikte entstehen regelmäßig dann, wenn positive Gewinnprognosen nicht eintreffen. Die neuen Aktionäre fühlen sich übervorteilt: Sie haben die Eigentümertitel zu teuer erworben. Deshalb werden sie mit großer Wahrscheinlichkeit künftige Kapitalerhöhungen nicht mitmachen.[303]

bb) Sonstige Konflikte

Im übrigen ergeben sich für die neuen Aktionäre ähnliche Konfliktkonstellationen wie für die im Unternehmen verbleibenden Altgesellschafter. Für die neuen Aktionäre ist es dabei äußerst wichtig, ob sie lediglich die Stellung von Kleinaktionären oder aber die Position von Großaktionären einnehmen. Je nachdem können diesen Anlegern dann die entsprechenden aktionärsgruppen-spezifischen Interessen und Konflikte zugeordnet werden. Man denke beispielsweise an die Meinungsverschiedenheiten über den "richtigen" Kursverlauf der Aktie: Aktionäre, die durch die Vermögensteuer stark belastet werden - meistens die Großanleger -, sind an einer Unterbewertung des Emittenten an der Börse interessiert - zuweilen übrigens auch der Vorstand der gleichfalls vermögensteuerpflichtigen Gesellschaft. Andere Eigentümer dagegen - meist die Kleinanleger - wollen hohe Kursgewinne realisieren. Es ist auch der Fall denkbar, daß die Vorstände an hohen Börsenpreisen interessiert sind, um eine Kapitalerhöhung mit großem Agio plazieren zu können, aber einige vermögensteuerpflichtige Aktionäre diese hohen Börsenkurse strikt ablehnen. Somit kommt es wegen des Kursverlaufs regelmäßig zu Unstimmigkeiten sowohl zwischen den Altaktionären selbst als auch mit den neuen Eigentümern sowie den Vorständen.[304]

Zu Differenzen kann es ferner dann kommen, wenn ein Anleger im Laufe der Zeit seine Vorstellungen vom Sinn seiner Beteiligung ändert; so z.B. wenn ein Unternehmensaktionär mit der Unternehmensmitgliedschaft nicht mehr lediglich eine Sicherung der Beschaffungs-

---

302 Im Extremfall nur ein Mal (vgl. H. Schmidt (1970), S. 73).
303 Zur Diskrepanz zwischen Gewinnschätzung und Realität vgl. Landgraf (1992), S. 35; o.V. (1991b), S. 153.
304 So auch o.V. (1986b), S. 21.

und Vertriebskanäle bezweckt - was durchaus auch im Interesse des Emittenten ist -, sondern nunmehr feindliche Absichten verfolgt, insbesondere eine Übernahme versucht. *Brown* spricht in diesem Zusammenhang zutreffend von der Gefahr: "Today's friend may be tomorrow's enemy."[305]

b) Konflikte zwischen dem Anlegerpublikum und den Emissionsbegleitern

aa) Beim *going public* entstehen nicht nur die oben aufgezeigten Konflikte zwischen dem nach attraktiven Anlagemöglichkeiten suchenden Publikum und dem Emittenten; vielmehr kommt es auch zu einem Dissens zwischen dem Anlegerpublikum und den Emissionsbegleitern, sofern die Banken eine aus der Sicht der Anleger falsche Emissionspolitik betreiben. Kreditinstitute treffen eine *Vorselektion* unter den Börsenkandidaten,[306] d.h. viele Unternehmen kommen erst gar nicht an die Börse. Dies ist aus der Sicht der Anleger dann positiv zu werten und damit unproblematisch, wenn zweifelsfrei nichtbörsenreife[307] Gesellschaften von den Banken "herausgefiltert" und zum Schutz der Anleger von der Börse ferngehalten werden. Es stellt sich aber die Frage, ob die von den Kreditinstituten abgelehnten Unternehmen wirklich in allen Fällen die Börsenreife noch nicht erreicht haben. *Das Problem besteht darin, daß die Banken im Rahmen ihres Emissionsgeschäfts die Börsenkandidaten nach anderen Kriterien aussuchen, als die Anleger ihre Anlageentscheidungen treffen.* So lehnt ein Kreditinstitut eine Emissionsbegleitung beispielsweise dann ab, wenn der Börsenkandidat nicht bereit ist, die hohen Provisionen zu zahlen, oder aber wenn die Risiken als zu hoch eingeschätzt werden. Die potentiellen Aktienkäufer treffen ihre Anlageentscheidungen dagegen nach ihren individuellen Risiko- und Gewinnvorstellungen. Die von den Banken und dem Anlegerpublikum verwendeten Kriterienkataloge für die Auswahl unter den Emittenten sind somit *nicht* deckungsgleich. Die Emissionsbegleiter *behindern* den Markt bei der Wahrnehmung seiner Selektionsfunktion (unter den möglichen Emittenten), weil den Anlegern nur noch eine kleine Auswahl von Unternehmen geboten wird. *Dem Publikum werden somit u.U. geeignete Emittenten vorenthalten, nur weil diese den Zielen der Banken*

---

305 Brown (1991/92), S. 211.
306 Vgl. Albach u.a. (1988), S. 192.
307 Zu den qualitativen und quantitativen Voraussetzungen für den Gang an die Börse vgl. Fritsch (1987), S. 64 ff.

nicht genügen.[308] Dies ist äußerst bedenklich. Es stellt sich die Frage, ob die gesetzlich vorgesehene Privilegierung der Kreditinstitute im Wertpapierzulassungsverfahren - man denke an ihr Monopol bei der Antragstellung im amtlichen Handel - noch zeitgemäß ist.[309] Es besteht somit nicht nur zwischen den Börsenaspiranten und den Kreditinstituten ein großes Konfliktpotential (beispielsweise hinsichtlich der von den Banken zum Nachteil der Kandidaten aufgestellten Marktzutrittsschranken), sondern auch zwischen dem nach günstigen Anlagemöglichkeiten suchenden Publikum und den Emissionsbegleitern.

bb) Mißbrauchen die Banken ihre Stellung als Monopolisten am Markt, entsteht zweifelsohne auch ein Dissens mit der Börse. Die von den Kreditinstituten aufgestellten Zugangsbeschränkungen schaden dem Kapitalmarkt, weil durch diese weniger Unternehmen den Weg an die Börse finden, als bei richtigem Verhalten der Banken eigentlich möglich wäre. Leider ist es bislang unbekannt, wie vielen eigentlich börsenreifen Unternehmen der Gang an die Börse wegen einer abgelehnten Emissionsbegleitung verwehrt wurde. Der Gesetzgeber sollte den Kreditinstituten gleichwohl verbindlich vorschreiben, nach welchen Kriterien sie eine Auswahl zwischen den Börsenkandidaten vornehmen dürfen. Empfehlenswert ist auch die Schaffung einer gerichtlichen Überprüfungsmöglichkeit für die abgelehnten Bewerber, gegebenenfalls mit einer Beweislast auf seiten der Banken, sowie die Einführung eines Sanktionskatalogs für die Emissionshäuser. Auf diese Weise kann verhindert werden, daß Kreditinstitute ihre Monopolstellung ausnutzen und eine Selektion unter den Börsenkandidaten nach sachfremden Erwägungen vornehmen. Ein anderer Ausweg wäre, das Antragstellungsprivileg der Banken im Wertpapierzulassungsverfahren aufzuheben.

cc) Im übrigen kommt es zu Differenzen zwischen Anlegern und Banken sowie zwischen Börsen und Banken, wenn die Kreditinstitute aus Provisionsüberlegungen einen viel zu hohen Emissionskurs zum Schaden der Anleger (indirekt auch der Börse) akzeptieren. In der Vergangenheit wurden in manchen Fällen für Neuemissionen keine marktgerechten Preise festgelegt - die Verkaufspreise waren eindeutig zu

---

308 In der Literatur wird die Besorgnis geäußert, daß Banken befangen sind und deshalb eine Emissionsbegleitung nach sachfremden Erwägungen billigen oder ablehnen. Vgl. Paskert (1991), S. 143 f.

309 Rodrian hält das Antragsmonopol der Banken für verfassungswidrig, vgl. ders. (1990), § 36, Nr. 16, S. 119. Positiv zum Antragsprivileg der Banken dagegen Kümpel (1988), S. 72 f.

hoch -,[310] weshalb die Anleger enttäuscht waren. Die emissionsbetreuenden Banken wurden daraufhin von den geprellten Aktionären und der Presse verständlicherweise kritisiert.[311] Es bleibt zu hoffen, daß diese Fälle nicht zur Regel werden, da sonst das Plazieren von Neuemissionen zunehmend schwieriger wird. Der Kapitalmarkt kann dann seine Primärmarktaufgabe nicht mehr optimal erfüllen.

dd) Gehen die Kreditinstitute bei der Auswahl der Börsenkandidaten zu großzügig vor und legen sie einen zu hohen Emissionspreis mit dem Börsenaspiranten fest, müssen sie mit Kritik von Anlegern und Börse rechnen. Legen die Banken bei der Selektion der Unternehmen dagegen zu hohe Maßstäbe an, entstehen Konflikte mit den Börsenkandidaten, der Börse und u.U. auch mit den Anlegern. Kreditinstitute haben die Aufgabe, einen Kompromiß zwischen den Parteien zu suchen.[312] Dabei dürfen sie ihre eigenen Interessen nicht übergewichten.

IV. Ergebnis

1. Beim Gang an die Börse muß unterschieden werden zwischen der Entscheidung über dieses Vorhaben an sich (erste Entscheidungsebene) und solchen Beschlüssen, welche die Ausgestaltung des *going public* betreffen (zweite Entscheidungsebene). Beide Ebenen haben unterschiedliche Auswirkungen auf die Beteiligten und bergen deshalb viele Konfliktmöglichkeiten.

Zu den Beteiligten zählen die Altgesellschafter, der Vorstand des Emittenten, die Börse, das nach attraktiven Anlagemöglichkeiten suchende Publikum und die Emissionsbegleiter.

a) Es ist vor allem die Gruppe der Eigentümer *nicht* homogen: Die Aktionäre verfolgen *private* Interessen, die allerdings in vielen Fällen gruppenspezifisch sind. Es lassen sich Groß- und Kleinanleger unterscheiden. Außerdem gibt es noch eine weitere Aktionärsgruppe, die wegen ihres Stimm- und Kapitalanteils eine Zwischenstellung einnimmt, nämlich die sogenannten "Schachtelaktionäre".

---

310 Vgl. Hansen (1991), S. R 368 ff., insbes. S. R 374. Vgl auch Schreib (1992), S. 24 ff.; o.V. (1991b), S. 153.
311 Vgl. z.B. o.V. (1991b), S. 153.
312 So auch Küffer (1992), S. 65.

Kleinaktionäre möchten "ihr" Unternehmen gern an der Börse notiert sehen, weil sie dadurch viele Vorteile erzielen können. Vor allem werden die Kleinanleger besser informiert, und die Fungibilität der Aktien steigt. Außerdem können die Kleinaktionäre ihre eher kurzfristig ausgerichteten Gewinnmaximierungsziele leichter verfolgen. Allerdings dürfen ihre Vermögensinteressen durch die gewählten Ausgestaltungsmerkmale nicht beeinträchtigt werden, sonst sind Meinungsverschiedenheiten unumgänglich.

Für *Großaktionäre* dagegen ist das *going public* - unabhängig von den denkbaren Ausgestaltungsmöglichkeiten - teilweise mit schwerwiegenden Nachteilen verbunden. Man denke beispielsweise an die Verletzung von Geheimhaltungsinteressen der Großaktionäre und an die in der Regel deutlich steigende Vermögensteuerbelastung. Daher lehnen die Großaktionäre den Gang an die Börse oftmals ab und stehen deshalb mit den befürwortenden Kleinanlegern im Konflikt. Die Großanleger sind lediglich dann für ein *going public*, wenn sie die für das Unternehmenswachstum erforderlichen Eigenmittel nicht mehr selbst aufbringen können oder wollen. Außerdem darf es für sie zu keinem übermäßigen Einflußverlust kommen. Großaktionäre verfahren deshalb beim *going public* (und danach) meist nach dem Motto: *Teile die unternehmerischen Risiken mit Dritten, akquiriere möglichst viel neues Eigenkapital, herrsche aber uneingeschränkt fort.* Die Sicherung des Einflusses ist im übrigen auch für "Schachtelaktionäre" wichtig, da sie sonst u.U. zu einflußlosen Kleinanlegern degradiert werden.

All diese Überlegungen und Strategien treffen selbstverständlich dann nicht mehr zu, wenn mit dem *going public* eine Auflösung der Unternehmensmitgliedschaft bezweckt wird. In diesem Fall geht es den ausscheidungswilligen Eigentümern vor allem um eine hohe Abfindung.

Ganz allgemein gilt: Für jeden Eigentümer müssen die Nachteile einer Börseneinführung durch die Vorteile zumindest ausgeglichen werden, sonst kommt es zu Konflikten.

b) Die *Vorstände* verfolgen vor allem Einfluß-, Macht- und Einkommensinteressen. Daneben streben sie möglichst viel Ansehen an. Die Unternehmensleitung eines Börsenkandidaten befürwortet den

Börseneintritt, wenn dieser Vorgang ihren privaten Management-
interessen dient oder diesen zumindest nicht im Weg steht; andernfalls sind Meinungsverschiedenheiten mit befürwortenden Eigentümern vorprogrammiert.

c) Die *Börse* hat Primär- und Sekundärmarktaufgaben zu erfüllen.
Ein *going public* wird von ihr normalerweise immer begrüßt, vorausgesetzt die Gesellschaften akzeptieren die Börsenregeln zum
Anleger- und Institutionenschutz und handeln auch danach. Sind
diese Bedingungen nicht erfüllt, kommt es zu Differenzen.

d) Die *Anleger* hoffen auf steigende Börsenkurse und hohe Dividenden. Das anlagesuchende Publikum ist durchaus bereit, Risiken
einzugehen; dies beweist das Engagement in vielen teilweise
hochriskanten Anlageformen, z.B. Abschreibungsgesellschaften.
Der Anleger erwartet aber vom Emittenten, daß er alle für eine
Risikoabwägung notwendigen Informationen rechtzeitig zur Verfügung stellt und die sonstigen Emittentenpflichten (Anlegerschutz-
bestimmungen) erfüllt. Zwischen den potentiellen Anlegern und
dem Emittenten kommt es nicht nur bei einer Verletzung dieser
Pflichten zu Konflikten, sondern auch deshalb, weil erstere sich
möglichst billig in das Unternehmen einkaufen und u.U. auch Einfluß erlangen möchten, der Vorstand und die Altgesellschafter dagegen einen hohen Börsenverkaufspreis durchsetzen und wenig
Einflußrechte gewähren wollen.

e) Die *Kreditinstitute* verbinden mit dem Going-Public-Vorhaben des
Börsenkandidaten sowohl Gewinnchancen als auch Emissionsrisi-
ken; dementsprechend handeln sie. Die am *going public* interessierten Unternehmen stehen im Konflikt mit dem Emissionsbegleiter-
Monopol der Banken und den von den Kreditinstituten aufgestellten
Marktzutrittsschranken, insbesondere den im Emissionsgeschäft
üblichen hohen Gebühren.

2. Dagegen kommt es bei einer *Börsenpräsenzausweitung* und bei einem *Wechsel in ein höheres Börsensegment* nur zu vergleichsweise
geringen Problemen zwischen den Beteiligten. Schwierigkeiten treten allerdings auf, wenn durch diese Aktivitäten zusätzliche Emittentenpflichten zu erfüllen sind, wie beispielsweise ein größeres
Plazierungsvolumen und/oder eine breitere Aktionärsstreuung.

B. Der Börsenaustritt

Nach dem Börseneintritt können früher oder später Umstände eintreten, die eine Neubewertung der Vor- und Nachteile einer Börsenpräsenz erfordern: Des öfteren stehen die am Aktienmarkt noch erzielbaren Vorteile in krassem Mißverhältnis zu den deutlich überwiegenden Nachteilen. Man denke beispielsweise an die hohen laufenden Kosten (z.b. Vergütungen an Kreditinstitute, die mit Zahlstellen- und Hinterlegungsaufgaben betraut wurden, Aufwendungen für vorgeschriebene Publikationen u.a.m.), die ein Unternehmen an der Börse tragen muß - und das unabhängig davon, ob es Gewinne erwirtschaftet oder nicht. In einer Unternehmenskrise kann dies sehr nachteilig sein. Für manchen Aktionär und Vorstand wird die Börsennotierung dann zur Belastung. Es stellt sich die Frage, ob der Emittent einen Börsengang wieder rückgängig machen darf. In bestimmten Fällen kann diese Frage eindeutig mit einem "Ja" beantwortet werden.[313] Hierzu zählen Ausscheidungsgründe wie Verschmelzungen, Unternehmensumwandlungen in eine nichtkapitalmarktfähige Rechtsform, Liquidationen oder Konkurse.[314] Solche Möglichkeiten sind gesetzlich hinreichend geregelt und sollen deshalb im folgenden als Ausscheidungsgründe nicht weiter behandelt werden. Diese Arbeit befaßt sich vielmehr mit dem Problem des Börsenaustritts ganz allgemein; es wird der Frage nachgegangen, ob das Ausscheiden auf *Wunsch* des Unternehmens möglich ist, ohne daß die Gesellschaft notwendigerweise umgewandelt werden muß oder gar untergeht u.ä. An dieser Stelle sei darauf hingewiesen, daß in den USA und in Großbritannien der Börsenaustritt meist nur ein *Nebenprodukt* einer Gewinnstrategie von Personen oder Gesellschaften darstellt, die ein anderes Unternehmen zu übernehmen suchen. Ziel ist es, eine börsengehandelte Gesellschaft mit vielen Aktionären in eine *close corporation* zu überführen, d.h. in ein nicht mehr kotiertes Unternehmen mit wenigen Aktionären. Anschließend wird das Management ausgewechselt, das Unternehmen restrukturiert und gegebenenfalls gewinnbringend zerschlagen. Um lästige Minderheitsaktionäre loszu-

---

313   Zum Börsenaustritt vgl. Iber (1987), S. 169 ff.; Eickhoff (1988), S. 1713 ff.
314   Vgl. die Aufstellung bei Iber (1987), Anlage 12, S. 286 ff.

werden, werden Übernahme- und Abfindungstechniken angewandt. Diesen gesamten Vorgang bezeichnet man als "*going private*".[315] In dieser Arbeit soll der englische Begriff aber synonym für den deutschen Ausdruck "Börsenaustritt" benutzt werden. Im folgenden bezeichnet dieser Begriff somit einzig und allein das Ausscheiden eines Emittenten aus der Börse auf eigenen Wunsch, *ohne* damit notwendigerweise zugleich Aufkauf- oder gar Zerschlagungsstrategien zu beinhalten.

Der Austritt aus dem *Aktienmarkt* wird in Deutschland bisher erstaunlicherweise nahezu weder gesellschaftsrechtlich noch börsenrechtlich behandelt. Insbesondere fehlt eine hinreichende Würdigung im Schrifttum.[316] Börsenrechtlich ist bislang nur das Ausscheiden aus der *Terminbörse* auf Initiative des Unternehmens vorgesehen (§ 50 Abs. 5 Satz 2 BörsG). Es ist unverständlich, weshalb diese Lücke im Gesetz noch nicht geschlossen wurde. Der Fall des Börsenaustritts (auf eigenen Wunsch) ist nämlich keineswegs realitätsfern, wie das Beispiel der ehemaligen Kundenkreditbank beweist.[317] Ein Interessenschutz ist dabei unerläßlich.

Beim Börsenaustritt sind ebenso wie beim oben behandelten Börseneintritt die Interessen der Beteiligten ausschlaggebend. Selbstverständlich können auch hier Interessenkonflikte auftreten. Im folgenden werden deshalb die Motive und Differenzen aufgezeigt, welche im Zusammenhang mit dem Börsenaustritt eine Rolle spielen. Dies allerdings erst, nachdem geklärt ist, welche Austrittsformen überhaupt existieren. Im zweiten Teil der Arbeit soll dann ein Schutzsystem entworfen werden.

---

315 Vgl. zum *going private*, wie es in den USA und Großbritannien praktiziert wird: Lea (1990), S. 107 f.; Mathias (1990), S. 72 f.; Cooke (1988), S. 20 ff.; De Angelo/De Angelo/Rice (1984), S. 367 ff.; Kim/Lyn (1991), S. 637 ff.; Kleinbard (1975), S. 903 ff.; Merkt (1991), Rdnr. 596, 1033 ff.; Reinisch (1992), S. 10 ff.
316 Ausnahme: Eickhoff (1988), S. 1713 ff.; Iber (1987), S. 169 ff.; Vollmer/Grupp (1995), S. 459 ff. Vgl. auch S. 101, Fn. 319.
317 Vgl. o.V. (1991a), S. 39, 41; o.V. (1992b), S. 5; o.V. (1992d), S. 1.

I. Die Formen des Börsenaustritts

Beim Börsenaustritt denkt man normalerweise nur an den völligen Rückzug von der Börse. Es gibt jedoch noch eine weitere Form des Börsenaustritts (Unterfall). Gemeint ist der Teilrückzug von der Börse, bei dem eine bislang bestehende Mehrfachnotierung verringert wird. Diese Form des Börsenaustritts ist in den letzten Monaten in Deutschland aktuell geworden.[318] Sie hat die bislang kaum diskutierte Form des völligen Börsenrückzugs in Gang gebracht.[319]

1. Völliger Börsenrückzug

Bei dieser Strategie verläßt der Emittent die Aktienbörse vollständig; das Unternehmen wird an keiner Börse mehr notiert. Es kommt zum Börsenaustritt im klassischen Sinne, dem *going private*. Der Rückzug von der Börse erfolgt, wie nochmals zu betonen ist, auf Wunsch des Emittenten. Ein Börsenaustritt darf deshalb nicht mit jenem Fall verwechselt werden, in dem der Emittent - beispielsweise wegen dauernder Verletzung seiner Emittentenpflichten - durch das zuständige Börsenorgan zwangsweise vom Handel ausgeschlossen wird, denn hierbei geht die Initiative von der Börse aus und nicht vom Emittenten.[320]

2. Teilrückzug von der Börse (Börsenpräsenzreduktion)

In Deutschland mit seinem dezentralen Börsenwesen kommt es häufig zu Mehrfachnotierungen. Unter Umständen bietet der Handel an vielen Orten auf Dauer aber nicht mehr genug Vorteile. Dann kann es im Interesse des Emittenten liegen, einen Teilrückzug von der Börse durchzuführen. Ziel ist es, eine Mehrfachnotierung auf weniger Börsenplätze einzuschränken. Im Extremfall wird die Notierung nur noch an einer Börse angestrebt.

---

318 Vgl. zum Fall BASF o.V. (1994c), S. 37, 39; o.V. (1994d), S. 1; o.V. (1995a), S. 3; o.V. (1995b), S. 23.
319 Vgl. z.B. Fluck (1995), S. 553 ff.; Klenke (1995), S. 1089 ff.
320 Ein Entzug der Börsenzulassung ist in den §§ 43 Abs. 3 und 44d Satz 2 BörsG ausdrücklich vorgesehen. Vgl. auch § 49 VwVfG.

II. Die Interessen der Beteiligten

Beim Börsenaustritt werden die Aktionäre und der Vorstand der betroffenen Gesellschaft sowie die Börse in ihren Interessen berührt, aber auch das nach attraktiven Anlagemöglichkeiten suchende Publikum. Im folgenden soll deshalb der Börsenaustritt aus der jeweiligen Perspektive dieser Interessengruppen näher beleuchtet werden.

1. Die Interessen der Aktionäre
Die Gruppe der Eigentümer ist, wie bereits herausgearbeitet wurde, nicht homogen. Es soll deshalb ähnlich wie beim Börseneintritt auch beim Börsenaustritt zwischen Großaktionären und Kleinanlegern differenziert werden. Die sogenannten "Schachtelaktionäre" nehmen abermals eine Stellung zwischen diesen beiden Gruppen ein.[321]

a) Großaktionäre
Innerhalb der Gruppe der Aktionäre sind die Großaktionäre wegen ihrer Machtposition im Unternehmen von besonderer Bedeutung. Deshalb muß man sich vor allem über die Interessen dieser Eigentümer Klarheit verschaffen.

aa) Gründe für den völligen Börsenrückzug

aaa) Mangelnde Vorteile bei der Eigenkapitalfinanzierung
Es ist durchaus vorstellbar, daß eine Eigenkapitalaufnahme über die Börse nicht mehr notwendig ist, weil die Großanleger über genügend Eigenmittel verfügen und auch bereit sind, diese einzusetzen. Außerdem kann es an der Börse zu einer ungerechtfertigten Unterbewertung des Unternehmens kommen, weil der Markt sich in einem langfristigen Abwärtszyklus befindet, dem sich der Emittent nur unzureichend entziehen kann. Eine Unterbewertung stellt sich u.U. auch dann ein, wenn die Politik des Unternehmens vom Markt gründlich mißverstanden und deshalb der Wert der Gesellschaft zu niedrig eingeschätzt wird.[322] Ferner ist es möglich, daß es an der Börse zwar zu einer richtigen Bewertung der Gesellschaft kommt, die Wertpapierkurse jedoch tief sind, da sich der Emittent in einer Unternehmenskrise befindet. Entweder sind also die Börsenkurse so unattraktiv niedrig, daß eine Kapitalerhöhung viel zu teuer kommen würde, oder aber es ist überhaupt unmöglich -

---

321 Vgl. nochmals S. 48 f.
322 Vgl. Mathias (1990), S. 72.

vor allem in einer Unternehmenskrise -, über den Aktienmarkt neues Eigenkapital zu erhalten. Außerdem kommen u.U. auch noch Liquiditätsprobleme des Kapitalmarkts hinzu.[323] Das benötigte Eigenkapitalvolumen kann dann ebenfalls nicht aufgenommen werden. In all diesen Fällen bietet die Börse dem Emittenten bei der Eigenkapitalfinanzierung nicht mehr genug Vorteile gegenüber einem unnotierten Unternehmen.

bbb) Aufkaufgefahren

Der Börsenaustritt ist für Großaktionäre evtl. auch dann attraktiv, wenn dadurch Aufkaufgefahren begegnet werden soll.[324] Überlegungen in dieser Richtung werden zum Teil in jenen Gesellschaften angestellt, in denen die Großaktionäre nicht über die absolute Kapital- und Stimmenmehrheit verfügen, gleichwohl aber faktisch die Macht von Mehrheitsaktionären ausüben. Zu dem Machtzuwachs kommt es, weil in der Hauptversammlung oft weit weniger als das gesamte Grundkapital der Gesellschaft vertreten ist bzw. andere Aktionäre keine Gegenmacht entwickeln können. Ein neuer Großaktionär kann aber diese Gegenmacht aufbauen und damit die Stellung der anderen Großaktionäre gefährden. Diese Gefahr besteht im Prinzip auch für einen "Schachtelaktionär", der ebenfalls um seinen evtl. viel zu großen Einfluß in der Gesellschaft fürchten muß.

Generell gilt: Das *going private* ist für all jene Aktionäre interessant, die bei einer "feindlichen Übernahme" um ihre Macht und um eine ihnen weiterhin genehme Unternehmenspolitik bangen müssen,[325] denn das Ausscheiden aus der Börse erhöht die Transaktionskosten für Aktiengeschäfte und schließt den heimlichen Aufkauf zumindest über die Börse aus. Ein am *take-over* interessierter Anleger wird sich freilich durch eine solche Abwehrstrategie kaum von seinem Ziel abbringen lassen; er kann nämlich jederzeit die durch den Börsenaustritt steigenden Transaktionskosten mittels eines über die Medien veröffentlichten Übernahmeangebotes wieder senken. Vor allem die Suchkosten können auf diese Weise nachhaltig verringert werden. *Somit wird durch den Austritt ein take-over lediglich erschwert, aber letztlich nur selten verhindert.* Es müssen weitere Abwehrmaßnahmen hinzukommen, damit das Unternehmen für einen Übernahmeversuch unattraktiv bleibt bzw. wird.

---

323 Vgl. Mathias (1990), S. 72; Lea (1990), S. 108.
324 So auch Lea (1990), S. 107.
325 Man denke z.B. an die Ausschüttungspolitik, die sich u.U. nach dem *take-over* ändert.

ccc) Vermögensteuer

Für die Großanleger ist das *going private* auch dann eine Überlegung wert, wenn der Umfang der Vermögensteuerzahlungen deutlich gesenkt werden soll. An früherer Stelle in der vorliegenden Arbeit wurde bereits darauf hingewiesen, daß die Vermögensteuerbelastung bei Beteiligungen an nichtkotierten Unternehmen meist erheblich geringer ist als bei kotierten. Dies liegt daran, daß bei der Anteilsbewertung mangels vorhandener Börsenkurse auf den normalerweise erheblich günstigeren *gemeinen Wert* zurückgegriffen werden muß (§ 11 Abs. 2 BewG).[326] Der Austritt dient somit den Vermögensinteressen der substanzsteuerlich stark belasteten Großaktionäre. Das Unternehmen Steigenberger verfolgte aus diesem Grund die Kurseinstellung an der Börse.[327]

ddd) Autonome Unternehmenspolitik

Darüber hinaus wird als Motiv für den Rückzug vom Aktienmarkt der Wunsch nach einer von der Börse unabhängigen Unternehmenspolitik angegeben.[328] Man will sich von den lästigen börsenspezifischen Publizitätspflichten befreien.[329] Damit soll die Kontrolle durch den Aktienmarkt beseitigt werden. Ferner kann die effiziente Überwachung durch die Minderheitsaktionäre unterlaufen werden, weil diese Eigentümer dann nur noch auf weniger umfangreiche und zudem nicht mehr so aktuelle Informationen zurückgreifen können. Der Austritt dient somit den Geheimhaltungs- und Unabhängigkeitsinteressen der Großanleger sowie ihren Gewinnzielen.

eee) Kostengründe

Außerdem ist mit der Börsenpräsenz, wie bereits mehrfach ausgeführt, eine nicht unwesentliche Kostenbelastung des Emittenten verbunden, die durch den Austritt reduziert werden kann. Insbesondere muß sich eine ausgeschiedene Gesellschaft nicht mehr an den Kosten des Bundesamtes für den Wertpapierhandel beteiligen (§ 11 Abs. 1 WpHG).[330]

---

326 Vgl. nochmals die Ausführungen auf S. 34 f.
327 Vgl. o.V. (1985), S. 15.
328 Vgl. Lea (1990), S. 107.
329 Vgl. Reinisch (1992), S. 11; Lea (1990), S. 107.
330 Vgl. zu den kostenverursachenden Emittentenpflichten an der Börse beispielsweise Schwark (1994), § 36, Rdnr. 16, S. 270; Schäfer (1987), S. 955 f. Vgl. auch §§ 44 Abs. 1 Nr. 3, 44c BörsG und § 67 BörsZulVO. Auch sei auf § 15 WpHG ("Ad-hoc-Publizität") hingewiesen.

Sind nur noch wenige Aktionäre vorhanden und werden deshalb an der Börse lediglich noch minimale Aktienstückzahlen gehandelt, steht die Kostenbelastung der Gesellschaft u.U. in keinem vernünftigen Verhältnis mehr zum erzielbaren Nutzen. In diesem Fall bietet sich ein *going private* an. Ein Börsenaustritt zur Kostensenkung ist evtl. auch für einen Konzern interessant. Es kann hier nämlich ökonomisch sinnvoller sein, nicht mehr zwei Konzerngesellschaften an der Börse notieren zu lassen, sondern nur noch eine.[331]

bb) Irreversibilität des Börsenaustritts

Allerdings sollten sich die Großaktionäre gründlich überlegen, ob der Börsenaustritt wirklich die erhofften Vorteile bringt, denn diese Maßnahme ist in der Praxis wohl kaum kurzfristig revidierbar: Der abermalige Weg an die Börse ist erheblich schwieriger als der erstmalige Börseneintritt, weil das mangelnde Vertrauen der Anleger in die Kontinuität der Börsenpräsenz die Plazierung von Aktien ungemein erschwert. Die Großaktionäre müssen sich insbesondere darüber klar werden, ob sie den künftigen Eigenkapitalbedarf des Unternehmens aus dem eigenen Vermögen finanzieren können und wollen, denn der größte Nachteil einer *unnotierten* Gesellschaft ist eben die nur eingeschränkte Fähigkeit, jederzeit ausreichend Eigenkapital akquirieren zu können.

Unter Umständen ist es sinnvoller, die Börse nicht vollständig zu verlassen, sondern lediglich auf die kostspielige Notierung an mehreren Plätzen zu verzichten. Der Teilrückzug von der Börse hat zur Folge, daß mit weniger Börsen zusammengearbeitet werden muß und u.U. auch nicht mehr so viele Zahl- und Hinterlegungsstellen unterhalten werden müssen. Zudem fallen bei Kapitalerhöhungen geringere Kosten an als bei einer parallelen Notierung an zahlreichen Börsenplätzen.[332] Die auf diese Weise erzielbaren Kosteneinsparungen verbessern die Gewinn- und Liquiditätssituation des Emittenten und sind somit sowohl im Interesse der Vorstände als auch im Sinne der Großaktionäre.

---

331 Vgl. o.V. (1994a), S. 27 mit Beispielen aus der Schweiz.
     In letzter Zeit ist jedoch des öfteren ein umgekehrter Trend auszumachen: Börsennotierte Gesellschaften führen ihre Konzerntöchter nicht von der Börse weg, sondern vielmehr durch ein *going public* zu ihr hin (vgl. Fieber (1992), S. 24; Karsch (1990b), S. 722 ff.; Karsch (1993), S. 22 ff.). In diesen Fällen überwiegen wohl die zusätzlichen Finanzierungsvorteile die Kostennachteile.
332 Mehr hierzu siehe unten: S. 121 f.

b) Kleinaktionäre[333]

Für die Beantwortung der Frage, ob Kleinaktionäre beim Börsenaustritt geschützt werden müssen, ist die Kenntnis ihrer Interessen und ihrer Einstellung zu diesem Börsenvorhaben Voraussetzung, wobei zwischen dem völligen Börsenrückzug (*going private*) und dem Teilrückzug von der Börse zu unterscheiden ist.

aa) Völliger Börsenrückzug

Die Kleinanleger lehnen den vollständigen Rückzug des Emittenten vom Aktienmarkt so gut wie immer ab, weil ein solches Vorhaben für sie meistens mit erheblichen Nachteilen verknüpft ist. Anders sieht die Situation lediglich dann aus, wenn das *going private* mit einem attraktiven Abfindungsangebot gekoppelt wird. Die Kleinanleger können in diesem Fall mit der Annahme des Angebots ihre Unternehmensmitgliedschaft sogar äußerst gewinnbringend beenden, sofern sich z.B. verschiedene Übernahmeinteressenten gegenseitig überbieten. Liegt aber kein Übernahme- oder Abfindungsangebot vor oder sind diese zu niedrig bemessen, kommen die Nachteile des Austritts, die besonders die Kleinanleger treffen, voll zum Tragen.

aaa) Fungibilitäts- und Transaktionskosten-Nachteile

Die Kleinaktionäre können ihre im Normalfall kurzfristig[334] ausgerichteten Gewinninteressen nur noch mit erheblichem Aufwand realisieren, weil die hohe Fungibilität der Papiere nicht mehr gegeben ist. Außerdem fallen außerhalb der Börse für Kauf und Verkauf kleiner Aktienstückzahlen hohe Transaktionskosten an. Hier müssen nämlich vor allem zusätzliche Suchkosten einkalkuliert werden, um überhaupt einen Käufer für die abzugebenden Papiere zu finden. Ein potentieller Anleger wird dem verkaufenden Kleinanleger zudem wegen der unzureichenden Handelbarkeit der Wertpapiere normalerweise einen viel niedrigeren Preis zugestehen, als wenn der Emittent noch an der Börse notiert wäre. *Die Börsenpräsenz des Emittenten und die uneingeschränkte Fungibilität der Aktien sind eben von großem Wert.*[335] Der Preis für die jederzeitige und unbürokratische Liquidierbarkeit von Anteilen kommt bereits an der Börse selbst zum Ausdruck, nämlich beim Vergleich von

---

333 Hierzu zählen übrigens auch Belegschaftsaktionäre, die beispielsweise im Rahmen eines Mitarbeiter-Beteiligungssystems Kleinaktionäre der Gesellschaft wurden.
334 Vgl. Wedell (1971), S. 65.
335 Zu den Funktionen des Aktienhandels und den Vorteilen für die Anleger vgl. S. 63.

vinkulierten Namensaktien mit frei handelbaren Inhaberaktien. Zwischen diesen Wertpapieren besteht oft ein Preisgefälle, wobei die unkompliziert handelbaren Inhaberaktien meist teurer sind. Beispielsweise wurden die Inhaberaktien des Unternehmens Aachener und Münchener Beteiligungs-Aktiengesellschaft (AMB) am 30. Dezember 1992 mit 865 DM notiert, die vinkulierten Namensaktien derselben Gesellschaft dagegen lediglich mit 740 DM.[336] Die auftretenden Preisunterschiede werden bei einer unnotierten Gesellschaft gegenüber einem Unternehmen im kotierten Zustand wohl noch erheblich größer ausfallen.

Neben diesen Nachteilen kommt außerhalb der Börse noch ein weiteres Problem hinzu: die langwierigen Preisverhandlungen zwischen dem Verkäufer und dem Käufer, weil aktuelle Börsenkurse als Verhandlungsgrundlage fehlen. Unter Umständen werden die Transaktionskosten so hoch, daß sich ein Wertpapierkauf bzw. -verkauf für die Kleinanleger nicht mehr lohnt. Den Kleinaktionären wird somit letztlich eine langfristige Gewinnmaximierungsstrategie aufgezwungen. Häufige Transaktionen, wie in vielen Fällen eigentlich erwünscht, werden nämlich nicht nur ökonomisch unsinnig, sondern in der Praxis auch nahezu unmöglich. Das *going private* verletzt offenkundig die Liquiditäts- und Gewinninteressen der Kleinanleger.

bbb) Mangelnder Schutz vor Großaktionären und Informationsnachteile
Außerdem kann sich die Minderheit vor nachteiligen Strategien der Mehrheit - man denke beispielsweise an langfristige Gewinnthesaurierungsabsichten - nicht mehr so einfach schützen wie bisher, da der jederzeitige Verkauf zu vernünftigen und fairen Preisen nicht mehr möglich ist.

Darüber hinaus verletzt das *going private* die Informationsbedürfnisse der Minderheitsaktionäre. Diese Eigentümer können die Gewinnsituation und die Zukunftsaussichten der Gesellschaft nur noch erheblich schwerer beurteilen. Außerdem erhalten sie die bewertungsrelevanten Informationen meist wesentlich *später*. Es entfällt nämlich die sich aus § 15 WpHG ergebende Verpflichtung, dem Publikum bisher unbekannte,

---

336 Vgl. die Kassakurse der Frankfurter Börse zum Jahresende (in: FAZ, Nr. 303, 31. Dezember 1992, S. 14). Allerdings können Sondereinflüsse den Preisabstand deutlich verändern. Man denke z.B. an Paketbildungen und damit verbundene Übernahmespekulationen.

bewertungsrelevante Tatsachen *unverzüglich* zu veröffentlichen. Ferner muß der Emittent nach dem Rückzug vom amtlichen Handel keine Zwischenberichte mehr erstellen und publizieren, sondern nur noch den außerhalb der Börse geltenden gesellschaftsrechtlichen Publizitätspflichten nachkommen (Bilanz, Handelsregister-Eintragungen u.ä.). Aus all diesen Gründen können die Kleinanleger nur noch mit erheblicher Verzögerung auf wichtige Unternehmensereignisse reagieren. Die oben beschriebene eingeschränkte Fungibilität der Aktien stellt einen zusätzlichen nachteiligen Zeitfaktor dar. Außerdem erschwert der Mangel an Informationen die Kontrollmöglichkeiten der Minderheit über die Großaktionäre und die Verwaltung. Im übrigen fördert die Intransparenz des Unternehmens unerwünschte Insidergeschäfte der gut informierten Eigentümer - eben der Großaktionäre - zu Lasten der ahnungslosen Kleinanleger.

ccc) Sonderfall: Belegschaftsaktionäre

Zusätzlich gefährdet das *going private* den Erfolg eines in der Vergangenheit gut funktionierenden Mitarbeiter-Beteiligungsprogramms: Eine weitere Vermögensbildung in Form von Belegschaftsaktien wird wegen der Fungibilitätsnachteile meist unattraktiv, und bereits bestehende Aktien-Engagements können nur noch schwer zu Geld gemacht werden. Der Börsenaustritt steht somit im Widerspruch zu den Vermögenszielen der Belegschaftsaktionäre. Aus diesen Gründen werden die Arbeitnehmer mit großer Wahrscheinlichkeit ablehnend reagieren. Zumindest kurzfristig sind dann auch negative Auswirkungen auf die Produktivität der Gesellschaft möglich.

ddd) Folgerungen

Die Minderheitsaktionäre haben nach dem Rückzug von der Börse weit mehr Risiken zu tragen als zuvor. Diesen Gefahren stehen aber nicht unbedingt verbesserte Gewinnchancen gegenüber, da die durch den Austritt erzielbaren Kostenentlastungen des Unternehmens sich nicht immer in höheren Gewinnausschüttungen bemerkbar machen müssen. Bei einer von den Großaktionären und dem Vorstand betriebenen langfristigen Gewinnthesaurierung steigt zwar theoretisch der Wert der Unternehmensbeteiligung. Aber was nützt dies den Kleinanlegern, wenn sie mangels günstiger Verkaufsmöglichkeiten im Extremfall bis zur

Unternehmensliquidation warten müssen, um in den Genuß des gestiegenen Vermögens zu gelangen? Es ist offensichtlich, daß sich die verschlechterte Gesamtsituation der Minderheit nachteilig auf den Wert der Unternehmensanteile dieser Aktionäre auswirkt. Kleinanleger erleiden durch das *going private* somit einen nicht zu unterschätzenden Vermögensverlust.

bb) Teilrückzug von der Börse

Wird statt des vollständigen Börsenaustritts lediglich eine Börsenpräsenzreduktion angestrebt, können dies meist auch die Kleinanleger akzeptieren, weil sie nach wie vor ihre Vermögensinteressen verfolgen können. Allerdings steigen u.U. auch hier die Informationsdefizite der Kleinaktionäre - jedoch nicht unbedingt für alle. Hiervon werden nämlich vornehmlich jene Eigentümer betroffen, die weit entfernt von den übrigbleibenden Börsenplätzen leben. Für diese Minderheiten wird es schwerer, rechtzeitig, umfassend und vor allem billig an bewertungsrelevante Informationen heranzukommen. Auch werden sie u.U. mit höheren Transaktionskosten belastet, weil für Wertpapiergeschäfte über große Distanzen oft mehrere Banken eingeschaltet werden müssen und deshalb zusätzliche Gebühren für die Auftragsabwicklung anfallen. In bestimmten Fällen jedoch werden alle Kleinanleger von der Börsenpräsenzreduktion berührt - dann nämlich, wenn an den verbleibenden Börsen weniger Publizitätsauflagen erfüllt werden müssen als an den vom Rückzug betroffenen Handelsplätzen. Man denke an die Quartalsbericht-Erstattungspflicht an der *Wall Street*[337] und an die vergleichsweise liberalen deutschen Regelungen, z.B. § 44b BörsG.

Die Nachteile beim Teilrückzug von der Börse wirken sich allerdings weit weniger schwerwiegend aus als diejenigen beim *going private* und sind deshalb wohl noch akzeptabel. Es kann sogar sein, daß die Konzentration des Handels auf einige wenige Plätze Vorteile für die an häufigen Transaktionen interessierten Anleger bringt: Der Aktienhandel wird liquider, da an den *wenigen* Märkten mehr Aufträge abgewickelt werden. Dies hat zur Folge, daß Kurszufälligkeiten und ungewöhnliche Kursausschläge seltener auftreten, so daß die bei Wertpapiergeschäften vorhandenen Transaktionsrisiken sinken.

---

337 Vgl. dazu Schacht (1990), S. 78 f. und Gumpel u.a. (1988), S. 1433.

2. Die Interessen des Vorstands

Beim Börsenaustritt muß man sich neben den Motiven und Zielen der Aktionäre auch über die Interessen des Vorstands klarwerden, um die sich ergebenden Interessenkonflikte und Schutzprobleme sachgerecht lösen zu können. Dabei ist erneut zwischen dem völligen Börsenrückzug und dem Teilrückzug von der Börse zu unterscheiden.

a) Völliger Börsenrückzug

aa) Verbesserung des Unternehmensergebnisses

Die Unternehmensleitung und die Großaktionäre versprechen sich vom *going private* eine deutliche Kostenentlastung. Es entfallen nicht nur die Ausgaben für die Unterhaltung von Zahl- und Hinterlegungsstellen, für etwaige Kurspflegemaßnahmen der Banken und erforderliche (börsenspezifische) Veröffentlichungen in den Medien. Zudem werden personelle Kapazitäten im Unternehmen frei, weil niemand mehr durch lästige Börsenpublizitätspflichten in Anspruch genommen wird. Die Vorstände und andere qualifizierte Mitarbeiter des Unternehmens können sich nach dem Börsenaustritt vermehrt den gewöhnlichen Unternehmensgeschäften zuwenden. Die Manager haben dann mehr Zeit, sich mit der Akquisition von Aufträgen zu beschäftigen. Es wird letztendlich ein positiver Einfluß auf die Gewinnentwicklung des Unternehmens erhofft.

bb) Abnehmende Transparenz

Durch den Austritt nimmt außerdem für die Unternehmensleitung der vor allem in angelsächsischen Ländern vorherrschende Zwang zur kurzfristigen Gewinnerzielung ab.[338] Man muß nicht mehr jedes Quartal einen möglichst guten Bericht abliefern. Ungünstige Quartalsergebnisse können - für viele Informationsinteressenten unbemerkt - mit besseren verrechnet werden. Dies erleichtert dem Management das Verfolgen einer längerfristigen Gewinnpolitik. Allerdings birgt das Abrücken von der Politik des "*short-term view*" aus der Sicht der Aktionäre die Gefahr - aus der Perspektive der Unternehmensleitung dagegen die Chance -, daß schlechte Managementleistungen leichter, zumindest aber länger, verborgen werden können. Der Rechtfertigungsdruck auf

---

338 Ähnlich Lea (1990), S. 107.

die Unternehmensleitung nimmt ab, weil die Kontrollmöglichkeiten vieler Aktionäre mangels ausreichender Informationen, wie bereits angedeutet, geringer werden. Damit steigt der Handlungs- und Entscheidungsspielraum des Vorstands.

Ferner erhalten Dritte (Arbeitnehmer, Konkurrenten, Banken, Lieferanten und Kunden) weniger Informationen über die Lage des Unternehmens, da die Gesellschaft nicht mehr so transparent ist und es künftig zu keiner Börsenbewertung mehr kommt. Dies ist in Boomphasen u.U. vorteilhaft, denn dadurch werden die Arbeitnehmer über die gute Gewinnsituation des Unternehmens im unklaren gelassen. Forderungen der Belegschaft nach steigendem Einkommen kann so leichter begegnet werden. Vor allem aber in einer bevorstehenden Unternehmenskrise und auch dann, wenn sich das Unternehmen bereits in einer solchen befindet, kann ein weniger an Informationen von Vorteil sein. Die wahre Situation des Unternehmens ist von außen schwieriger durchschaubar, und die Warnfunktion dauernd fallender Börsenkurse entfällt.[339] Gläubiger, Kunden, Lieferanten und qualifizierte Mitarbeiter werden weniger verunsichert und können auch nicht mehr so schnell auf eine veränderte Lage der Gesellschaft reagieren. Panikartige Reaktionen dieser Gruppen, die das Unternehmen erst recht in die Krise stürzen würden, werden somit unwahrscheinlicher. Zudem scheiden die an der Börse ab und zu vorkommenden heftigen Kursschwankungen aus. Dadurch entfallen auch die oft damit verbundenen Spekulationen über die Situation des Unternehmens.[340] Der Vorstand kann somit unabhängiger agieren, und seine Sicherheitsinteressen werden weniger berührt. Allerdings wirkt das *going private* im Einzelfall u.U. auch kontraproduktiv, denn allein schon dieser Schritt kann nachteilige Spekulationen über den Stand des Unternehmens auslösen.[341]

cc) Abbau von Aufkaufgefahren

Die Börsenpräsenz begünstigt, wie bereits beschrieben, den heimlichen Aufkauf von Unternehmensanteilen, da die Banken die Kundenorders an der Börse ausführen, ohne daß die Auftraggeber in Erscheinung treten. Die Gefahr einer "unfreundlichen Übernahme" steigt jedoch nicht nur

---

339 Ähnlich Rodrian (1990), § 44d, Nr. 1, S. 144.
340 Vgl. Eickhoff (1988), S. 1713.
341 Ob ein *going private* in einer Unternehmenskrise überhaupt ohne weiteres möglich ist, wird im zweiten Teil der Arbeit behandelt (vgl. S. 203 f.).

durch die an der Börse vorherrschende Anonymität zwischen Käufern und Verkäufern, sondern auch durch die nicht immer auszuschließende Unterbewertung des Emittenten am Aktienmarkt. Ein Aufkäufer kann in diesem Fall nämlich die Gesellschaftsanteile billig "einsammeln". Ein Übernahmeversuch stört im übrigen die Tätigkeit des Managements, welches sich nun vorwiegend mit Abwehrstrategien statt mit den gewöhnlichen Unternehmensgeschäften auseinandersetzen wird.

Der Börsenaustritt erschwert die Übertragbarkeit der Anteile und damit eine Übernahme. Droht ein *take-over*, wird somit ein *going private* nicht nur von manchem besorgten Eigentümer befürwortet, sondern auch von den um ihre Anstellung, Macht sowie Unabhängigkeit fürchtenden Vorstandsmitgliedern.

dd) Wachstumsfinanzierung außerhalb der Börse
In jenen Fällen, in denen keine Übernahmegefahren zu erwarten sind, kommt für den Vorstand ein *going private* in der Regel nur dann in Frage, wenn die Finanzierung des Unternehmenswachstums außerhalb der Börse langfristig gesichert ist, d.h. wenn finanzkräftige Großaktionäre vorhanden und gewillt sind, den Eigenkapitalbedarf der Gesellschaft auf lange Sicht zu decken. Die Entscheidung für den Börsenaustritt wird insbesondere dann erleichtert, wenn am Aktienmarkt langfristig keine hohen Agios mehr erzielbar sind bzw. künftig über die Börse nur noch kleine Kapitalerhöhungen finanziert werden können - die Börse also als Finanzierungsinstrument unattraktiv geworden ist.[342]

b) Teilrückzug von der Börse
Die mangelnde Liquidität eines Handelsplatzes und die hohen Kosten können ferner Gründe für einen weniger spektakulären und einschneidenden Schritt des Unternehmens sein: Hier wird vom Vorstand statt des *going private* nur ein Teilrückzug von der Börse angestrebt. Allerdings müssen die Aktienmärkte, an denen die Präsenz bestehen bleibt, nach wie vor über ausreichende Kapazitäten zur Finanzierung des Eigenkapitalbedarfs des Emittenten verfügen.

---

342 Zu den Liquiditätsproblemen des Aktienmarkts vgl. Mathias (1990), S. 72; Lea (1990), S. 108.

3. Die Interessen der Börse

Beim Börsenaustritt werden nicht nur die Belange der Aktionäre und des Vorstands berührt, sondern auch die Interessen der Börse. Wie bereits in anderem Zusammenhang erwähnt wurde, ist die Börse nicht nur anlegerschützende Kontrollinstanz, sondern auch eine an möglichst hohen Börsenumsätzen und einem daraus resultierenden Gebührenaufkommen interessierte Institution.

a) Völliger Börsenrückzug

Das *going private* eines Emittenten wird von den betroffenen Börsen in der Regel nicht gutgeheißen. Die Aktienmärkte fürchten um ihre Reputation im In- und Ausland, vor allem aber um ihre Funktionsfähigkeit:

1. *Zum einen wird die Primärmarktfunktion beeinträchtigt.*
   Kommt es zu vielen Austritten, haben es die Börsenkandidaten und bereits kotierte Unternehmen schwer, Anleger zu finden, die bereit sind, die Eigenkapitalwünsche der Emittenten zu erfüllen. Das *Vertrauen* der Anleger in eine verläßliche, langfristig orientierte Unternehmenspolitik, welche die Börsenpräsenz nicht in Frage stellt, wird nämlich durch gehäufte Austritte untergraben. *Damit steigen die Eigenkapitalkosten an der Börse*, so daß der Aktienmarkt für die Eigenkapitalfinanzierung der Volkswirtschaft zunehmend unattraktiv wird. Infolgedessen werden noch erheblich weniger Gesellschaften als bisher das *going public* wagen. Die Börse ist dann u.U. nicht mehr in der Lage, ihre Primärmarktfunktion in hinreichender Weise zu erfüllen.

2. *Zum anderen kann der Aktienmarkt seiner Sekundärmarktfunktion nicht mehr uneingeschränkt nachkommen.*
   Droht ein *going private*, werden die meisten der betroffenen Kleinanleger - evtl. auch die "Schachtelaktionäre" - ihre Beteiligung unter allen Umständen verkaufen wollen. Infolgedessen kommt es am Markt sehr wahrscheinlich zu einem viel zu großen Angebot an Aktien der den Austritt anstrebenden Gesellschaft, und potentielle Käufer werden sich aus verständlichen Gründen mit Kaufaufträgen zurückhalten. Unter Umständen kommt dann der Handel mit den betroffenen Aktien zum Erliegen. Darüber hinaus führt ein Börsenaustritt zu einem verkleinerten Kurszettel, was für die Wirtschaftlichkeit und die Bedeutung einer kleinen Börse von Nachteil sein kann.[343]

---

343   Ähnlich Eickhoff (1988), S. 1713.

Es ist selbstverständlich, daß die Börsenvertreter aus diesen Gründen kein Interesse an den Going-Private-Wünschen der Emittenten haben, wenn man von dem seltenen Fall absieht, in dem der Austritt für ein Unternehmen angestrebt wird, mit dessen Anteilen langfristig ohnehin kein ordnungsgemäßer Handel mehr möglich ist. In diesem Fall darf übrigens die Börse von sich aus die Wertpapierzulassung entziehen, wenn zuvor die Notierung eingestellt wurde (§ 43 Abs. 3 BörsG).

b) Teilrückzug von der Börse
Strebt der Emittent statt des völligen Austritts nur eine Verringerung der Börsenpräsenz auf einige wenige ausgesuchte Plätze an, stößt dieser Wunsch bei den Börsen auf unterschiedliche Reaktionen.

All jene Börsenplätze, an denen die Gesellschaft künftig nicht mehr notiert sein möchte, werden um ihre nationale und internationale Marktstellung (unter den Börsen) bangen, weil sie eine Verlagerung des Wertpapiergeschäfts an jetzt schon große Börsenplätze befürchten. Es besteht möglicherweise die Gefahr, daß der partielle Austritt zu einer Existenzbedrohung kleiner Börsen führt.

Demgegenüber wird die Reaktion an den vom Teilrückzug profitierenden Börsenplätzen positiv ausfallen, denn durch das dort steigende Handelsvolumen wird die jeweilige Marktposition gestärkt, und es kommt seltener zu Marktzufälligkeiten. Damit können diese Börsen ihre Sekundärmarktaufgaben noch besser erfüllen als zuvor.

4. Die Interessen des Anlegerpublikums
Es wurde bereits darauf hingewiesen, daß das *going private* den Kurszettel an der Börse verkleinert. Damit nehmen die Auswahlmöglichkeiten unter den Aktien ab. Unter Umständen entgeht dem anlagesuchenden Publikum dann so manches attraktive Investment. Somit werden die Anlage- und Gewinninteressen des Anlegerpublikums beeinträchtigt.

Darüber hinaus steigen, wie schon dargelegt, die Anlagerisiken, da die Käufer befürchten müssen, ein bei dem austretenden Unternehmen eingegangenes Aktien-Engagement nicht mehr oder nur mit erheblichen Preisabschlägen beenden zu können. Häufen sich Austritte, werden die Anleger deshalb zunehmend mißtrauisch gegenüber *allen* Eigenkapitaltiteln. Sie werden sich verstärkt weniger risikoreichen Investments, vorwiegend Gläubigertiteln, zuwenden. Bei diesen Papieren gibt es nämlich einen festen Rückzahlungstermin und zudem eine in vielen Fällen attraktive Verzinsung des eingesetzten Kapitals.

Unter dem Anlegerpublikum befinden sich u.U. auch Personen oder Unternehmen, die Aufkaufinteressen verfolgen. Diese Anleger lehnen den Börsenaustritt des Emittenten verständlicherweise ab, da sie die Gesellschaft dann nicht mehr so einfach heimlich aufkaufen und gegebenenfalls übernehmen können.

Ferner wird durch das *going private* nicht nur der Erfolg eines bereits bestehenden Mitarbeiter-Beteiligungssystems gefährdet, sondern auch der Aufbau eines solchen Systems nachhaltig behindert. Denn es werden lediglich wenige Arbeitnehmer bereit sein, Belegschaftsaktien zu zeichnen, die sie später nur noch schwer zu fairen Preisen wieder abstoßen können.

Ein Aktien-Engagement kommt lediglich noch für sehr risikofreudige Anleger in Frage. Die potentiellen Aktionäre werden bei anstehenden Wertpapieremissionen des Emittenten erhebliche Risikoprämien fordern, was mit ziemlicher Sicherheit zu der prognostizierten Verteuerung der Eigenkapitalkosten der Unternehmen führen dürfte.[344]

---

344 Im Vergleich zum *going private* ist der Teilrückzug von der Börse aus der Sicht der potentiellen Anleger relativ unproblematisch. Es gelten sinngemäß die im Zusammenhang mit den Gesellschaftern gemachten Ausführungen (vgl. S. 109).

III. Die Interessenkonflikte bei Börsenaustritt

Mit der Herausarbeitung der unterschiedlichen Interessen der Aktionäre, des Vorstands sowie der Börse etc. ist es allein keineswegs getan. Hinzukommen muß eine nähere Betrachtung der typischen Konfliktsituationen, die sich aus der unterschiedlichen Interessenlage ergeben können.

1. Die Konflikte zwischen den Eigentümern

Bei den Konflikten zwischen den Eigentümern muß wiederum, ähnlich wie beim *going public*, in mehrfacher Weise differenziert werden. Konflikte zwischen den Großaktionären sind von prinzipiell anderer Art als jene zwischen der Mehrheit und der Minderheit.

a) Konflikte zwischen den Großaktionären

Unterschiedliche Interpretationen der Chancen und Risiken des *going private* führen zu Unstimmigkeiten zwischen den Großaktionären: Die einen hoffen, mit dem Austritt eine Unternehmenskrise vermeiden oder mildern zu können; die anderen dagegen befürchten, daß der Emittent dadurch erst recht in die Krise hineinschlittert. Letztere glauben, daß das *going private* eben nicht zu dem erwünschten Erfolg führt, sondern kontraproduktiv wirkt, da die Gläubiger nicht etwa beruhigt, sondern gerade durch den Börsenaustritt verunsichert werden.

Mancher Großaktionär wird auch um den Bestand eines Mitarbeiter-Beteiligungsmodells und um die damit verbundenen Vorteile[345] fürchten: Nicht nur das Betriebsklima wird durch den Rückzug von der Börse verschlechtert; darüber hinaus sind nachteilige Auswirkungen auf die Produktivität und die Fluktuationsrate zu erwarten. Außerdem fallen die Finanzierungsleistungen der Belegschaft ebenso weg wie jene der betriebsfremden Kleinanleger, weil sich beide Gruppen hüten werden, eine Kapitalerhöhung mitzumachen. Damit werden die Großaktionäre u.U. deutlich mehr private Mittel einsetzen müssen als vorher, um die Wachstumsfinanzierung des Unternehmens zu sichern. Und dies kann oder will nicht immer jeder Großaktionär. Ein anderer Großanleger dagegen verfügt über viele liquide Mittel und kann deshalb eine Kapitalerhöhung ohne weiteres allein bedienen. Auch ist ihm evtl. eine

---

345 Vgl. hierzu z.B. Walter (1984), S. 402.

Beteiligung der Belegschaft nur lästig. In diesen Angelegenheiten kommt es demnach leicht zu Konflikten.

Zudem sind Differenzen vorstellbar bei der Frage, ob man ein *going private* oder lediglich eine Börsenpräsenzreduktion anstreben soll, d.h. auf die Vorteile des Kapitalmarkts verzichtet oder nicht. Außerdem kann es auch deshalb zu Konflikten kommen, weil die beim *going private* oder beim Teilrückzug von der Börse erzielbaren Kosteneinsparungen unterschiedlich gewertet werden.

Darüber hinaus sind die Vermögensteuer-Spareffekte, die im Normalfall bei den einzelnen Großaktionären unterschiedlich hoch ausfallen, keineswegs immer so umfangreich, daß sich ein *going private* für jeden lohnen würde. Meinungsverschiedenheiten sind somit auch hier möglich.

Aus vermögensteuerlichen Gründen stößt manchmal auch ein angestrebter Teilrückzug von der Börse auf den Vorbehalt eines Großanlegers. Der parallele Handel an *zahlreichen* Börsenplätzen bietet nämlich die Möglichkeit, leichter Vermögensteuer zu sparen als nach dem Teilrückzug. Dies liegt daran, daß es an einem wenig liquiden Markt[346] relativ einfach ist, durch gezielte Verkäufe den steuerlich relevanten Jahresschlußkurs "nach unten zu pflegen", da dort nur eine *geringe* Aktienstückzahl eingesetzt werden muß, um die erwünschten Kursbewegungen auszulösen. Anschließend, im neuen Jahr, steigen die vorher gedrückten Kurse dann plötzlich wieder. Man denke beispielsweise an die Unternehmen Glunz und BBS-Kraftfahrzeugtechnik.[347] Mit großer Wahrscheinlichkeit wurden in vielen Fällen die Aktien wieder zurückgekauft. Diese Steuersparstrategie funktioniert vor allem deshalb so gut, weil das Bewertungsgesetz vorschreibt, daß bei mehreren Jahresschlußkursen der niedrigste anzusetzen ist (§ 11 Abs. 1 Satz 1 BewG). Nach dem Teilrückzug von der Börse - d.h. wenn das Unternehmen nur noch an *wenigen* Börsenplätzen notiert wird - ist eine solche Strategie erheblich schwerer durchführbar, weil dann nur der Einsatz großer Vermögensbeträge zu steuersparenden Kursveränderungen

---

346 Bei einer Notierung an vielen Börsenplätzen ist es sehr wahrscheinlich, daß es auch einen Markt gibt, an dem nur kleine Aktienstückzahlen gehandelt werden.

347 Vgl. zu den Beispielen und den auffälligen Kursbewegungen am Jahresende o.V. (1992h), S. 112.

führt. Zudem fallen höhere Wertpapierprovisionen an; die Provisionen steigen nämlich im Regelfall proportional mit dem wachsenden Transaktionsvolumen.

b) Konflikte zwischen der Mehrheit und der Minderheit

Beim *going private* kommt es nur in seltenen Fällen zu einer Interessenharmonie zwischen Groß- und Kleinanlegern - meist nur dann, wenn den Kleinanlegern ein attraktives Abfindungsangebot unterbreitet wird. In fast allen anderen Fällen dagegen sind Konflikte die Regel: Ein von den Großaktionären angestrebtes *going private* wird bei den Kleinanlegern so gut wie immer auf einhellige Ablehnung stoßen. Dies liegt an der normalerweise entgegengesetzten Interessenlage und den unterschiedlichen Auswirkungen des *going private* für diese beiden Gruppen. Es ist allerdings auch denkbar, daß die Gruppe der Großaktionäre nicht geschlossen auftritt, weil ein Großanleger in Opposition zu den anderen einflußreichen Eigentümern steht und gemeinsam mit den Kleinanlegern den Rückzug von der Börse ablehnt. Zur Vereinfachung wird im folgenden jedoch unterstellt, daß die Großaktionäre einer Meinung sind und deshalb gemeinsam auftreten.

Zur normalerweise unterschiedlichen Interessenlage zwischen Groß- und Kleinaktionären an dieser Stelle nur nochmals soviel: Für Kleinaktionäre ist die hohe Fungibilität der Anteile an der Börse überaus wichtig, weil sie nur so relativ einfach ihre Gewinnziele verwirklichen können. Das Fungibilitätsargument ist übrigens auch für "Schachtelaktionäre" von Bedeutung. Diese möchten sich nämlich die Chance erhalten, über den Kapitalmarkt ihre Mitgliedschaft beenden zu können, weil außerhalb der Börse der Verkauf von beispielsweise 8 % des Grundkapitals nicht immer so leicht fallen dürfte wie von 25 % oder gar mehr. Die leichte Liquidierbarkeit der Gesellschaftsanteile an der Börse ist dagegen für Großanleger, die in der Regel eine langfristige Anlagestrategie verfolgen, nahezu bedeutungslos,[348] da sich diese Aktionäre ohnehin nur selten von ihren Papieren trennen wollen. Außerdem veräußern sie ihre Aktienpakete oftmals sowieso außerhalb der Börse, ohne daß dabei hohe Transaktionskosten anfallen. Konflikte zwischen der Mehrheit und der Minderheit sind daher beim *going private* sehr wahrscheinlich.

---

348 Anders sieht es allerdings aus, falls eine Übernahme droht.

Auch haben die Kleinanleger kein Verständnis für das Vermögensteuer-Spararargument der Großanleger, da die Kleinaktionäre meistens ohnehin mangels ausreichender Vermögensbestände von der Vermögensteuer verschont bleiben. Ebenso überzeugt das Kostenargument die Klein-anleger nicht, weil die Minderheit von steigenden Unternehmensgewin-nen außerhalb der Börse - falls es überhaupt so weit kommt - nur selten profitieren kann. Sie muß vielmehr das gezielte "Aushungern" durch die Mehrheit befürchten. (Das Kostenargument wird von den Kleinaktio-nären allenfalls bei einem Teilrückzug von der Börse akzeptiert.)[349]

Außerdem fühlen sich all jene Aktionäre durch das *going private* getäuscht, die erst mit bzw. nach dem *going public* Gesellschafter des Emittenten wurden. Das trifft in erster Linie auf Kleinanleger und in gewissem Maße auch auf "Schachtelaktionäre" zu. Diese Minderheits-eigentümer erwarben die Aktien unter der Voraussetzung, die Beteili-gungstitel später nahezu jederzeit, einfach, kostengünstig und zu fairen Preisen *an der Börse* wieder veräußern zu können. Somit wird durch das *going private* das Vertrauensverhältnis zwischen diesen Eigentü-mern und dem Emittenten zerstört. Es ist evident, daß der Börsenaus-tritt den Anlegerschutz tangiert und Konflikte unvermeidlich sind, sofern kein attraktives Abfindungsangebot vorhanden ist. Wird das *going private* wider Erwarten von den Börsenvertretern genehmigt, liegt selbstverständlich auch ein Konflikt zwischen den benachteiligten Min-derheiten und der Börse vor.

2. Die Konflikte zwischen dem Vorstand und den Aktionären

Zwischen dem Vorstand und den Aktionären kommt es zu Differenzen, wenn die Unternehmensleitung das *going private* anstrebt, die Eigentü-mer diesen Schritt aber ablehnen. Auch im umgekehrten Fall sind Mei-nungsverschiedenheiten vorprogrammiert. Allerdings bilden die Aktio-näre, wie nochmals zu betonen ist, keine homogene Gruppe, weshalb meist nur mit einem Teil der Eigentümer (Groß- oder Kleinanlegern) Kontroversen entstehen.

a) Verhältnis zwischen dem Vorstand und den Großaktionären

Zwischen dem Vorstand und den Großaktionären besteht beim *going private* oft sogar eine Interessenharmonie, weil beide Parteien mit dem Börsenaustritt ähnliche Ziele verfolgen. Sie wollen z.B. eine Übernahme

---

349 Zu den beim Teilrückzug auftretenden Problemen vgl. S. 109.

erschweren oder den Rechtfertigungsdruck auf die Gesellschaft deutlich
vermindern. Trotzdem kann es auch zwischen Großaktionären und Vorstandsmitgliedern zu Konflikten kommen, so beispielsweise wenn die
Vorteile des *going private* unterschiedlich bewertet werden.[350] Zudem
zweifelt der Vorstand u.U. an der Fähigkeit der Großaktionäre, den
künftigen Eigenkapitalbedarf decken zu können. Gegebenenfalls ist
auch nicht immer klar, ob die Großanleger überhaupt gewillt sind, eine
Kapitalerhöhung durchzuführen. Die Unternehmensleitung möchte deshalb die Börsenpräsenz beibehalten, die Großanleger dagegen in bestimmten Fällen keineswegs. Allerdings werden die zwischen dem Vorstand und den dominierenden Großaktionären auftretenden Unstimmigkeiten so gut wie immer zugunsten letzterer gelöst, da es, wie bereits
im Zusammenhang mit dem Börseneintritt ausgeführt, in von Aktionären beherrschten Gesellschaften zu keiner Trennung von Eigentum
und Herrschaft kommt. Das Management muß sich im Sinne der Großanleger verhalten, wenn es seine Anstellung nicht gefährden will.

b) Verhältnis zwischen dem Vorstand und den einflußlosen Aktionären
Da Konflikte zwischen den Großaktionären und dem Vorstand meist
schnell beigelegt werden, bleiben eigentlich nur noch Unstimmigkeiten
zwischen der Unternehmensleitung und den einflußlosen Minderheiten,
weil hier keine Einheit von Eigentum und Herrschaft existiert.[351] Ein
vom Vorstand (und den Großaktionären) favorisiertes *going private* wird
auf heftigen Widerstand bei den benachteiligten Minderheiten stoßen.
Zwischen den Kleinaktionären und der Unternehmensleitung besteht
nur dann ein Konsens, wenn beide keinen Nutzen in einem von den
Großanlegern befürworteten *going private* sehen. Hier müssen die
Vorstände jedoch äußerst vorsichtig agieren.

c) Kompetenzproblem
Beim *going private* und beim Teilrückzug von der Börse stellt sich
ebenso wie beim oben behandelten *going public* die Frage nach der
Kompetenzverteilung innerhalb der Aktiengesellschaft. Auch in diesen
Fällen ist die interne Zuständigkeit nicht geregelt. Hieraus entstehen

---

350 Im Prinzip gilt dies auch für einen angestrebten Teilrückzug von der Börse.
351 Vgl. die grundlegende Arbeit von Berle/Means (1933), insbes. S. 90. Voll-
    ständigkeitshalber sei nochmals darauf hingewiesen, daß es in einer Publi-
    kumsgesellschaft - es gibt hier keine Großaktionäre - zu Kontroversen mit
    allen Eigentümern kommen kann.

Unsicherheiten. Dies kann, ähnlich wie beim Börseneintritt, zu Meinungsverschiedenheiten zwischen den Vorständen und den Eigentümern sowie unter den Aktionären selbst führen. Beim Teilrückzug von
der Börse werden allerdings im Vergleich zum *going private* weit weniger schwere Konflikte auftreten, da Vorstände und Eigentümer nach
wie vor ihre Interessen verfolgen können; die Nachteile sind hier vergleichsweise gering. Trotzdem muß die Kompetenzverteilung beim Teilrückzug - genauso wie jene beim *going private* - geklärt werden, da der
Umfang des Interessenschutzes hiervon abhängt. Die Lösung des Kom-
petenzproblems bleibt wiederum - ähnlich wie beim Börseneintritt - dem
zweiten Teil der vorliegenden Arbeit vorbehalten.

3. Die Konflikte mit der Börse

Ein gehäuftes *going private* bedroht die Aufgabenerfüllung der Börse,
weil das Vertrauen der Anleger verlorengeht. Die Funktionsfähigkeit der
Aktienbörse steht auf dem Spiel. Mit ziemlicher Sicherheit wird es zu
einer Verlagerung des Wertpapiergeschäfts kommen: Im Inland
profitiert der Rentenmarkt zu Lasten des Aktienmarkts, und im Ausland
werden die dortigen Börsen gestärkt, da ein Aktienerwerb dann meist
nur noch an vergleichsweise sicheren ausländischen Märkten attraktiv
ist. Für viele Gesellschaften kommt das *going public* wegen der
steigenden Eigenkapital-Beschaffungskosten nicht mehr in Frage. Für
bereits börsennotierte Unternehmen wird eine Eigenmittelzufuhr über
die Börse ebenfalls uninteressant. Letztlich werden die Gesellschaften
zu einer verstärkten Fremdkapitalaufnahme gezwungen. Eine solche
Entwicklung birgt erhebliche Gefahren, denn die Eigenkapitalquote
vieler deutscher Unternehmen ist jetzt schon bedenklich niedrig.[352]
Aus all diesen Gründen wird die Börse alles daransetzen, ein *going
private* zu verhindern.[353] Folglich besteht ein tiefgreifender Dissens
zwischen dem am Austritt interessierten Emittenten und der Börse,
welche dieses Bestreben ablehnt.

Bei einem angestrebten *Teilrückzug von der Börse* bestehen dagegen
weit höhere Chancen auf eine Verständigung mit den Börsenvertretern,
da es sich bei diesem Vorhaben um eine weniger einschneidende Maßnahme des Emittenten handelt. Aber auch hier kommt es zu Differen-

---

352 Sie lag beispielsweise in Aktiengesellschaften im Jahre 1990 bei 30 %. Vgl.
     Deutsche Bundesbank (1991), S. 23; o.V. (1992c), S. 14.
353 Ähnlich auch Eickhoff (1988), S. 1713.

zen mit den kleinen, um ihre Position fürchtenden Regionalbörsen. Diese Konflikte könnten weitgehend vermieden werden, wenn man die Attraktivität einer parallelen Notierung an mehreren Börsenplätzen verbessern würde. Die Börse und der Gesetzgeber sollten das für den Teilrückzug sprechende Kostenargument entschärfen, um ein Ausscheidungsbegehren von vornherein zu vermeiden: Es leuchtet nicht ein, weshalb beispielsweise ein an sechs deutschen Börsenplätzen notiertes Unternehmen bei einer Kapitalerhöhung sechsmal ein aufwendiges Wertpapierzulassungsverfahren durchlaufen muß - so die derzeitige Rechtslage.[354] Dabei fallen sechsmal Gebühren an, ganz zu schweigen von den eigentlich vermeidbaren Personalkosten des Emittenten. Ein solches Procedere ist zweifelsohne zu langwierig, zu umständlich und zu teuer.[355] Dieser unbefriedigende Zustand sollte beseitigt werden; Vereinfachungen erscheinen dringend geboten. Damit würde mancher Konflikt zwischen den Emittenten und der Börse erst gar nicht entstehen, und gewichtige Gründe, welche einen Teilrückzug nahelegen, würden entfallen.

4. Die Konflikte mit dem Anlegerpublikum

Bei gehäuften Austritten aus der Börse (*going private*) wird den meisten Anlegern ein Aktien-Engagement zu riskant. Sie wollen nicht Opfer eines in ihren Augen *unredlichen Verhaltens*[356] der Emittenten werden und bleiben deshalb dem heimischen Aktienmarkt weitgehend fern.

Das Anlegerpublikum möchte natürlich, daß ein für Anlagen attraktiver Aktienmarkt erhalten bleibt. Deshalb steht es (ähnlich wie die Börse) im Konflikt mit den am *going private* interessierten Unternehmen. Demgegenüber treten zwischen den Emittenten und dem Anlegerpublikum bei einem Teilrückzug von der Börse - wenn überhaupt - allenfalls geringfügige Unstimmigkeiten auf, da die Interessen des nach attraktiven Anlagemöglichkeiten suchenden Publikums nur unwesentlich berührt werden.

Von Interesse ist schließlich noch die Klärung des Verhältnisses zwischen den Minderheitsaktionären und den potentiellen Anlegern: Die Minderheitsaktionäre und die möglichen neuen Gesellschafter haben

---

354 Vgl. Marquard (1994), S. 4.
355 Ähnlich Marquard (1994), S. 4.
356 Der Großteil der Anleger kauft Aktien im Vertrauen darauf, die Beteiligungstitel auch wieder an der Börse veräußern zu können.

beim *going private* und beim Teilrückzug von der Börse meist ähnliche Interessen. Allerdings werden die Aktionäre des Unternehmens von einem *going private* erheblich *stärker* berührt als die noch nicht beteiligten Anleger. Selbstverständlich kann es auch zwischen diesen beiden Gruppen zu Differenzen kommen, weil nämlich die Kleinaktionäre bei einem drohenden *going private* ihre Aktien meist unter allen Umständen verkaufen wollen; die möglichen Käufer - also die potentiellen Anleger - die Anteile aber nur mit erheblichen Risikoprämien, d.h. Kursabschlägen, erwerben wollen.

IV. Ergebnis

a) In bestimmten Fällen befürworten die Vorstände und/oder die Großaktionäre den Rückzug von der Börse. Dies vor allem dann, wenn die Präsenz am Aktienmarkt (aus ihrer Sicht) gegenüber dem unnotierten Zustand keine ausreichenden Vorteile mehr bietet. Jedoch werden durch das *going private* die Interessen der Kleinaktionäre und der Börse in schwerwiegender Weise verletzt - in abgeschwächter Form gilt dies auch für die potentiellen Anleger -, weshalb diese in der Regel in Opposition zu den am Austritt interessierten Gruppen (Großaktionäre/Vorstände) stehen.

Die Kleinanleger einer ausscheidenden Gesellschaft erleiden durch den Rückzug von der Börse einen Vermögensverlust, und ihre Gesamtsituation verschlechtert sich nachhaltig. Es treten Liquiditätsrisiken und Informationsnachteile auf. Außerdem können sie sich vor Gewinnthesaurierungsabsichten der Großaktionäre und des Vorstands nur noch unzureichend schützen; eine Beendigung der Unternehmensmitgliedschaft außerhalb der Börse ist nämlich im Normalfall - wenn überhaupt - lediglich mit erheblichen Preisabschlägen und hohen Transaktionskosten möglich. Es ist offensichtlich, *daß die Börsennotierung des Emittenten und die hohe Fungibilität kotierter Titel für sich bereits einen Wert darstellen.*

Vor allem jene Aktionäre, die ihre Unternehmensmitgliedschaft erst mit dem *going public* des Emittenten (oder auch danach) erworben haben, fühlen sich durch das *going private* getäuscht, da diese Anleger beim

Aktienkauf davon ausgingen, daß der Emittent seine Börsenpräsenz beibehält. Folglich tangiert der Rückzug von der Börse auch den *Anlegerschutz*. Es kommt mit großer Wahrscheinlichkeit zu einer Abwanderung von Geschäften an den Rentenmarkt und an vergleichsweise sichere ausländische Aktienmärkte. Das *going private* stellt somit letztlich auch eine Bedrohung der *Funktionsfähigkeit* des heimischen Aktienmarkts dar.

b) Der *Teilrückzug* von der Börse (Börsenpräsenzreduktion) führt im wesentlichen nur zu Schwierigkeiten und Konflikten mit den betroffenen Börsenplätzen. Die in seltenen Fällen auftretenden Differenzen mit den Aktionären sind im Vergleich zu jenen beim *going private* von untergeordneter Natur.

2. Teil: Der notwendige Interessenschutz bei Börseneintritt und Börsenaustritt

Bisher wurde aufgezeigt, welche Interessen die Beteiligten im Zusammenhang mit dem Börseneintritt bzw. -austritt verfolgen und welche Konflikte dabei auftreten können. Im folgenden soll geklärt werden, wer (Großaktionäre, Kleinanleger, Vorstand) den Eintritt bzw. Austritt gegen die Vorstellungen der anderen Beteiligten durchsetzen oder verhindern kann, unter welchen Voraussetzungen dies möglich ist und welche Schutzmechanismen notwendig sind, um den Individual- und Institutionenschutz zu gewährleisten. Soweit Schutzlücken bestehen, soll ein System entwickelt werden, das den bisherigen Schutz erweitert.

A. Der Interessenschutz im Spannungsfeld individueller und institutioneller Schutzziele

Es existieren Interessenschutzprobleme auf zwei Ebenen: zum einen auf der Ebene der Gesellschaft, zum anderen auf der Ebene der Börse. Sie müssen deshalb sowohl unter Berücksichtigung des Börsenrechts als auch des Gesellschaftsrechts gelöst werden.

Das Gesellschafts- und das Börsenrecht sind zwei Normkomplexe, die sich wechselseitig ergänzen, gleichwohl aber schwerpunktmäßig unterschiedliche Regelungsaufgaben haben. Wie im folgenden näher darzulegen sein wird, geht es im Gesellschaftsrecht primär um den Individualschutz der unmittelbar Beteiligten, im Börsenrecht dagegen primär um den Institutionenschutz der organisierten Kapitalmärkte. Soweit das Gesellschaftsrecht einen effektiven Individualschutz gewährleistet, dient dieser auch dem Institutionenschutz, ebenso wie sich umgekehrt der börsenrechtliche Institutionenschutz positiv auf den Individualschutz auswirkt.[357]

---

357 Vgl. zum Verhältnis des Gesellschafts- und des Börsenrechts zueinander beispielsweise Hopt (1975), S. 52; Kübler (1990), § 31, S. 389 ff.; Assmann (1990), § 1, S. 1 ff.; Assmann (1993), S. 558; Assmann (1994), S. 84 ff.

I. Das Gesellschaftsrecht

1. Zunächst muß man sich über die Schutzzwecke des Gesellschafts-
    rechts klarwerden, um die gesellschaftsrechtlichen Schutzpro-
    bleme, die sich bei Börseneintritt und -austritt ergeben, sachge-
    recht lösen zu können.[358]

    An vorrangiger Stelle des Gesellschaftsrechts steht der *Individual-
    schutz*, der den Anleger- und den Gläubigerschutz umfaßt.

    Beim Anlegerschutz geht es einerseits um die Sicherung der Inter-
    essen der Eigentümergesamtheit vor nachteiligen Strategien des
    Vorstands, andererseits um den Schutz der Minderheitseigentümer
    vor der Mehrheit.[359]

    Der Gläubigerschutz ist unverzichtbar, da in Aktiengesellschaften
    die persönliche Haftung der Eigentümer für Verbindlichkeiten des
    Unternehmens ausgeschlossen ist, und deshalb lediglich das Ver-
    mögen der Gesellschaft zur Befriedigung der Gläubigerforderungen
    herangezogen werden kann (§ 1 Abs. 1 AktG).[360] Aus diesem
    Grund wurden u.a. strenge Kapitalerhaltungs- und Rechnungs-
    legungsvorschriften erlassen.[361]

    Über den gesellschaftsrechtlichen Individualschutz hinaus ist der
    Funktionsschutz der Aktiengesellschaft von Bedeutung. Hierbei
    geht es um die Sicherung der Funktionsfähigkeit der Gesellschaft.
    Dies wird vor allem durch eine die Aufgabenverteilung sichernde
    Kompetenzordnung erreicht: Der Vorstand leitet die Gesellschaft
    eigenverantwortlich (§ 76 Abs. 1 AktG). Er entscheidet in
    Geschäftsführungsangelegenheiten und vertritt die Gesellschaft
    gerichtlich und außergerichtlich (§§ 78, 82 AktG). Der Aufsichtsrat
    als weiteres Gesellschaftsorgan überwacht die Tätigkeit der Unter-
    nehmensleitung (§ 111 Abs. 1 AktG). Das dritte Gesellschafts-

---

358 Im folgenden wird der notwendige Schutz in der Aktiengesellschaft vorge-
     stellt.
359 Für den Minderheitenschutz sind insbesondere die Satzungsstrenge (§ 23
     Abs. 5 AktG) und das Konzernrecht (z.B. §§ 304, 311, 317, 320b AktG)
     von Bedeutung.
360 Auf § 54 Abs. 1 AktG sei hingewiesen. Im übrigen gelten in Konzernen
     Sonderbestimmungen, vgl. z.B. §§ 302, 303, 317 AktG.
361 Beispielsweise §§ 57 Abs. 1 Satz 1, 57 Abs. 3, 150 ff. AktG und
     §§ 238 ff., 264 ff. HGB.

organ, die Hauptversammlung, trifft vorwiegend Grundlagenentscheidungen wie Satzungsänderungen und Maßnahmen der
Kapitalbeschaffung (§ 119 AktG). Um die Handlungsfähigkeit der
Aktiengesellschaften zu sichern, wurde darüber hinaus in nahezu
allen Fällen statt des Einstimmigkeitsprinzips das Mehrheitsprinzip
festgeschrieben.[362]

Abschließend ist noch der *Bestandsschutz* der Aktiengesellschaft
zu nennen. Eine Liquidationskündigung ist nur möglich, wenn drei
Viertel des bei der Beschlußfassung in der Hauptversammlung vertretenen Grundkapitals diesem Vorschlag zustimmen (§ 262 Abs. 1
Nr. 2 AktG). Außerdem bestehen strenge Kapitalaufbringungs-
vorschriften[363] und, wie oben schon angedeutet, umfangreiche
Kapitalerhaltungsbestimmungen. Im übrigen gibt es im Konzernrecht Regelungen, die den Bestand einer abhängigen Gesellschaft
sichern sollen (z.B. §§ 300 ff. AktG). Der Bestandsschutz einer
Aktiengesellschaft findet allerdings seine Grenzen in der Wett-
bewerbsordnung, denn ein Unternehmen kann durch Einflüsse von
außen, insbesondere durch die Konkurrenz, vom Markt verdrängt
werden.

2. Vor dem Hintergrund dieser gesellschaftsrechtlichen Schutzaufgaben muß man sich zunächst der Frage zuwenden, ob und inwieweit - unabhängig von etwaigen begleitenden Entscheidungen (z.B.
über Kapitalerhöhungen, über eine Änderung des Aktiennennwerts,
über die Schaffung von Vorzugsaktien etc.) - die Hauptversammlung über den Börseneintritt und -austritt als solchen entscheiden
muß oder ob vielmehr ein bloßer Vorstandsbeschluß ausreicht.[364]
Hierbei handelt es sich um ein Kompetenzproblem, das bisher nicht
gesehen wurde. Für den Fall, daß der Börseneintritt bzw. -austritt
nur von der Hauptversammlung oder zumindest nur mit Zustimmung dieses Gesellschaftsorgans beschlossen werden darf, stellt
sich die Frage nach der erforderlichen Beschlußmehrheit. Weiter ist

---

362 Zum Beispiel §§ 133, 179 Abs. 2, 182 Abs. 1 AktG. Vgl. Bischoff (1987),
    S. 1055. Zur Absage an das Einstimmigkeitsprinzip vgl. auch Timm (1980),
    S. 32 f.
363 Zum Beispiel §§ 7, 36a, 54 Abs. 2 AktG.
364 Lediglich bei den begleitenden Börseneintrittsentscheidungen ist der Schutz
    hinreichend geregelt.

zu klären, ob und in welchem Umfang diese Beschlüsse aus gesellschaftsrechtlichen Anlegerschutzgründen einer materiellen Beschlußkontrolle im Sinne des "Kali-und-Salz"-Urteils des Bundesgerichtshofes[365] und der gesellschaftsrechtlichen Treuepflicht
unterliegen. Nachdem diese Probleme gelöst sind, muß schließlich
noch geprüft werden, ob und inwieweit für die Fälle Börseneintritt
und -austritt darüber hinaus ein besonderer Minderheiten- und
Gläubigerschutz entwickelt werden muß.

1. Das Kompetenzproblem

Die interne Zuständigkeitsverteilung zwischen den Gesellschaftsorganen einer Aktiengesellschaft ist sowohl bei Börseneintritt als auch bei
Börsenaustritt ungelöst. Bisher ist lediglich klar, daß der Vorstand die
Gesellschaft im Außenverhältnis vertritt und somit beispielsweise beim
Börseneintritt die Wertpapierzulassung bei der Zulassungsstelle beantragt (§ 78 Abs. 1 AktG i.V.m. § 36 Abs. 2 BörsG). Es muß deshalb
geklärt werden, ob solche Börsenvorhaben - wie angedeutet - einer
Legitimierung im Innenverhältnis durch die Hauptversammlung bedürfen
oder ob der Vorstand (gegebenenfalls in Zusammenarbeit mit dem Aufsichtsrat) darüber allein entscheiden darf. Zur Lösung dieses Problems
muß die Entscheidung über den Börseneintritt bzw. -austritt daraufhin
untersucht werden, ob sie einen Grundlagenbeschluß oder lediglich eine
Geschäftsführungsmaßnahme darstellt. In ersterem Fall fällt sie in die
Grundlagenkompetenz der Hauptversammlung, in letzterem gehört sie
zu den Geschäftsführungsaufgaben der Unternehmensleitung. Insbesondere muß geprüft werden, ob die Entscheidung über ein *going public*
von anderer Qualität ist als ein Beschluß über eine Börsenpräsenzausweitung oder einen Börsensegmentwechsel. Ganz ähnlich liegen die
Dinge bei einem Börsenaustritt: Hier muß geklärt werden, ob der Going-
Private-Beschluß in gleicher Weise zu bewerten ist wie die Entscheidung über eine bloße Börsenpräsenzreduktion.

a) Möglicherweise kann bei der Lösung dieser Kompetenzprobleme ein
Blick auf die Rechtsprechung des Bundesgerichtshofes hilfreich sein,
der in einem grundlegenden Urteil zum Konzernrecht die Stellung der
Hauptversammlung stärkte. Deshalb sollen kurz der betreffende Fall
und die sich aus dem Urteil ergebenden Grundsätze vorgestellt werden.

---

365 BGHZ 71, 40.

aa) Es bestand die Gefahr, daß sich Vorstände der Aktionärskontrolle entzogen, indem sie im Rahmen ihrer Geschäftsführungskompetenz die wertvollsten Vermögensteile des Unternehmens auslagerten und in bestehende oder neugegründete Konzerntöchter einbrachten. Die Unternehmensleitung verlagerte bei dieser Strategie nicht das ganze Vermögen, sondern nur den wichtigsten Teil. Darum griff § 361 AktG (alt) nicht, da diese Bestimmung lediglich dann eine Zuständigkeit der Hauptversammlung vorsieht, wenn eine *vollständige* Vermögensübertragung stattfinden soll. Deshalb war in der Praxis nur eine äußerst schwache Konzernbildungskontrolle durch die Aktionärsversammlung möglich.

bb) Zu diesem Themenkomplex wurde der Bundesgerichtshof im sogenannten "Holzmüller"-Fall angerufen. Das Gericht stellte in seinem Urteil[366] fest, daß bereits bei einer bloßen Verlagerung des wertvollsten Teils des Unternehmensvermögens eine Konzernbildungskontrolle durch die Aktionäre eingreifen kann. Der Vorstand hat in solchen Fällen die Zustimmung der Eigentümer (der Konzernobergesellschaft) durch einen Beschluß der Hauptversammlung herbeizuführen, da die Unternehmensleitung andernfalls ihre Sorgfaltspflicht gegenüber den Aktionären verletzt.[367] Das Gericht leitete die Kompetenz der Aktionärsversammlung nicht aus § 361 AktG (alt) ab - was wohl naheliegend gewesen wäre -, sondern konstruierte die Zuständigkeit der Eigentümer aus § 119 Abs. 2 AktG,[368] obwohl diese Bestimmung eine Kompetenz der Hauptversammlung nur dann vorsieht, wenn die Unternehmensleitung dieses Gesellschaftsorgan nach eigenem Ermessen über Dinge abstimmen läßt, die in den Kompetenzbereich des Vorstands gehören. § 119 Abs. 2 AktG kennt nach dem Wortlaut lediglich ein Vorlagerecht des Vorstands, aber keine Vorlagepflicht. Der Bundesgerichtshof ist jedoch der Ansicht, daß es grundlegende Entscheidungen gibt - die Auslagerung des wichtigsten Vermögensteils inbegriffen -, die zwar formal noch "... durch die Außenvertretungsmacht des Vorstands, seine gemäß § 82 Abs. 2 AktG begrenzte Geschäftsführungsbefugnis wie auch durch den Wortlaut der Satzung ... gedeckt sind, gleichwohl aber so tief in die Mitgliedsrechte der Aktionäre und deren im Anteilseigentum verkörpertes Vermögensinteresse eingreifen, daß der Vor-

---

366 BGHZ 83, 122.
367 Vgl. BGHZ 83, 122, 131.
368 Vgl. BGHZ 83, 122, 131.

stand vernünftigerweise nicht annehmen kann, er dürfe sie in ausschließlich eigener Verantwortung treffen, ohne die Hauptversammlung
zu beteiligen."[369] Es gibt also Fälle, in denen der dem Vorstand nach
§ 119 Abs. 2 AktG zugebilligte Ermessensspielraum "auf Null reduziert"[370] wird und demnach sein Vorlagerecht zu einer (internen) Vorlagepflicht wird. Die eigenverantwortliche Leitungsmacht des Vorstands
wird somit über die satzungsmäßigen und aufsichtsratsbedingten
Beschränkungen hinaus eingeengt - im übrigen auch dahingehend, daß
eine Vorlagepflicht in der Muttergesellschaft selbst dann besteht, wenn
die Unternehmensleitung grundlegende Entscheidungen in der Tochtergesellschaft trifft (Konzernleitungskontrolle der Aktionäre der Konzernobergesellschaft).[371]

cc) Der Bundesgerichtshof hat auf eine Weise eine Kompetenz der
Hauptversammlung begründet, die gesetzlich so nicht vorgesehen ist.
Kritiker dieser Entscheidung sollten aber bedenken, daß das Gericht
damit lediglich die Machtverteilung zwischen den Gesellschaftsorganen
wieder zurechtrückte,[372] nachdem der Vorstand die Machtbalance
durch Konzernmaßnahmen zu seinen Gunsten verschoben hatte.[373] Im
Ergebnis ist deshalb die "Holzmüller"-Entscheidung zu begrüßen, vor
allem auch deshalb, weil die ungeschriebene Zuständigkeit der Hauptversammlung eine Lücke im Minderheitenschutz schließt. Dies war
auch erforderlich, da Minoritäten nicht über vergleichbare Einflußmöglichkeiten auf die Vorstände verfügen wie Großaktionäre.[374] Letztere
können sich bekanntlich gegen nachteilige Strategien des Vorstands in
der Praxis viel besser schützen, z.B. durch Vertrauensentzug[375] in der
Hauptversammlung und durch die Abberufung der Unternehmensleitung
über den Aufsichtsrat (§ 84 Abs. 3, insbesondere Satz 2 AktG).

Im übrigen ist das "Holzmüller"-Urteil gerade für Publikumsgesellschaften von Bedeutung. Dort gibt es keine dominierenden Aktionäre - und
deshalb einen überaus mächtigen Vorstand. In diesen Gesellschaften

---

369 BGHZ 83, 122, 131.
370 Vgl. Hübner (1985), S. 795.
371 Vgl. BGHZ 83, 122, 139 f.
372 Vgl. BGHZ 83, 122, 139 f.
373 Im übrigen wurde die Stellung des Vorstandes durch diverse Novellierungen
     des Aktiengesetzes gestärkt.
374 Ähnlich der Bundesgerichtshof, vgl. BGHZ 83, 122, 139.
375 Vgl. BGHZ 83, 122, 139.

wurde der Aktionärsschutz generell - nicht nur der Minderheitenschutz - verbessert.

b) In den Kapiteln B und C muß jeweils geklärt werden, ob die soeben vorgestellten Grundsätze, die eine Stärkung der Kompetenz der Hauptversammlung beinhalten, auch bei Börseneintritt und -austritt anzuwenden sind. Dies könnte der Fall sein, wenn diese Börsenvorhaben zwar keine Grundlagenentscheidungen darstellen, gleichwohl aber von so außerordentlich großer Wichtigkeit für die Aktionäre sind, daß der Vorstand die Hauptversammlung beteiligen muß, um seinen Sorgfaltspflichten zu genügen.[376]

2. Das Mehrheitsproblem

Wenn man bei Börseneintritt und -austritt zu dem Ergebnis kommt, daß solche Vorhaben einer Legitimierung durch die Hauptversammlung bedürfen, stellt sich das Problem der erforderlichen Beschlußmehrheit. Die Realisierungschancen dieser Börsenvorhaben und der Aktionärsschutz hängen in hohem Maße von der Lösung dieser Problematik ab.

Normalerweise sieht das Aktiengesetz bei Beschlüssen der Hauptversammlung die einfache Stimmenmehrheit vor (§ 133 Abs. 1 AktG). In bestimmten Ausnahmefällen allerdings, z.B. bei Satzungsänderungen, Eingliederungen, Kapitalerhöhungen, Bezugsrechtsausschlüssen etc., ist grundsätzlich eine qualifizierte Mehrheit erforderlich.[377] Es muß deshalb geklärt werden, ob der Beschluß über den Börseneintritt bzw. -austritt zu diesen Entscheidungen zählt. Kommt man zu dem Ergebnis, daß diese Vorhaben zwar nicht hier einzuordnen sind, gleichwohl aber nach den Grundsätzen des "Holzmüller"-Urteils in die Mitwirkungskompetenz der Hauptversammlung fallen, muß geprüft werden, ob zum Schutz der Anleger eine einfache Beschlußmehrheit ausreicht oder aber eine qualifizierte Mehrheit notwendig ist. Möglicherweise sind aus Aktionärsschutzgründen bei Börseneintritt und -austritt unterschiedliche Beschlußmehrheiten erforderlich.[378]

---

376 Näheres zu dieser Problematik vgl. S. 146 ff., 191 ff.
377 §§ 179 Abs. 2, 182, 186 Abs. 3, 320 Abs. 1 AktG. Zum Teil kann jedoch in der Satzung eine einfache statt einer qualifizierten Mehrheit vorgesehen werden. Dies bewirkt eine *Verschlechterung* des Minderheitenschutzes. Vgl. hierzu mit Beispielen Lehmann (1983), S. 115.
378 Vgl. hierzu unten, S. 154 ff., 196 ff.

3. Die materielle Beschlußkontrolle

Ein bei Börseneintritt und -austritt evtl. notwendiger Beschluß der Hauptversammlung unterliegt nach § 246 i.V.m. § 243 Abs. 2 AktG (Anfechtungsklage bei Sondervorteilen) einer allgemeinen Inhaltskontrolle. Es muß geprüft werden, ob daneben auch die materielle Beschlußkontrolle im Sinne des "Kali-und-Salz"-Urteils des Bundesgerichtshofes[379] greift. Im folgenden sollen die Grundsätze dieses Urteils vorgestellt werden, um später in den Kapiteln B und C die sich hieraus möglicherweise ergebenden Konsequenzen für den Börseneintritt und -austritt ziehen zu können.

a) Der Bundesgerichtshof erweiterte den Minderheitenschutz, um eigensüchtigen Verhaltensweisen der Mehrheit zu begegnen. Das Gericht verlangt als Voraussetzung für die Rechtmäßigkeit von Bezugsrechtsausschlüssen bei Kapitalerhöhungen, daß diese nicht nur den gesetzlich fixierten formellen Kriterien genügen (*formelle Beschlußkontrolle*) - man denke an die einzuhaltenden Einberufungsfristen der Hauptversammlung, an die Mehrheitserfordernisse etc. -, sondern darüber hinaus einer über § 243 Abs. 2 AktG hinausgehenden inhaltlichen Überprüfung standhalten müssen (*materielle Beschlußkontrolle*).[380] Diese hohen Anforderungen sind nach Ansicht des Bundesgerichtshofes gerechtfertigt, da ein Bezugsrechtsausschluß einen schwerwiegenden Eingriff in die Mitgliedschaftsrechte der ausgeschlossenen Aktionäre - oft eben der Minderheitsgesellschafter - darstellt.[381] Die betroffenen Eigentümer erleiden einen entschädigungslosen Vermögens- und Einflußverlust. Nur Mehrheitsaktionäre und qualifizierte Minderheiten können sich durch ein Veto in der Hauptversammlung gegen ein solches Vorhaben schützen. Andere Minderheiten, die keine Sperrminorität erreichen, verfügen nicht über diese Möglichkeit. Sie haben lediglich die Chance, den Hauptversammlungsbeschluß im Wege der Klage (unternehmensexterne Einwirkungsmöglichkeit) zu Fall zu bringen.

Der Bundesgerichtshof stellte fest, daß ein Bezugsrechtsausschluß lediglich dann zulässig ist, wenn dieser Eingriff in die Rechte der Eigentümer durch *sachliche Gründe im Interesse der Gesellschaft* gerechtfer-

---

379 BGHZ 71, 40.
380 Vgl. BGHZ 71, 40, 45 f.
381 Vgl. BGHZ 71, 40, 45 f.

tigt werden kann.[382] Daraus folgt, daß die Durchsetzung etwaiger Sonderinteressen der Mehrheitsaktionäre mit Hilfe des Bezugsrechtsausschlusses unzulässig ist. Man denke in diesem Zusammenhang zum Beispiel an eine ungerechtfertigte Bereicherung zu Lasten der Minderheitsaktionäre.

Der Beschluß der Hauptversammlung muß ein geeignetes, gleichzeitig aber auch das beste Instrument sein, um das bezweckte Unternehmensziel zu erreichen.[383] Ferner darf diese Entscheidung den Grundsatz der Verhältnismäßigkeit nicht verletzen.[384] Es muß geprüft werden, ob die Maßnahme überhaupt erforderlich ist. Dabei ist eine Abwägung zwischen den Interessen der ausgeschlossenen Aktionäre und den Gesellschaftsinteressen notwendig.[385] Nur wenn bei dieser Angemessenheitsprüfung die Interessen der ausgeschlossenen Eigentümer unterliegen - und auch nur dann -, ist ein Bezugsrechtsausschluß zulässig.[386]

b) Im Sinne dieser Grundsätze könnte bei Börseneintritt und -austritt eine entsprechende materielle Beschlußkontrolle notwendig sein, vorausgesetzt daß diese Entscheidungen die wirtschaftlichen Anlegerinteressen in ähnlicher Weise wie beim Bezugsrechtsausschluß berühren.[387]

---

382 Vgl. BGHZ 71, 40, 44 ff.
   Ob es allerdings ein eigenständiges *Gesellschaftsinteresse* gibt - insbesondere was es beinhalten soll -, ist umstritten. In einem Unternehmen treffen bekanntlich vielerlei Interessen aufeinander. Die Ziele der Eigentümer fließen in die Satzung ein und werden in der Hauptversammlung und auch im Aufsichtsrat vertreten. Das Management sowie Arbeitnehmer und Gewerkschaften haben ebenfalls Interessen, die sie durchzusetzen versuchen, ebenso die Gläubiger. Der Vorstand der Gesellschaft hat die Aufgabe, diese Interessen zusammenzuführen, zu gewichten - gegebenenfalls auch unberücksigt zu lassen - und schließlich das daraus resultierende sogenannte Gesellschaftsinteresse nach außen zu vertreten. Vorrangig hat er dabei den Belangen der Eigentümer in ihrer *Gesamtheit* - auch wenn dies in der Praxis teilweise anders gehandhabt wird - zu folgen. Vgl. zu diesem komplexen und umstrittenen Thema z.B. Koch (1983).
383 Vgl. Lutter (1979), S. 403 f.
384 Vgl. Lutter (1979), S. 403 f.
385 Vgl. BGHZ 71, 40, 46.
386 Auf die im Jahre 1994 eingeführte Erleichterung des Bezugsrechtsausschlusses bei börsennotierten Gesellschaften sei hingewiesen (§ 186 Abs. 3 Satz 4 AktG).
387 Vgl. zu dieser Problematik S. 156 f., 198 f.

4. Die Treuepflicht

Neben der dargestellten materiellen Beschlußkontrolle greift bei Börseneintritt und -austritt möglicherweise noch eine weitere Form der
Inhaltskontrolle, die gesellschaftsrechtliche Treuepflicht.[388] Diese
durch Richterrecht eingeführte Treuepflicht - sie geht weit über den
Grundsatz von Treu und Glauben hinaus -[389] soll zunächst vorgestellt
werden. In den Kapiteln B und C werden dann die sich hieraus evtl. ergebenden Konsequenzen für den Börseneintritt bzw. -austritt erarbeitet.

a) Bei der Treueproblematik geht es um die Frage, ob Aktionäre ihr Verhalten in und außerhalb der Gesellschaft frei gestalten dürfen unabhängig davon, ob dies den Interessen anderer Eigentümer schadet. In den
siebziger Jahren verwarf der Bundesgerichtshof noch eine bestehende
Treuepflicht zwischen Aktionären. Er nahm in einem vielfach kritisier-
ten[390] Urteil[391] zum Fall "Audi/NSU" keinen Anstoß daran, daß einige
Minderheitsaktionäre einen Vermögensverlust erlitten, weil sie kurz vor
der Bekanntgabe eines Entschädigungsangebotes des Großaktionärs
ihre Anteile aus Unwissenheit zu billig verkauften. In einem späteren
Beschluß, dem "Linotype"-Urteil,[392] änderte der Bundesgerichtshof
seine Rechtsprechung grundlegend und erkannte eine in der Mitgliedschaft begründete Treuepflicht zwischen den Eigentümern einer
Aktiengesellschaft an.[393] Allerdings hat das "Audi/NSU"-Urteil in jenen
Fällen weiterhin Bestand, in denen das Gesetz bereits selbst eine
abschließende Wertung enthält. Man denke z.B. an einen Liquidations-
beschluß der Hauptversammlung (§ 262 Abs. 1 Nr. 2 AktG). Ein
Anspruch aus der Treuepflicht scheidet dort in der Regel aus.[394]

aa) Aus der "Linotype"-Entscheidung folgt, daß die Aktionäre als
gesellschaftsrechtliche Hauptpflicht nicht mehr nur ihre Einlage zu
leisten haben (§ 36a AktG), sondern darüber hinaus auch auf berechtigte Belange anderer Gesellschafter in gebührender Weise Rücksicht
nehmen müssen.[395]

---

388 Das Verhältnis dieser beiden Ausprägungen einer Inhaltskontrolle zueinander
blieb bisher allerdings unklar.
389 Vgl. Timm (1991), S. 482.
390 Vgl. stellvertretend für so viele andere Lutter (1976b), S. 562 f.
391 Abgedruckt in JZ 1976, S. 561 f.
392 BGHZ 103, 184.
393 Vgl. BGHZ 103, 184, 194 f.; K. Schmidt (1991), § 20 IV 2 c, S. 484.
394 Vgl. Kort (1990), S. 296; BGHZ 103, 184, 190 f.
395 Vgl. BGHZ 103, 184, 195.

Die Treuepflicht besteht sowohl im Verhältnis zur Gesellschaft als auch zwischen den Aktionären selbst,[396] wobei sich die Treuebindung auf Handlungen in und außerhalb der Hauptversammlung erstreckt. Außerhalb der Aktionärsversammlung kommt beispielsweise die unzulässige Einflußnahme auf Vorstandsmitglieder zum Nachteil der Minderheit in Betracht. Hier wird nicht nur gegen § 117 AktG verstoßen, sondern auch gegen das bestehende Treueverhältnis zwischen Aktionären. Von Bedeutung sind auch Verstöße innerhalb der Hauptversammlung. Grundsätzlich hat zwar jeder Aktionär das Recht, sein Stimmrecht so auszuüben, wie er es für richtig hält. Dies bedeutet, daß er normalerweise seine ganz privaten Ziele verfolgen darf, ohne dabei Rücksicht auf die Interessen der übrigen Eigentümer nehmen zu müssen. Ein Freiheitsrecht kann aber nicht grenzenlos sein, sonst würden die Rechte anderer verletzt und letztlich das Faustrecht regieren. Als Gegengewicht zur individuellen Handlungsfreiheit wurde deshalb die Treuepflicht geschaffen und nun auch wieder für Aktiengesellschaften eingeführt.[397]

bb) Die Treuepflicht trifft aber nicht jeden Aktionär gleichermaßen. Kleinanleger können nach wie vor weitgehend frei über ihr Stimmrecht verfügen, ohne in Konflikte mit dieser Einschränkung der Handlungsfreiheit zu kommen, da Kleinaktionäre im Regelfall ohnehin keinen nennenswerten Einfluß in der Gesellschaft ausüben. Je größer aber die Macht eines Eigentümers wird, desto stärker unterliegt er bei seinen Handlungen der Treuebindung.[398] Ein Großaktionär muß sich deshalb bei seinen Entscheidungen sehr wohl daran messen lassen, wie sehr sein Verhalten die Belange anderer Eigentümer berührt. Dies zum einen deshalb, weil ein Großaktionär die Geschicke der Gesellschaft erheblich mitprägen kann, zum anderen - und das ist wohl ausschlaggebend -, weil er Entscheidungen im Unternehmen trifft, die auch für die Minderheitsaktionäre verbindlich sind. Das liegt, wie bereits ausgeführt wurde, daran, daß in Aktiengesellschaften das Einstimmigkeitsprinzip in nahezu

---

396 Vgl. Hüffer (1990), S. 65 ff.
397 Vgl. BGHZ 103, 184, 195.
     Bereits früher hatte das Reichsgericht die Treuepflicht für Aktiengesellschaften in der "Victoria"-Entscheidung anerkannt; vgl. RGZ 132, 149 ff., insbes. 163. Später wich allerdings der Bundesgerichtshof von diesem Urteil ab. Vgl. hierzu den oben erwähnten Fall "Audi/NSU" (abgedruckt in JZ 1976, S. 561 f.). Im übrigen hat der Bundesgerichtshof schon vor längerer Zeit im "ITT"-Urteil (BGHZ 65, 15) die Treuepflicht für die andere wichtige Form der Kapitalgesellschaft, die GmbH, anerkannt.
398 Vgl. Lutter (1980), S. 130.

allen Fällen durch das Mehrheitsprinzip ersetzt wurde (vgl. z.B. §§ 133, 179 Abs. 2 AktG); andernfalls wäre diese Unternehmensform wegen ihrer zahlreichen Eigentümer mit unterschiedlichen Interessen nicht handlungsfähig.[399]

Die Machtfülle der Großaktionäre findet ihre Grenzen in der Treuepflicht gegenüber den überstimmten und machtlosen Minderheiten.[400] "Ausmaß und Umfang ... dieser Pflicht hängen stets von der Art des Eingriffs, vom Einfluß und der Stellung des betreffenden Mitglieds im Verbande ab."[401] Durch die Treuepflicht soll allerdings nicht nur eine zügellose Mehrheitsherrschaft verhindert werden. Darüber hinaus haben die einflußreichen Gesellschafter ein gesteigertes Maß an Verantwortung zu tragen - sowohl gegenüber den anderen Aktionären als auch gegenüber der Gesellschaft. Dies kann u.u. dazu führen, daß ein Großaktionär einschneidenden Unternehmensentscheidungen nicht im Wege stehen darf. Er hat hier gegebenenfalls sogar eine positive Stimmpflicht -[402] und kann deshalb u.U. auch durch das Unterlassen einer Handlung gegen die Treuepflicht verstoßen. Allerdings führt diese Verpflichtung nicht dazu, daß Aktionäre neben ihrer geleisteten Einlage weitere Gelder "nachschießen" müssen.[403]

b) Es könnte sein, daß die dargestellten Treuepflichtgrundsätze bei Börseneintritt und -austritt zu berücksichtigen sind. Hierauf soll später ausführlich eingegangen werden.[404] Insbesondere ist zu prüfen, ob die Entscheidung für den Börseneintritt bzw. -austritt einen Verstoß gegen die Treuepflicht darstellt.

5. Ergänzender Anleger- und Gläubigerschutz
Sollten sich der Börseneintritt und -austritt als Entscheidungen herausstellen, welche die Grundlagenkompetenz der Hauptversammlung berühren, ist ferner zu klären, ob zu den genannten Schutzprinzipien (Treuepflicht, Beschlußmehrheitserfordernisse etc.) noch ergänzende Schutzmechanismen entwickelt werden müssen, um einen ausreichenden Aktionärsschutz zu gewährleisten. Dabei ist zu prüfen, ob es einer

---

399 So auch Bischoff (1987), S. 1055. Vgl. nochmals S. 77 f. im Text.
400 Ähnlich Timm (1991), S. 482.
401 Lutter (1980), S. 130. Lutter verwendete in seinem Artikel zwar andere Begriffe für die Treuepflicht, diese ist aber zweifellos gemeint.
402 Vgl. Lutter (1989), S. 467 f.; K. Schmidt (1991), § 21 II 3 c, S. 505 f.
403 In Konzernen gelten Sonderregelungen, z.B. §§ 302 Abs. 1, 317 AktG.
404 Vgl. S. 157 ff., 199 ff.

überstimmten Minderheit zugemutet werden kann, diese weitreichenden Börsenentscheidungen hinzunehmen oder ob ihnen - ähnlich wie bei einschneidenden Konzernmaßnahmen - ein Austrittsrecht aus der Gesellschaft gegen Abfindung gewährt werden muß. Wenn man zu dem Schluß kommt, daß die von der Börsenentscheidung betroffene Gesellschaft den benachteiligten Aktionären eine Abfindung anzubieten hat, darf dies nicht ohne Berücksichtigung des unerläßlichen Gläubigerschutzes geschehen. Für die Abfindungsproblematik könnten die konzernrechtlichen Regelungen Lösungsmuster anbieten. Deshalb soll das insoweit einschlägige Konzernrecht in groben Zügen vorgestellt werden.

a) Besonders bei Konzernmaßnahmen treffen die Interessen der Gesellschaft - dahinter verbergen sich in der Praxis regelmäßig jene der Großaktionäre bzw. der Vorstände - und die Ziele der Minderheiten gegensätzlich aufeinander.[405] Der Gesetzgeber löst diese Konflikte in vielen Fällen zu Lasten der Minderheitsaktionäre, da er die Organisationsbedürfnisse der Wirtschaft grundsätzlich anerkennt. Dies wurde höchstrichterlich vom Bundesverfassungsgericht im "Feldmühle"-Urteil bestätigt: "Der Gesetzgeber konnte es aus gewichtigen Gründen des gemeinen Wohls für angebracht halten, den Schutz des Eigentums der Minderheitsaktionäre hinter den Interessen der Allgemeinheit an einer freien Entfaltung der unternehmerischen Initiative im Konzern zurücktreten zu lassen."[406] Das heißt, *Konzerninteressen gehen vor Minderheitsinteressen*. Es darf somit ein Konzern mit all seinen negativen Konsequenzen für die Minderheiten eingerichtet werden. Unter Umständen ist es sogar zulässig, Minderheiten völlig zu eliminieren,[407] so z.B. bei einer Eingliederung (§ 320a AktG). Zum Schutz der Minoritäten sind allerdings die konzernspezifischen Mehrheitserfordernisse in der Hauptversammlung einzuhalten. In bestimmten Fällen sind Konzernstrategien außerdem nur dann zulässig, wenn den Minderheiten Umtausch- bzw. Abfindungsangebote unterbreitet werden.[408] Diese Ausgleichs- und Abfindungspflichten sind notwendig, um den ausscheidenden Minderheiten den vollen Wert ihrer Beteiligung zu sichern.[409] Um einen ausreichenden Vermögensschutz der Minoritäten zu erreichen, wurde außerdem die Möglichkeit geschaffen, die Höhe der konzernrechtlich

---

405 Vgl. zum sogenannten Gesellschaftsinteresse S. 133, Fn. 382.
406 BVerfGE 14, 263, 282.
407 Sie verlieren ihre Mitgliedschaft. Vgl. BVerfGE 14, 263, 280 ff.
408 Vgl. z.B. § 305 AktG, §§ 15, 29, 30 UmwG, § 320b AktG.
409 Vgl. auch BVerfGE 14, 263, 283.

vorgeschriebenen Entschädigungsangebote gerichtlich überprüfen zu lassen (Spruchstellenverfahren). Allerdings bleibt hiervon die Wirksamkeit der zugrundeliegenden Konzernmaßnahme unberührt.[410] Der Gesetzgeber möchte auf diese Weise verhindern, daß Streitigkeiten über die Höhe der Abfindung zu Nachteilen für die an einer Zusammenarbeit interessierten Unternehmen führen - ein Indiz für die konzernfreundliche Einstellung des Gesetzgebers.

Auch gibt es Vorschriften, die Ausgleichszahlungen und Garantiedividenden für die Aktionäre der Konzerntöchter vorsehen (§ 304 AktG), sowie Bestimmungen, die in bestimmten Fällen eine Verlustausgleichspflicht der herrschenden Gesellschaft zugunsten des abhängigen Unternehmens vorschreiben (§ 317 AktG). Hiervon profitieren indirekt auch die Minderheitsaktionäre. Im übrigen existieren Regelungen, die einen zusätzlichen Gläubigerschutz bewirken sollen.[411]

b) Diese konzernrechtlichen Grundsätze spielen möglicherweise eine wichtige Rolle für die Sicherung der Individualinteressen bei Börseneintritt und -austritt, da die sonstigen Schutzmechanismen evtl. nicht genügen, um einen ausreichenden Individualschutz zu erreichen, und die Parallelen zum Konzernrecht so groß sind, daß die analoge Anwendung von Konzernbestimmungen angezeigt und notwendig erscheint. Hierauf soll später ausführlich eingegangen werden.[412]

II. Das Börsenrecht

1. Anders als im Gesellschaftsrecht geht es im Börsenrecht[413] primär um den Institutionenschutz. Dieser darf jedoch nicht isoliert betrachtet werden. Er ist mit dem Anlegerschutz am Markt ver-

---

410 Vgl. z.B. § 305 Abs. 5 AktG und § 14 UmwG.
411 Man denke beispielsweise an §§ 300, 303, 322 AktG, § 22 UmwG.
412 Vgl. S. 158 f., 200 ff.
413 Das Börsengesetz, die Börsenzulassungsverordnung, die Richtlinien für den Freiverkehr etc. - zusammen bilden sie das Börsenrecht - befassen sich mit dem Aufbau und der Organisation der Börse (vgl. z.B. §§ 3, 4, 8, 30 BörsG), der Finanzierung (beispielsweise § 5 BörsG) und den Aufgaben des Kapitalmarkts (z.B. §§ 4 Abs. 2, 29, 37 BörsG). Darüber hinaus gibt es Vorschriften, welche die Zusammenarbeit verschiedener Börsenplätze (z.B. § 40 BörsG) und die Aufsicht über die Börse regeln (z.B. §§ 1, 1a BörsG. Im übrigen wird auf das im Jahre 1994 erlassene Wertpapierhandelsgesetz (WpHG) hingewiesen, welches das Börsenrecht wesentlich erweitert. Hier wurden z.B. neue Meldepflichten eingeführt, ein Insiderrecht geschaffen etc.

zahnt, der auch individualschützende Funktionen hat. Man muß sich über die Verknüpfung von Institutionen- und Anlegerschutz klar sein, wenn man die Probleme des Börseneintritts und -austritts sachgerecht lösen will. Deshalb bedarf diese "Verklammerung" einer näheren Erörterung.

Nach der Klärung dieses Verhältnisses muß man sich darüber hinaus der Schutzstandards bewußt werden (maximaler oder optimaler Anlegerschutz am Markt). Ferner darf der notwendige Schutz am Primär- und Sekundärmarkt nicht übersehen werden, denn beide Marktbereiche sind bei Börseneintritt und -austritt von Relevanz.

Schließlich muß man die sich bei Börseneintritt bzw. -austritt ergebenden börsenrechtlichen Schutzprobleme beachten. Vor allem der bisher ungeklärte Börsenaustritt wirft Probleme auf: Darf die Börse zur Sicherung des Anleger- und Institutionenschutzes ein Unternehmen zwingen, für "immer und ewig" am organisierten Kapitalmarkt zu bleiben, oder muß es möglich sein, daß ein Unternehmen die Börse nach Gutdünken jederzeit wieder verlassen darf? In welchem Umfang ist eine Einschränkung der unternehmerischen Handlungsfreiheit zulässig? Welche Interessen muß die Börse - falls sie überhaupt als Kontrollinstanz einzubinden ist - bei ihrer Entscheidung berücksichtigen, und wie muß die Abwägung der unterschiedlichen Belange der Beteiligten aussehen?

2. All diese Probleme können erst nach einer Analyse der börsenrechtlichen Schutzprinzipien sowie der sich hieraus ergebenden Schutzstandards (maximaler oder optimaler, institutionell-relevanter Anlegerschutz) und der konkreten börsenrechtlichen Schutzaufgaben am Primär- und Sekundärmarkt gelöst werden.

1. Der Institutionen- und Anlegerschutz

Von grundlegender Bedeutung für die Funktionsfähigkeit einer Börse sind die Bestimmungen zum *Institutionenschutz*. Der Institutionenschutz darf jedoch, wie angedeutet, keinesfalls isoliert betrachtet werden. Gleichzeitig muß auch der Anlegerschutz am Markt gesehen werden, denn ohne ausreichenden Schutz der Anleger besteht kein hinreichendes Vertrauen in den Wertpapiermarkt. Letzteres hat zur Folge, daß die Börse die ihr zugedachten Primär- und Sekundärmarktaufgaben nicht erfüllen kann: Es kommt kein Wertpapierhandel zustande, und die Zeichnung von Aktien unterbleibt. Dies würde zu erheblichen Friktionen in der Volkswirtschaft führen: *Deshalb wird der Anlegerschutz am Markt im Börsenrecht gesichert, weil er zur Erhaltung der Funktionsfähigkeit der Börse notwendig ist.* Der Anlegerschutz am Markt wird *börsenrechtlich allerdings immer nur dann gewährt, wenn er von institutioneller Relevanz ist.* Das heißt, sofern ein mangelnder Schutz der Anlegerinteressen die Funktionsfähigkeit der Börse nicht gefährdet, sieht das Börsenrecht keinen Anlegerschutz vor.

Institutionen- und Anlegerschutz gehören untrennbar zusammen und bedingen sich gegenseitig.[414] *Das Erreichen des einen auf Kosten des anderen ist unmöglich.*[415] Vorschriften, die sich mit dem Institutionenschutz beschäftigen, haben deshalb vielfach zugleich eine anlegerschützende Komponente - und umgekehrt. *Hopt* bezeichnet das Zusammenspiel zwischen dem Institutionen- und Anlegerschutz treffend als ein "System kommunizierender Röhren".[416]

2. Maximaler oder optimaler Anlegerschutz?

Für eine sachgerechte Lösung der bei Börseneintritt und -austritt auftretenden Schutzprobleme muß ferner der Umfang des börsenrechtlichen Anlegerschutzes näher bestimmt werden.

Es stellt sich die Frage, ob man eher einen *maximalen* oder lediglich einen *optimalen* (institutionell-relevanten) Anlegerschutz am Markt anstreben soll. Ein maximaler Anlegerschutz hätte zur Folge, daß die Bedingungen an der Börse für die Emittenten fast unüberwindbare Marktzutrittsschranken[417] darstellen würden. Damit wäre ein *going public* in nahezu allen Fällen ausgeschlossen. Dies kann aber nicht der Sinn und Zweck des Anlegerschutzes sein. Die Börse könnte ihre Aufgaben unmöglich bewältigen: Einerseits würde die marktwirtschaftliche Allokationsfunktion der Börse (für Kapital) untergraben; andererseits wäre auch dem nach interessanten Investments suchenden Publikum nicht gedient, da ihm viele attraktive Anlagemöglichkeiten entgehen würden. *Der Anlegerschutz darf somit nicht so weit getrieben werden,*

---

414   Vgl. Hopt (1986), S. 105; ders. (1975), S. 52, 337.
415   Vgl. Hopt (1986), S. 105.
416   Vgl. Hopt (1975), S. 52.
417   Vgl. Kommission "Zweiter Börsenmarkt" (1987), S. 14.

daß er die Funktionsfähigkeit der Börse und schließlich sich selbst in Frage stellt. Es erscheint deshalb besser, die Anforderungen an die Unternehmen nicht zu hoch anzusetzen. Damit werden mehr Gesellschaften den Gang an die Börse wagen und ihre Finanzierungswünsche erfüllen können. Gleichzeitig haben die Anleger mehr Auswahlmöglichkeiten bei ihren Vermögensanlageentscheidungen.

Ein maximaler Anlegerschutz ist somit kontraproduktiv. Es kann vielmehr nur um einen optimalen Anlegerschutz in Form eines segmentspezifischen[418] Anlegerschutzes gehen, der sowohl die Interessen der Anleger als auch jene der Wirtschaft und der Börse in gebührender Weise berücksichtigt. Dies bedeutet nach wie vor, daß der Schutz der Anleger nicht zu gering ausfallen darf, da sonst die Gefahr eines irreparablen Vertrauensverlustes der Anleger in den Kapitalmarkt mit den negativen Folgen für die Erfüllung der Primär- und Sekundärmarktaufgaben der Börse besteht. Eine Reglementierung der Märkte ist deshalb unumgänglich.[419]

Das Abrücken vom maximalen Anlegerschutz hat zur Folge, daß die Anleger u.U. mehr Risiken eingehen müssen. Dies muß aber nicht unbedingt nachteilig sein, wenn den wachsenden Risiken auch größere Gewinnchancen gegenüberstehen und den Anlegern die Gefahren einer Anlage bewußt sind. Es entspricht den Regeln des marktwirtschaftlichen Systems, die Anleger selbst darüber entscheiden zu lassen, wie viele Risiken sie eingehen wollen. Es müssen ihnen nur die entscheidungsrelevanten Daten an die Hand gegeben werden, um die Gefahren eines Aktien-Engagements selbst einschätzen zu können.[420] Der wichtigste Beitrag einer Börse zum Anlegerschutz ist deshalb, dafür zu sorgen, daß die Unternehmen ihren Publizitätspflichten nachkommen. *Anlegerschutz bedeutet somit in diesem Zusammenhang, die (größtenteils unwissenden) Anleger ausreichend mit Informationen zu versorgen und darüber zu wachen, daß diese wahrheitsgemäß, verständlich, rechtzeitig und umfassend abgegeben werden.* Im Börsen- und Gesellschaftsrecht verankerte Unternehmenspflichten sollen dies bewirken. Abgesichert wird das Ganze durch einen börsen- und gesellschaftsrechtlichen Sanktionskatalog.

---

418 Vgl. Assmann (1989), S. 57.
419 Näheres hierzu siehe unten, S. 142 ff.
420 So auch Hopt (1975), S. 304, 312.

3. Der Schutz am Primär- und Sekundärmarkt

Für eine sachgerechte Lösung der bei Börseneintritt und -austritt auftretenden Schutzprobleme sind nicht nur die in den vorangegangenen Abschnitten behandelten allgemeinen Aspekte des Anleger- und Institutionenschutzes von Bedeutung. Notwendig ist auch ein Blick auf die konkreten börsenrechtlichen Schutzaufgaben. Sie sind unterschiedlich, je nachdem ob es sich um den Primär- oder Sekundärmarkt handelt. Im übrigen muß hierbei jeweils nach Marktsegmenten differenziert werden.

Die Funktionsfähigkeit der wichtigsten Börsensegmente "amtlicher Handel" und "geregelter Markt" wird im Prinzip durch ähnliche Regelungen gesichert. Im folgenden soll deshalb der Interessenschutz exemplarisch lediglich für eines der beiden Segmente vorgestellt und weiter behandelt werden, nämlich für den am stärksten reglementierten Markt: den amtlichen Handel.[421]

a) Schutz am Primärmarkt

Zum Schutz der Anleger und der Börse wurden Bestimmungen erlassen, die vorschreiben, daß Wertpapiere einer *Börsenzulassung* bedürfen, wobei die Erteilung der Zulassung an die Erfüllung von Bedingungen geknüpft ist.[422] So sind die Börsenkandidaten beispielsweise zur Erstellung und Veröffentlichung eines Börsenzulassungsprospekts und zur Beteiligung eines Emissionsbegleiters verpflichtet. Der Prospektinhalt unterliegt der Prospekthaftung, wobei aus Gründen des Interessenschutzes die zivilrechtliche Prospekthaftung um eine börsenrechtliche ergänzt wurde.[423] Dieser unterliegen der Emittent und der Emissionsbegleiter (§§ 45 bis 49 BörsG). Ferner sollen nichtbörsenreife Gesellschaften von der Börse ferngehalten und "Mondpreis"-Emissionen zum Schaden der Anleger verhindert werden (§ 36 Abs. 3 Nr. 3 BörsG). Im Umfeld des Zulassungsverfahrens kommen deshalb den emissionsbegleitenden Banken und der Börsenzulassungsstelle Kontroll- und Selektionsfunktionen zu. Im übrigen wurde eine strafrechtliche Vorschrift zum Kapitalanlagebetrug geschaffen (§ 264a StGB).[424]

---

421   Der Freiverkehr wurde wegen seiner Bedeutungslosigkeit für das Going-Public-Geschäft und für die meisten deutschen Unternehmen generell schon früher ausgeklammert, vgl. hierzu S. 16, Fn. 34.

422   Zu den mit dem *going public* verwandten Formen Börsenpräsenzausweitung und Börsensegmentwechsel vgl. S. 163, Fn. 472.

423   Vgl. zur Prospekthaftung z.B. Brondiks/Mark (1989), S. 339 ff.; Rodrian (1990), § 45, S. 145 ff.

424   Vgl. ausführlich zum Kapitalanlagebetrug Kaligin (1987), S. 354 ff.

Auch für die Zeit *nach* dem *going public* wird die Funktionsfähigkeit der Börse, insbesondere der institutionell-relevante Anlegerschutz, gesichert: Die Emittenten müssen all ihre aus der Wertpapierzulassung übernommenen Verpflichtungen erfüllen (vgl. z.b. §§ 44 ff. BörsG).[425] Verletzt ein Unternehmen trotzdem seine Pflichten, greift ein abgestufter börsenrechtlicher Sanktionskatalog. Die Börse verfügt über Disziplinierungsinstrumente, die vom bloßen Anmahnen einer Verfehlung, der Möglichkeit zur Veröffentlichung einer Pflichtverletzung, der Bußgeldverhängung bis hin zum Entzug der Wertpapierzulassung reichen (vgl. z.b. §§ 44d, 90 BörsG).[426]

b) Schutz am Sekundärmarkt
Zum Schutz der Börse und der Anleger wurde darüber hinaus der *Wertpapierhandel* reglementiert. So sind die Preisfestsetzung und sonstige Handelsmodalitäten genauestens geregelt. Damit wird bezweckt, daß der Handel und die Auftragsabwicklung fair, transparent, preisgünstig, sicher und schnell erfolgen.[427] Um Manipulationen vorzubeugen, ist ferner der Zugang zum Börsenhandel (*Börsenbesuch*) beschränkt: Nur zugelassene Makler und Banken sind an der Börse als Handelspartner erlaubt.[428] Schließlich wird das Einhalten dieser Regelungen durch einen Straf- und Bußgeldkatalog abgesichert (§§ 88, 90 BörsG). So können beispielsweise Verstöße bei der Kursermittlung in bestimmten gravierenden Fällen sogar mit Freiheitsstrafen geahndet werden (§ 88 BörsG).

Zusätzlich werden die Anleger vor *Marktrisiken* geschützt. So kann z.b. die Börsen-Geschäftsführung die Notierung einer Aktie vorübergehend aussetzen (§ 43 Abs. 1 Nr. 1 BörsG), wenn diese Maßnahme aus Gründen des Anlegerschutzes erforderlich erscheint oder ein ordnungs-

---

425 Zu den Pflichten zählt insbesondere, daß grundsätzlich auch dann eine Wertpapierzulassung zu beantragen ist, wenn eine bereits börsennotierte Gesellschaft eine Kapitalerhöhung durchführt (vgl. 7c Marquard (1994), S. 4); es muß in der Regel ein Zulassungsverfahren für die *neuen* Aktien durchlaufen werden, wobei die oben genannten haftungsrechtlichen Bestimmungen erneut Anwendung finden. Die abermalige Antragspflicht ist besonders für jene Unternehmen von Nachteil, die an mehreren Börsen kotiert sind. Vgl. zu diesem Fall nochmals S. 121 f.

426 Die vorgestellten Bestimmungen, die einen Schutz am Primärmarkt bewirken sollen, sind zweifellos auch für den Schutz am Sekundärmarkt von erheblicher Bedeutung.

427 Genau das, was die Anleger von der Börse erwarten; vgl. Zahn (1981), S. 103 f.

428 §§ 6, 7, 30 BörsG.

gemäßer Handel zeitweise unmöglich ist. Auch besteht die Möglichkeit, den Handel in bestimmten Fällen für unbegrenzte Zeit einzustellen (§ 43 Abs. 1 Nr. 2 BörsG). Das Gesetz löst bei einer vorübergehenden oder einer unbegrenzten Handelssuspendierung den Konflikt zwischen den am Verkauf interessierten Aktionären und den potentiellen Anlegern zu Lasten der am Unternehmen beteiligten Eigentümer: Der Verkauf im amtlichen Handel ist zumindest vorübergehend ausgeschlossen. Der Gesetzgeber hat hier das Schutzbedürfnis des Publikums höher eingestuft als jenes der Aktionäre; potentielle Anleger sollen vor einem riskanten Engagement geschützt werden. Im Wertpapierhandel werden die Anleger noch durch andere Maßnahmen vor zeitweise bestehenden Marktrisiken gewarnt. Man denke hierbei an Plus- und Minusankündigungen, die anzeigen, daß der nächste festgestellte Kurs erheblich von dem vorhergehenden abweicht. Im übrigen wird auf das neugeschaffene Wertpapierhandelsgesetz hingewiesen, das u.a. Insidergeschäfte verhindern soll.

In den Kapiteln B und C soll untersucht werden, inwieweit sich aus den dargestellten Schutzaufgaben der Börse Lösungen für die bei Börseneintritt und -austritt entstehenden Interessenschutzprobleme ergeben.[429]

III. Ergebnis

Im Börsen- und Gesellschaftsrecht geht es um Institutionen- und Individualschutz, allerdings mit unterschiedlichen Schwerpunkten und Prioritäten. Im Börsenrecht steht der Institutionenschutz im Vordergrund, im Gesellschaftsrecht dagegen der Individualschutz. Mittelbar erhalten die Aktionäre aber auch durch das Börsenrecht einen gewissen Schutz, nämlich durch den institutionell-relevanten Anlegerschutz am Markt. Umgekehrt wird die Funktionsfähigkeit der Börse zusätzlich durch das Gesellschaftsrecht abgesichert. Das Börsenrecht und das Gesellschaftsrecht sind eng aneinander gekoppelt und müssen deshalb zusammen gesehen werden.

Der börsenrechtliche Institutionen- und Anlegerschutz gehören untrennbar zusammen und bedingen sich gegenseitig. Das Erreichen des einen auf Kosten des anderen ist unmöglich. Das Börsenrecht gewährt den

---

429 Vgl. S. 159 ff., 166 ff.

Anlegerschutz am Markt nur insoweit, als er von institutioneller Relevanz ist.

Sowohl bei Börseneintritt als auch bei Börsenaustritt fehlt ein ausreichendes, übergreifendes Schutzsystem, das den Interessen aller Betroffenen gerecht wird. Auch existiert ein Ungleichgewicht im *Regelungsumfang*: Der *Austritt* aus dem Aktienmarkt ist bisher weder im Gesellschaftsrecht noch im Börsenrecht geregelt, der *Eintritt* lediglich im Börsenrecht. Aber selbst das Börsenrecht regelt den Börseneintritt aus der Sicht der Altgesellschafter unzureichend. Es ist bislang völlig ungeklärt, ob sie sich vor dem *going public* schützen können, geschweige denn, wie ein solcher Schutz aussehen soll.

Bei der Entwicklung eines Schutzsystems ist die Trennung zweier Entscheidungsebenen zu beachten: zum einen der erforderliche Schutz bei der Börseneintritts- bzw. -austrittsentscheidung selbst (erste Ebene), zum anderen der gleichfalls notwendige Schutz bei der Umsetzung dieser Beschlüsse, d.h. bei der Festlegung der Konditionen und Modalitäten (zweite Ebene).

Der Individualschutz auf der zweiten Beschlußebene, z.B. bei Bezugsrechtsausschlüssen, Kapitalerhöhungen etc., ist für den Börseneintritt hinreichend geregelt, weshalb im folgenden nur für die ungeklärte erste Entscheidungsebene ein Schutzsystem entwickelt werden soll. Der Börsenaustritt ist dagegen gänzlich ungeregelt. Deshalb muß untersucht werden, ob der Börsenaustritt ohne weiteres vollzogen werden darf oder ob vielmehr zur Sicherung der berührten Interessen flankierende Entscheidungen notwendig sind.

Es müssen Zuständigkeits-, Minderheiten- sowie Abwägungsprobleme gelöst werden. Insbesondere ist zu klären, inwieweit die Börse im Fall eines Börsenaustritts die Handlungsfreiheit des Unternehmens beschneiden darf.

B. Der notwendige Interessenschutz bei Börseneintritt

Der notwendige Interessenschutz bei Börseneintritt wird im folgenden zunächst gesellschaftsrechtlich, d.h. primär unter dem Aspekt des Individualschutzes, und erst danach börsenrechtlich, d.h. primär unter dem Gesichtspunkt des Institutionenschutzes, behandelt. Diese Vorgehensweise bietet sich an, weil beim Börseneintritt gesetzlich ungeregelte und auch durch Rechtsprechung und Lehre bislang nicht geklärte Individualschutzprobleme im Vordergrund stehen.

I. Der gesellschaftsrechtliche Schutz

Zum Schutz der Aktionäre muß zunächst das sich beim Börseneintritt ergebende Kompetenzproblem gelöst werden. Ist die Hauptversammlung zu beteiligen, müssen die Mehrheitserfordernisse (wesentlicher Teil der formellen Beschlußkontrolle) und die Auswirkungen der materiellen Beschlußkontrolle (im Sinne des "Kali-und-Salz"-Urteils) ermittelt werden. Ferner sind die sich möglicherweise aus der gesellschaftsrechtlichen Treuepflicht ergebenden Konsequenzen zu berücksichtigen. Sofern dann noch Regelungslücken im Individualschutz bestehen, sollen diese geschlossen werden.

1. Die Einführung einer ungeschriebenen Kompetenz der Hauptversammlung

Wer darf gesellschaftsintern über den Gang an die Börse und über die damit verwandten Börseneintrittsformen "Börsenpräsenzausweitung und Segmentwechsel" entscheiden: der Vorstand (evtl. in Zusammenarbeit mit dem Aufsichtsrat) ohne Beteiligung der Hauptversammlung, der Vorstand unter Mitwirkung der Hauptversammlung oder aber nur die Hauptversammlung? Dieses bislang ungeklärte gesellschaftsinterne Kompetenzproblem soll im folgenden gelöst werden.

a) *Going public*

Die Zuständigkeit liegt bei der Unternehmensleitung, wenn der Going-Public-Beschluß eine ganz normale Geschäftsführungsmaßnahme darstellt. Der Vorstand darf dann ohne die Beteiligung der Hauptversammlung den Gang an die Börse herbeiführen.[430] Kommt man allerdings

---

430 Unter Beachtung von eventuellen Zustimmungsvorbehalten des Aufsichtsrates (§ 111 Abs. 4 AktG).

zum Ergebnis, daß eine Grundlagenentscheidung vorliegt, fällt das Börsenvorhaben in die Grundlagenkompetenz der Hauptversammlung.

aa) Geschriebene Mitwirkungskompetenz der Hauptversammlung?

Grundsätzlich besteht nur dann eine Zuständigkeit der Hauptversammlung, wenn diese gesetzlich ausdrücklich vorgeschrieben ist. Solche Fälle sind vor allem in § 119 AktG enumerativ aufgeführt. Zu denken ist beispielsweise an die Bestellung von Aufsichtsratsmitgliedern, die Verwendung des Bilanzgewinns, an Kapitalerhöhungen und Satzungsänderungen. Darüber hinaus finden sich im Aktiengesetz bzw. im Umwandlungsgesetz noch weitere Bestimmungen, welche die Kompetenz der Hauptversammlung festschreiben, so z.b. bei einer Fusion, Vermögensübertragung, Eingliederung, Umwandlung in eine andere Gesellschaftsform etc.[431] Es muß geklärt werden, ob der Gang an die Börse hierunter fällt.

(1) Wird ein *going public* mit einer *Kapitalerhöhung* verknüpft, ergibt sich eine Zuständigkeit der Hauptversammlung eindeutig aus dem Aktiengesetz[432] - allerdings nicht wegen des *going public* (erste Entscheidungsebene), sondern einzig und allein auf Grund der Kapitalmaßnahme (zweite Entscheidungsebene). Der Gang an die Börse kann allerdings auch durch eine *Umplazierung* realisiert werden. In diesem Fall ändern sich Höhe und Zusammensetzung des Aktienkapitals nicht. Die Aktien wechseln lediglich den Besitzer. Hier liegt somit überhaupt keine Kapitalmaßnahme vor. Das *going public* könnte demnach *ohne* jede Kontrolle durch die Hauptversammlung stattfinden, wenn man nicht doch zum Ergebnis kommt, daß bereits die Entscheidung für den Gang an die Börse an sich - erste Entscheidungsebene - einen hauptversammlungspflichtigen Beschluß darstellt. Bis auf die Satzungsänderung scheiden alle anderen gesetzlich vorgesehenen Fälle, die eine Kompetenz der Hauptversammlung begründen könnten, aus. Bleibt zu prüfen, ob es sich bei der Entscheidung für den Gang an die Börse um eine Satzungsänderung handelt.

(2) Bei Satzungsänderungen muß unterschieden werden zwischen formellen und materiellen Satzungsänderungen. Formelle Änderungen sind solche, bei denen ausdrücklich die bestehende Satzung verändert wird.

---

431 § 65 UmwG, §§ 179a, 319 f. AktG, § 240 UmwG.
432 Vgl. z.B. §§ 119 Abs. 1 Nr. 5 und 6, 179, 182 AktG.

Beim *going public* ist dies jedoch nicht der Fall. Gleichwohl müßte die Hauptversammlung dann einberufen werden, wenn der Gang an die Börse das Erscheinungsbild der Gesellschaft von Grund auf verändern würde, denn in diesem Fall läge wohl eine materielle Satzungsänderung vor. Allerdings berührt die Aufnahme vieler neuer Eigentümer das Wesen der Aktiengesellschaft als juristische Person keineswegs.[433] Dieser Unternehmenstypus wurde vom Gesetzgeber bewußt für zahlreiche Eigentümer ausgelegt. Die Öffnung des Unternehmens für eine Vielzahl neuer Gesellschafter ist von der Satzung gedeckt und bedarf deshalb keiner Satzungsänderung. Auch die erleichterte Übertragbarkeit der Unternehmensanteile an der Börse erfordert keine Satzungsanpassung, da gerade die hohe Fungibilität der Beteiligungstitel ein entscheidendes Wesensmerkmal einer Aktiengesellschaft gegenüber anderen Unternehmensformen darstellt.[434] Selbst wenn sich eine Aktiengesellschaft durch vinkulierte Namensaktien vor unerwünschten Aktionären schützt, ist der Gang an die Börse noch kein Grund, die Satzung zu ändern, denn auch dieses Unternehmen kann sich in der Praxis problemlos mit seinen reglementierten Aktien an der Börse notieren lassen. Allerdings darf die *Handhabung* der Vinkulierungsbestimmung durch die Unternehmensleitung nicht zu einer Beeinträchtigung des Aktienhandels an der Börse führen; andernfalls kann die Börse die Zulassung zum Wertpapierhandel rückgängig machen.[435] Es handelt sich hier letztlich nicht um ein Satzungsproblem der Gesellschaft, sondern um die Art und Weise wie der Vorstand des Unternehmens mit seinem durch die Satzung zugebilligten Vetorecht bei der Anteilsübertragung umgeht.

(3) Der Gang an die Börse stellt aus den genannten Gründen nach bisherigem Recht weder eine Satzungsänderung noch eine Kapitalmaßnahme dar. Eine Zuständigkeit der Hauptversammlung kann von daher nicht abgeleitet werden. Andere gesetzliche Bestimmungen, die eine Kompetenz der Aktionärsversammlung beim *going public* vorschreiben,

---

433 Vgl. Timm (1980), S. 66.
434 Anders wäre die Satzungsproblematik zu beurteilen, wenn das Aktienrecht die Möglichkeit eröffne/vorsehe, daß in der Satzung eine Aktiengesellschaft als börsennotiert bzw. als börsenfern definiert werden darf und ein Unternehmen eine solche Bestimmung erlassen hat. Nach bisherigem Aktienrecht ist dies wohl noch nicht erlaubt (§ 23 Abs. 5 AktG).
435 Vgl. zum Börsenhandel vinkulierter Namensaktien und den damit verbundenen Problemen, insbesondere den Rechten und Pflichten des Vorstands: Wiesner (1988), § 14, Rdnr. 16 ff., S. 71 ff.; Lutter (1992), S. 369 ff.; Wirth (1992), S. 617 ff.

bestehen nicht. Trotz allem muß man sich fragen, ob die Entscheidung über ein *going public* wirklich lediglich eine Geschäftsführungsangelegenheit des Vorstands darstellt, die dieser ohne die Mitwirkung der Hauptversammlung vornehmen darf.

bb) Ungeschriebene Mitwirkungskompetenz der Hauptversammlung

Wenn Vorschriften zur geschriebenen Zuständigkeit der Hauptversammlung fehlen, kann es immer noch eine ungeschriebene Mitwirkungskompetenz der Hauptversammlung auf Grund der bereits dargestellten "Holzmüller"-Doktrin geben.[436]

(1) Für eine solche Mitwirkungskompetenz sprechen die folgenden Gründe: Der Gang an die Börse greift tief in die Mitgliedschaftsrechte und Vermögensinteressen der Aktionäre ein. Die Bilanzierungsregeln einer bisher kleinen Gesellschaft müssen geändert werden. Außerdem muß das Unternehmen seine Ertrags- und Vermögensverhältnisse sowie seine Finanzlage im Börsenzulassungsprospekt für jedermann offenlegen (§ 21 BörsZulVO). Ferner enthält dieser Prospekt Angaben, die weit über die in § 20 Abs. 6 AktG niedergelegten Erfordernisse hinausgehen, beispielsweise über die Großaktionäre und deren Vermögensanteile am Unternehmen.[437] Im übrigen entstehen dem Aktionär durch die Wertpapierzulassung zum amtlichen Handel unmittelbare Mitteilungspflichten gegenüber dem Bundesaufsichtsamt für den Wertpapierhandel, wenn die relative Höhe seiner Stimmrechte bestimmte Schwellenwerte erreicht, überschreitet oder unterschreitet (§ 21 WpHG). Der Vorstand kann unmöglich annehmen, daß er diese schwerwiegenden Folgen für die Aktionäre in eigener Verantwortung herbeiführen darf. Insbesondere kann er nicht davon ausgehen, daß er ohne das Einverständnis der Eigentümer seine gesellschaftsrechtlichen Verschwiegenheitspflichten verletzen darf, nur weil an der Börse weit mehr Informationen zu veröffentlichen sind als in einer unnotierten Aktiengesellschaft. Hinzu kommt, daß einige Emittentenpflichten laufend und nicht nur einmalig zu erfüllen sind. Dies bedeutet, daß mancher der im Unternehmen verbleibenden Eigentümer mehrmals Nachteile erleidet, weil beispielsweise seine Geheimhaltungsinteressen fortwährend tangiert werden.

---

436 Vgl. nochmals S. 128 ff.
437 Vgl. Schwark (1987), S. 2044 und § 19 Abs. 2 Nr. 5 BörsZulVO.

All diese Überlegungen lassen nur den einen Schluß zu, daß die Unternehmensleitung die Zustimmung der Hauptversammlung zum *going public* einholen muß, andernfalls verletzt sie ihre Sorgfaltspflicht gegenüber den Eigentümern.

(2) Der Bundesgerichtshof entschied in seinem "Holzmüller"-Urteil ganz in diesem Sinne.[438] Dort ging es zwar nicht um ein *going public*, sondern um einschneidende Konzernmaßnahmen des Vorstands. Beide Fälle können jedoch zu ähnlich schwerwiegenden Eingriffen in die Eigentümersphäre führen. Eine Übertragung der Grundsätze des "Holzmüller"-Urteils auf den Fall des Börseneintritts liegt deshalb nahe. Dies auch deshalb, weil der Bundesgerichtshof bereits in seiner Urteilsbegründung die Ausweitung der gesetzlichen Zuständigkeit der Hauptversammlung nicht nur auf einschneidende Konzernmaßnahmen beschränkt, sondern generell für all jene Fälle vorschreibt, die zu ähnlich schwerwiegenden Eingriffen in die Interessen und Rechte der Aktionäre führen.[439] Es ist evident, daß der Gang an die Börse hier einzuordnen ist. Die Entscheidung für ein *going public* ist somit keine bloße Geschäftsführungsangelegenheit der Unternehmensleitung, sondern berührt die Grundlagenkompetenz der Hauptversammlung. Deshalb ist der Vorstand verpflichtet - und nicht etwa nur berechtigt -, die Zustimmung der Hauptversammlung gemäß § 119 Abs. 2 AktG einzuholen. Andernfalls begeht er eine Pflichtverletzung, die zu Schadenersatzklagen der benachteiligten Aktionäre führen kann.[440]

(3) Man könnte einwenden, daß es in der Praxis gänzlich unmöglich ist, den Gang an die Börse ohne die Beteiligung der Eigentümer durchzusetzen, da der Wertpapierhandel ohne verkaufswillige Aktionäre nicht möglich ist. Folglich müsse der Vorstand mit einigen Gesellschaftern einen Konsens finden und könne diese somit bei der Börsenentscheidung nicht übergehen. Eine solche Argumentation greift jedoch zu kurz, denn andere Eigentümer können sehr wohl übergangen werden. Genau hierin liegt aber das Problem. Es kann nicht angehen, daß der Vorstand einige wenige Eigentümer einbindet, andere aber bei der Börsenentscheidung unberücksichtigt läßt. Für eine solche Differenzierung wird

---

438 Vgl. BGHZ 83, 122 ff., insbes. 131.
439 Vgl. den ersten Leitsatz des "Holzmüller"-Urteils (BGHZ 83, 122) und die folgende Urteilsbegründung (S. 131) sowie Martens (1983), S. 380.
440 Vgl. zum Thema "Aktionärsklage" BGHZ 83, 122, 133 ff.; Hübner (1985), S. 797; Heinsius (1984), S. 405 f.

man schwerlich einleuchtende Gründe finden. Es besteht die Gefahr, daß unzulässige Sonderabsprachen mit einigen ausgewählten Aktionären getroffen werden - z.b. mit Gesellschaftern im Aufsichtsrat - und daß in dieser wichtigen Börsenangelegenheit ein Informationsgefälle zum Nachteil der anderen Eigentümer entsteht. Dem muß vorgebeugt werden. Letztlich reicht es zum Schutz der Gesellschafter auch nicht aus, das *going public* unter den Zustimmungsvorbehalt des Aufsichtsrates zu stellen. Die soeben aufgezeigten Gefahren und Nachteile für die nicht beteiligten Eigentümer sind zu groß. Es muß vielmehr eine Einbindung der Eigentümer in ihrer *Gesamtheit* erreicht werden. Wo könnte dies besser geschehen als in der Hauptversammlung?

(4) Als Zwischenergebnis ist festzuhalten: Die Unternehmensleitung darf nicht allein über den Gang an die Börse entscheiden, auch nicht in Zusammenarbeit mit dem Aufsichtsrat. Das *going public* ist vielmehr nur zulässig, wenn der Vorstand die Zustimmung der Hauptversammlung eingeholt hat. Andernfalls begeht er eine Pflichtverletzung, die Schadenersatzklagen nach sich ziehen kann. Durch die Mitwirkungskompetenz der Hauptversammlung wird ferner vermieden, daß einzelne Aktionäre den Börseneintritt sanktionslos mit Hilfe eines abhängigen Vorstandes unter Ausschluß der Hauptversammlung betreiben können.[441]

(5) Es bleibt zu hoffen, daß der Gesetzgeber das beim *going public* auftretende Kompetenzproblem aufgreift. Er sollte klar regeln, daß die Entscheidung über ein *going public* der Zustimmung durch die Hauptversammlung bedarf. Man müßte dann nicht mehr auf die Grundsätze des "Holzmüller"-Urteils zurückgreifen. Unnötige Streitigkeiten über die Zuständigkeit der Gesellschaftsorgane und langwierige Gerichtsverfahren in dieser Angelegenheit könnten vermieden werden. Im übrigen wird der Gesetzgeber aufgefordert zu entscheiden, ob die Hauptversammlung nur eine Mitwirkungskompetenz haben soll - ähnlich wie in der Arbeit aus dem "Holzmüller"-Urteil abgeleitet - oder ob die Kompetenz der Hauptversammlung vielmehr in Richtung eines Initiativrechts auszuweiten ist. An sich gibt es nach dem "Holzmüller"-Urteil zwar kein Initiativrecht. Beim *going public* stellt sich jedoch die Frage, ob es sinn-

---

441 Man denke insbesondere an den gefährlichen Fall, daß ein verkaufswilliger Eigentümer selbst Vorstand der Gesellschaft ist.

voll wäre, den Aktionären ein solches zu gewähren, da deren Interessen in grundlegender Weise berührt werden. Ein Initiativrecht hätte zur Folge, daß ein Vorstand den Börseneintritt auch gegen seinen Willen beantragen muß, wenn die Hauptversammlung den Gang an die Börse beschließt. Die Lösung dieses Problems (Initiativrecht oder bloße Mitwirkungskompetenz) ist angesichts der geltenden Rechtslage offen. Deshalb wird der Gesetzgeber aufgefordert, diesen Aspekt klar zu regeln.

b) Börsenpräsenzausweitung und Börsensegmentwechsel

Es bleibt die Frage, ob die Hauptversammlung auch an der Entscheidung über eine Börsenpräsenzausweitung bzw. einen Segmentwechsel zu beteiligen ist. Sind diese Börsenvorhaben ähnlich zu werten wie das *going public?*

Im Ergebnis ist dies zu verneinen, und zwar aus verschiedenen Gründen: Hauptversammlungen sind aufwendig in der Vorbereitung und Durchführung - und dementsprechend teuer. Deshalb sollte man eine solche Versammlung nur dann anberaumen, wenn sie zwingend erforderlich ist. Außerdem würde die Geschäftsführungsbefugnis des Vorstands zu stark eingeengt, wenn er alle Börsenentscheidungen erst durch die Hauptversammlung genehmigen lassen müßte. Die Handlungsfreiheit der Unternehmensleitung darf nur dann durch die Grundsätze des "Holzmüller"-Urteils beschnitten werden, wenn wirklich ein schwerwiegender Eingriff in die Interessen und Rechte der Eigentümer vorliegt. Durch die Entscheidung für eine Börsenpräsenzausweitung bzw. einen Segmentwechsel wird jedoch die Eigentümerposition *nicht* abermals in erheblichem Maße tangiert. Es sei daran erinnert: Die grundlegende, folgenschwere Entscheidung für die Unternehmensöffnung und die erstmalige Notierung an einer Börse haben die Aktionäre bereits viel früher getroffen - und zwar schon beim erstmaligen Börseneintritt, dem *going public.*

Aus all diesen Gründen kann es eine Kompetenz der Hauptversammlung beim Beschluß über eine Börsenpräsenzausweitung oder einen Segmentwechsel nicht geben. Es handelt sich hierbei vielmehr um Geschäftsführungsangelegenheiten der Unternehmensleitung, in denen der Vorstand allein entscheiden darf, sofern keine Zustimmungsvorbehalte des Aufsichtsrates existieren. Lediglich dann, wenn diese Börsenvorhaben mit Grundlagenentscheidungen wie Kapitalerhöhungen oder gar Bezugsrechtsausschlüssen verknüpft werden (zweite Entscheidungsebene), muß zum Schutz der Aktionäre die Zustimmung der Hauptversammlung eingeholt werden, allerdings *nur* zu den Kapitalmaßnahmen und Satzungsänderungen, *nicht* jedoch zu den zugrundeliegenden Börsenvorhaben auf der ersten Entscheidungsebene. Aktionäre, die durch die Geschäftsführungsbeschlüsse "Börsensegmentwechsel und Börsenpräsenzausweitung" Nachteile erleiden, müssen diese im Interesse der allgemeinen Unternehmenspolitik des Vorstands entschädigungslos hinnehmen.

2. Die formelle Beschlußkontrolle

Es wurde herausgearbeitet, daß die Entscheidung für ein *going public* aus Gründen des Aktionärsschutzes nicht ohne die Zustimmung der Hauptversammlung zulässig ist.[442] Dies gilt unabhängig davon, ob der Gang an die Börse mit einer Kapitalerhöhung oder einer Umplazierung verbunden wird.

Zum Schutz der Aktionäre unterliegen die Vorbereitung und die Durchführung einer Hauptversammlung sowie alle dort getroffenen Beschlüsse zahlreichen Formvorschriften, die eingehalten werden müssen (formelle Beschlußkontrolle). Dadurch soll sichergestellt werden, daß sich alle Aktionäre an den Entscheidungen beteiligen und sich gründlich darauf vorbereiten können.[443]

Der Vorstand der Gesellschaft hat die Hauptversammlung einzuberufen (§ 119 Abs. 2 i.V.m. § 121 Abs. 2 AktG). Die Einberufungsfrist muß beachtet (§ 123 Abs. 1 AktG) und die Tagesordnung bekanntgemacht werden (§ 124 AktG). Ferner sind die Informationspflichten der §§ 125, 126 AktG zu erfüllen. Der Vorstand hat zudem die während der Hauptversammlung bestehenden Auskunftsrechte der Aktionäre zu respektieren (§ 131 AktG). Neben zahlreichen anderen Vorschriften müssen schließlich noch die erforderlichen *Beschlußmehrheiten* beachtet werden. Besonders diese bestimmen den Umfang des Minderheitenschutzes. Im folgenden soll deshalb geklärt werden, mit welcher Mehrheit die Hauptversammlung das *going public* beschließen muß.

---

442 Vgl. S. 149 ff.
443 Dies schließt auch den Entwurf von Gegenstrategien ein. Vgl. Horn (1969), S. 369.

a) Einfache Mehrheit als Grundsatz

In der Regel müssen alle Beschlüsse der Hauptversammlung lediglich mit einfacher Stimmenmehrheit gefaßt werden (§ 133 Abs. 1 AktG). Ausnahmen von diesem Grundsatz ergeben sich aus speziellen gesetzlichen Bestimmungen (inklusive Richterrecht) und der Satzung der Gesellschaft. Mangels börsenspezifischer Regelungen bleibt zu prüfen, ob das beim *going public* relevante "Holzmüller"-Urteil des Bundesgerichtshofes vom Grundsatz der einfachen Stimmenmehrheit abweicht. Der Bundesgerichtshof leitete in dieser Entscheidung die Zuständigkeit der Hauptversammlung lediglich aus § 119 Abs. 2 AktG ab (Vorlagerecht wird zur Vorlagepflicht des Vorstands) anstatt aus einer analogen Anwendung anderer zum Teil naheliegenderer Vorschriften, wie z.B. § 179 AktG (Satzungsänderung) oder § 361 Abs. 1 AktG (alt) (Vermögensübertragung).[444] Daraus folgt, daß der Beschluß der Hauptversammlung nur mit einer *einfachen* Stimmenmehrheit gefaßt werden muß statt mit einer *qualifizierten* Mehrheit, die notwendig gewesen wäre, wenn die anderen Vorschriften zum Zug gekommen wären.[445] Dieses Ergebnis bedeutet, daß ein Mehrheitsaktionär seine für die Minderheit u.U. folgenschweren Ziele in der Hauptversammlung relativ einfach durchsetzen kann. Die Minderheit erhält demnach lediglich einen geringen Aktionärsschutz. Aus diesem Grund wurde die "Holzmüller"-Entscheidung von einigen Autoren kritisiert. Diese Lösung war ihnen nicht weitreichend genug; sie befürworteten einen stärkeren Minderheitenschutz.[446]

b) Einfache Mehrheit beim *going public*?

Auf den Fall des *going public* übertragen stellt sich folgendes Problem: Soll man den Kritikern folgen und einen qualifizierten Mehrheitsbeschluß fordern oder vielmehr die Lösung des Bundesgerichtshofes bevorzugen, der einen einfachen Mehrheitsbeschluß für ausreichend hält? Es muß ein Weg gefunden werden, der sowohl den Aktionären genügend Schutz bietet, als auch die Handlungsflexibilität des Unternehmens nicht übermäßig einengt.

---

444 Vgl. Lutter (1988), S. 181 f.
445 Vgl. Lutter (1988), S. 181 f.
446 Vgl. z.B. Lutter (1988), S. 181 ff.; Hübner (1985), S. 795 ff.

aa) Die Notwendigkeit, einen qualifizierten Mehrheitsentscheid herbeizuführen, würde vielen Aktiengesellschaften den Gang an die Börse
erheblich erschweren, weil zusätzliche, hohe Marktzutrittsschranken
entstünden. Eine solche Lösung kann nicht im Sinne des Gesetzgebers
sein, der ja gerade ein großes Interesse daran hat, daß sich möglichst
viele börsenreife Gesellschaften an der Börse notieren lassen.[447]

bb) Noch ein weiterer Punkt spricht gegen die Notwendigkeit eines
qualifizierten Mehrheitsbeschlusses beim *going public*: Die Minderheit
ist bei der Entscheidung über den Gang an die Börse keineswegs in
demselben Maße schutzbedürftig wie beispielsweise bei einer Kapitalerhöhung oder gar einem Bezugsrechtsausschluß. Oft ist es beim
going public vielmehr so, daß von dieser Maßnahme gerade die Minderheitseigentümer profitieren können. Man denke in diesem Zusammenhang insbesondere an die vielen Kleinanleger, die nach der Börseneinführung einen kostengünstigen Markt für ihre Eigentümertitel vorfinden.
Weshalb soll dann überhaupt ein qualifizierter Mehrheitsbeschluß erforderlich sein? Der Einwand, daß börsennotierte Gesellschaften leichter
Opfer einer Übernahme werden können und deshalb der Gang an die
Börse besonders risikoreich sei, rechtfertigt noch nicht eine solch hohe
Beschlußmehrheit, denn auch außerhalb der Börse kann eine Übernahme mit ihren negativen Folgen für bestimmte Aktionäre herbei-
geführt werden, ohne daß dieser Vorgang überhaupt einer Legitimation
der Hauptversammlung bedarf. Auch die vermögensteuerlichen Nachteile eines einzelnen Minderheitsaktionärs rechtfertigen keineswegs
einen besonderen Schutz der Minderheit gegenüber den Interessen der
Aktionärsmehrheit. Die Pflicht, einen qualifizierten Mehrheitsentscheid
herbeizuführen, würde die Interessen der einfachen Mehrheit und deren
Entscheidungsfreiheit in Angelegenheiten der Gesellschaft über Gebühr
einschränken; ein derart exzessiver Minderheitenschutz ist durch nichts
zu rechtfertigen. Im übrigen ist zu berücksichtigen, daß überstimmte
Minderheitsaktionäre, wie im folgenden noch zu zeigen sein wird, auch
auf andere Weise geschützt werden können.

---

447 Ähnliches gilt für das Anlegerpublikum und die Börsenvertreter. Selbstver-
     ständlich haben darüber hinaus die Börsenaspiranten kein Interesse an
     zusätzlichen, hohen Marktzutrittsbarrieren.

cc) Nach Abwägung der unterschiedlichen Interessen kommt man somit zu dem Ergebnis, daß beim *going public* ein einfacher Mehrheitsbeschluß notwendig, aber auch ausreichend ist, um einen hinreichenden Aktionärsschutz zu sichern, da es noch andere flankierende Schutzmechanismen gibt.[448]

3. Die materielle Beschlußkontrolle

Zur Verbesserung des Minderheitenschutzes forderte der Bundesgerichtshof in seinem "Kali-und-Salz"-Urteil, daß Bezugsrechtsausschlüsse nicht nur einer formellen Kontrolle unterliegen, sondern auch einer über § 243 Abs. 2 AktG hinausgehenden inhaltlichen Überprüfung standhalten müssen.[449]

a) Mit der Übertragung der Grundsätze[450] dieses Urteils auf *andere* Beschlüsse der Hauptversammlung sollte allerdings äußerst zurückhaltend verfahren werden, denn es besteht die Gefahr, daß Streitigkeiten über die Zweckmäßigkeit von Entscheidungen der Hauptversammlung auf die Gerichte verlagert werden, die dafür eigentlich nicht zuständig sind.[451] Die Auseinandersetzung über die Richtigkeit unternehmerischer Maßnahmen muß vielmehr in den Unternehmen selbst geführt werden. Bei einer exzessiven Anwendung der materiellen Beschlußkontrolle muß ferner befürchtet werden, daß der für Aktiengesellschaften so typische Mehrheitsentscheid entwertet wird, weil er zunehmend in seinem Bestand in Frage gestellt werden kann.[452] Die Handlungsflexibilität des Unternehmens würde empfindlich beeinträchtigt und die Unternehmensleitung verunsichert. Nachteilige Auswirkungen auf das allgemeine Unternehmensgeschäft können die Folge sein. Aus all diesen Gründen ist die restriktive Anwendung der materiellen Beschlußkontrolle durch die Gerichte einleuchtend. Bisher gibt es deshalb eine solche durch Richterrecht eingeführte Inhaltskontrolle lediglich bei Bezugsrechtsausschlüssen, weil dort die gesetzlich vorgesehenen Schutzmechanismen nicht ausreichen, um einen hinreichenden Schutz der Minderheit zu erzielen.

---

448 Die erarbeitete Lösung deckt sich demnach mit der vom Bundesgerichtshof im "Holzmüller"-Urteil getroffenen Entscheidung, lediglich einen einfachen Mehrheitsbeschluß herbeiführen zu müssen.
449 Vgl. BGHZ 71, 40 ff., 45 f.
450 Vgl. nochmals S. 132 f.
451 Vgl. Vollmer/Lorch (1991), S. 1313.
452 Vgl. Vollmer/Lorch (1991), S. 1313.

b) Eine Anwendung der materiellen Beschlußkontrolle im Sinne des "Kali-und-Salz"-Urteils auf die Entscheidung einer Hauptversammlung über ein *going public* muß schon deshalb verworfen werden, weil der Minderheitenschutz in diesem Fall nicht wesentlich über die formelle Beschlußkontrolle hinaus gestärkt zu werden braucht, denn die meisten Minderheitsaktionäre erleiden durch den Gang an die Börse nur geringe Nachteile. Vielmehr zählt in vielen Fällen gerade diese Eigentümergruppe zu den Gewinnern. Die Einführung der materiellen Beschlußkontrolle (Angemessenheits- und Zweckmäßigkeitsprüfung) ist demnach unnötig und würde zudem übermäßig in die Entscheidungsfreiheit der Mehrheit in Angelegenheiten der Gesellschaft eingreifen. Aus all diesen Gründen scheidet die Anwendung der materiellen Beschlußkontrolle auf die Going-Public-Entscheidung der Hauptversammlung aus.[453]

4. Die Treuepflicht

Die Inhaltskontrolle findet zwar in der Ausprägung des "Kali-und-Salz"-Urteils keine Anwendung auf die Börseneintrittsentscheidung. Es greift aber eine andere wichtige Form einer Inhaltskontrolle, die gesellschaftsrechtliche Treuepflicht, da dieses durch Richterrecht geschaffene Schutzprinzip bei allen gesellschaftsinternen Aktionärshandlungen zu berücksichtigen ist.

a) Die bestehende gesellschaftsrechtliche Treuepflicht zwischen Aktionären verbietet es den einzelnen Eigentümern, den Gang an die Börse über einen abhängigen Vorstand im Außenverhältnis durchzusetzen, ohne daß vorher die Zustimmung der Hauptversammlung eingeholt wurde. Ein solcher Eigentümer schafft vollendete Tatsachen und läßt jede Rücksichtnahme auf die Belange der übrigen Aktionäre vermissen. Er verletzt seine Treuepflicht gegenüber anderen Eigentümern und macht sich zweifellos schadenersatzpflichtig. Im übrigen verstößt dieses Vorgehen gegen § 117 AktG.

b) Es soll nun noch geprüft werden, ob die Entscheidung der Hauptversammlung für ein *going public* eine Verletzung der zwischen Aktionären bestehenden Treuepflicht darstellt.

---

453 Anders sieht die Lösung auf der zweiten Entscheidungsebene aus: Bezugsrechtsausschlüsse, die im Zusammenhang mit dem Gang an die Börse vorgenommen werden, unterliegen sehr wohl einer materiellen Beschlußkontrolle.

Zweifellos unterliegt ein Großaktionär bei seinem Abstimmungsverhalten in der Hauptversammlung den Treueschranken. Er muß deshalb auf die Belange der Minderheit in gebührender Weise Rücksicht nehmen.[454] Die Treuepflicht geht allerdings bei einem Beschluß über den Gang an die Börse nicht so weit, daß eine Mehrheit auf die Verwirklichung ihrer Interessen verzichten muß (Mittel zum Zweck ist hier das *going public*), nur weil eine kleine Minderheit Nachteile erleidet. Dies deshalb, weil bei einer Abwägung der beim *going public* existierenden unterschiedlichen Interessen jene der Minderheit grundsätzlich unterliegen.[455] Die Mehrheit bewegt sich bei dieser Entscheidung in der Regel innerhalb der von der Treuepflicht gesetzten Grenzen.

Im übrigen hat jeder Aktionär mit dem Erwerb seiner Mitgliedschaft am Unternehmen die "Spielregeln" der Aktiengesellschaft akzeptiert, wie z.B. das für die Funktionsfähigkeit der Gesellschaft so wichtige Mehrheitsprinzip.[456] Er sollte deshalb über die u.U. verhängnisvollen Folgen einer Minderheitsposition informiert sein: Die Mehrheit darf die Interessen der Minderheit in vielen Fällen völlig legal übergehen, womit sich ein Minderheitsaktionär grundsätzlich abfinden muß.

Ein Großaktionär würde allerdings dann gegen seine Treuepflicht verstoßen, wenn er dem *going public* aus "niedrigen Beweggründen" zustimmt, d.h. wenn er beispielsweise damit bewußt eine Schädigung anderer Aktionäre bezweckt. Im übrigen greift hier § 243 Abs. 2 AktG.

Entscheidungen, die im Zusammenhang mit dem *going public* getroffen werden, d.h. Beschlüsse auf der *zweiten* Entscheidungsebene wie Kapitalerhöhungen, Bezugsrechtsausschlüsse usw., unterliegen ebenfalls den Treueschranken. In dieser Abhandlung wird ein *going public* mittels Vollemission unterstellt. Wird jedoch die Börsenzulassung nur für einen Teil der Aktien (Teilemission) beantragt, sind die Inhaber der übrigen Aktien vom Börsenmarkt abgeschnitten und ihre Titel in der Regel nahezu unverkäuflich, es sei denn, daß es sich um größere Aktienpakete handelt. Aus Aktionärsschutzgründen ist eine Teilemission, die gegen den Willen von Aktionären erfolgt und einer Diskriminierung

---

454 Dies ergibt sich aus dem "Linotype"-Urteil des Bundesgerichtshofes (vgl. BGHZ 103, 184 ff., insbes. 195). Vgl. auch die Ausführungen des Reichsgerichts ("Victoria"-Entscheidung: RGZ 132, 149, 163).
455 Vgl. zu den hierfür ausschlaggebenden Gründen S. 154 ff.
456 Aktiengesellschaften ist der Mehrheitsentscheid, wie bereits erwähnt, wesensimmanent. Vgl. hierzu May (1992), S. 194.

gleichkommt, nur in sehr engen Grenzen im Interesse der Gesellschaft zulässig. Und auch nur dann, wenn den benachteiligten Gesellschaftern ein angemessenes Abfindungsangebot unterbreitet wird. Es gelten die späteren Passagen zum Börsenaustritt sinngemäß.[457]

II. Der börsenrechtliche Schutz

Das Börsenrecht stellt bei den Zulassungsvorschriften nicht darauf ab, ob eine Aktionärsmehrheit das *going public* befürwortet. Der Gesetzgeber unterstellt, daß der Vorstand einer Aktiengesellschaft die Zulassung der Eigentümertitel des Unternehmens an der Börse nur dann betreiben wird, wenn er eine breite Gesellschaftermehrheit hinter sich hat. Es wurde aber deutlich, daß innerhalb der Gesellschaft keineswegs ein breiter Konsens vorhanden sein muß, um den Gang an die Börse zu erreichen. Auch die Einführung einer ungeschriebenen Kompetenz der Hauptversammlung ändert nichts an dieser Tatsache, denn die Verletzung der unternehmensinternen Zuständigkeitsordnung beeinträchtigt die Wirksamkeit von Handlungen des Vorstands im *Außenverhältnis* der Gesellschaft nicht.[458] Der Vorstand des Unternehmens ist somit theoretisch in der Lage, ohne Legitimation durch die Hauptversammlung die Börsenzulassung herbeizuführen.[459] Dazu muß er allerdings genügend verkaufswillige Eigentümer finden, um die für den Wertpapierhandel erforderliche Stückzahl an Wertpapieren zu erreichen, und außerdem die sonstigen börsenrechtlichen Auflagen erfüllen. Auch kann der weiter oben vorgestellte Fall eintreten: Ein einflußreicher Eigentümer setzt den Börseneintritt über einen von ihm abhängigen Vorstand ohne die Zustimmung der Hauptversammlung im Außenverhältnis durch. Die für den Börsenhandel notwendigen Aktien stellt dieser Aktionär im Rahmen einer Umplazierung zur Verfügung.

Das *Börsenrecht* bietet bisher keinen Schutz vor solchen Strategien.[460] Im Wertpapierzulassungsverfahren wird nämlich bislang kein Beschluß

---

457 Vgl. S. 199 ff., 201 ff.
458 So der Bundesgerichtshof in seinem "Holzmüller"-Urteil, vgl. BGHZ 83, 122, 132.
459 § 36 Abs. 2 BörsG i.V.m. § 78 Abs. 1 AktG.
460 Anders das Gesellschaftsrecht: Dieses eröffnet den Altgesellschaftern die Möglichkeit, ihre Rechte über *gesellschaftsrechtliche* Klagen wie Unterlassungs-, Feststellungs-, Schadenersatz- und Wiederherstellungsklagen einzufordern. Ob dieser Individualschutz in der Praxis effektiv ist, mag dahingestellt bleiben. Vgl. zum Thema "Aktionärsklage" z.B. BGHZ 83, 122,

der Hauptversammlung verlangt, der den Gang an die Börse zum Inhalt
hat. Die §§ 15 Abs. 1 Nr. 1 und 48 Abs. 2 Nr. 5 BörsZulVO, an die
man in diesem Zusammenhang denken könnte, regeln andere Sachver-
halte.[461] Ob sich hieraus institutionell-relevante Probleme für den Anlegerschutz am Markt ergeben und wie eine gegebenenfalls vorhandene
Schutzlücke zu schließen ist, läßt sich erst unter Berücksichtigung der
allgemeinen Schutzfunktionen des Börsenrechts und dem sich daraus
ergebenden Sinn und Zweck der Tätigkeit der Zulassungsstelle klären.

1. Die Funktion der Zulassungsentscheidung

a) Aus übergeordneten Gemeinwohlinteressen wird die unternehmerische Handlungsfreiheit in vielen Wirtschaftszweigen eingeschränkt.
Man denke in diesem Zusammenhang beispielsweise an das Gaststät-
tengewerbe, welches zur Sicherung der Volksgesundheit, des Jugend-
schutzes u.a.m.[462] unter einen präventiven Erlaubnisvorbehalt[463]
gestellt wurde. Dies bedeutet, daß zur Gewerbeausübung grundsätzlich
eine Gaststättenerlaubnis erforderlich ist (§ 2 GastG). Mit dieser
Reglementierung bezweckt der Gesetzgeber eine Selektion unter den
potentiellen Gastwirten. Es sollen nur solche Personen zugelassen werden, von denen keine Gefährdung der öffentlichen Interessen ausgeht.

b) Ähnlich verfuhr der Gesetzgeber im Zusammenhang mit der Börse:
Zur Sicherung von öffentlichen Interessen, d.h. des unerläßlichen Insti-
tutionen- und Anlegerschutzes am Markt, wurde der Zugang von
Unternehmen (mit ihren Wertpapieren) zur Börse reglementiert: Es ist
eine Zulassung erforderlich. Die Wertpapierzulassung ist eine besonders
ausgestaltete *börsenrechtliche Erlaubnis*,[464] auf deren Erteilung das
Unternehmen immer dann einen Anspruch hat, wenn es den börsenrechtlichen Voraussetzungen genügt.[465] Auf diese Erlaubnis treffen alle
Kriterien des § 35 VwVfG zu, um als *Verwaltungsakt* eingestuft zu

133 ff.; Semler (1988), § 34, Rdnr. 11, 16, S. 332 ff.; Hopt/Hehl (1987),
Rdnr. 1231 f., 1238 ff., S. 283 ff.
461 Dort geht es lediglich um die Rechtsgrundlage für die Ausstellung und Ausgabe von Wertpapieren (Kapitalerhöhungsbeschluß, Handelsregistereintra-
gung etc.).
462 Vgl. § 4 GastG, aus dem zahlreiche Gründe abgeleitet werden können.
463 Vgl. Wolff/Bachof (1974), § 48 II a, S. 403. Vgl. zu den Zielen, die mit
einem präventiven Erlaubnisvorbehalt verfolgt werden, Wittern (1987),
§ 8 III, Rdnr. 35, S. 113; Maurer (1994), § 9, Rdnr. 51 ff., S. 197 ff.
464 Vgl. Schwark (1994), § 36, Rdnr. 1, 26, S. 262, 275. Zum Charakter einer
Erlaubnis vgl. Wolff/Bachof (1974), § 48 II, S. 403 ff.
465 § 36 Abs. 3 BörsG.

werden.[466] Die Börsenzulassungsstelle ist eine Behörde, die hoheitliche Gewalt ausübt.[467] Dieses Börsenorgan erläßt im Zusammenhang mit dem Börseneintritt eine Verfügung zur Regelung eines Einzelfalles auf dem Gebiet des öffentlichen Rechts mit unmittelbarer Rechtswirkung nach außen:[468] die Wertpapierzulassung.

Wenn ein Antrag auf Wertpapierzulassung gestellt wird, prüft die Zulassungsstelle, ob vom Börsenkandidaten Gefahren für die Funktionsfähigkeit der organisierten Kapitalmärkte ausgehen (§ 37 i.V.m. § 36 BörsG). Die maßgeblichen Entscheidungskriterien sind im Börsenrecht geregelt.[469] Dabei kommt der Prüfungspflicht der Zulassungsstelle nach wohl herrschender Meinung eine *drittschützende*, d.h. anlegerschützende Funktion zu.[470] Es muß nämlich das Vertrauen der Anleger in die organisierten Kapitalmärkte gesichert werden, ohne welches die Börse ihre Primär- und Sekundärmarktaufgaben nicht erfüllen kann. Das anlegerschützende Element der Tätigkeit der Zulassungsstelle kommt in § 36 Abs. 3 Nr. 3 BörsG deutlich zum Ausdruck. Diese Vorschrift bestimmt, daß die Wertpapierzulassung lediglich dann erteilt werden darf, wenn keine Umstände bekannt sind, die zu einer Übervorteilung des Publikums führen.[471]

2. Die Folgerungen für die Überprüfung des Zulassungsantrages

a) Vordergründig könnte man annehmen, daß es für den organisierten Kapitalmarkt kein Problem darstellt, wenn ein Börsenkandidat ohne die Zustimmung einer breiten Eigentümermehrheit vom Vorstand an die Börse gebracht wird. Es müsse lediglich dafür gesorgt werden, daß eine

---

466 So seit langem die herrschende Meinung. Vgl. Schwark (1994), § 36, Rdnr. 26, S. 275. Ebenso Rodrian (1990), § 27, Nr. 3, S. 124 und § 39, Nr. 1 f., S. 127; Kümpel (1985), S. 4 f.
467 Vgl. Rodrian (1990), § 36, Nr. 15, S. 119 und § 37, Nr. 3, S. 124 sowie § 43, Nr. 13, S. 136; Schwark (1994), § 36, Rdnr. 28, S. 276 f.
468 § 35 VwVfG.
469 § 36 Abs. 3 BörsG, §§ 1 ff. BörsZulVO.
470 Ausführlich zum Drittschutz vgl. S. 169 ff.
471 Zum Streit, ob die Zulassungsstelle im Rahmen des *Zulassungsverfahrens* lediglich eine formelle Prüfung vornehmen muß oder aber auch eine materielle - und wie letztere aussehen soll -, vgl. z.B. Paskert (1991), S. 136 ff., 147 ff.; Koziol (1990), S. 675 ff.; Schwark (1976), § 36, Rdnr. 18, S. 268 f.; Schwark (1987), S. 2043; Zahn (1981), S. 109 f.; Rodrian (1990), § 36, Nr. 26 ff., S. 120 ff. und § 43, Nr. 21, S. 137. Nach heute herrschender Meinung reicht eine formelle Prüfung nicht mehr aus; es ist deshalb zumindest ansatzweise eine materielle Prüfung vorzunehmen, da man sonst § 36 Abs. 3 Nr. 3 BörsG nicht gerecht werden würde.

einmal börsennotierte Gesellschaft ihre Verpflichtungen der Börse gegenüber einhält. Dies werde mit dem abgestuften börsenrechtlichen Sanktionskatalog bezweckt und erreicht.

Diese Sichtweise ist aber nur dann richtig, wenn das Vertrauen der Anleger in den Kapitalmarkt erhalten bleibt und folglich die Funktionsfähigkeit der Börse keinen Schaden nimmt. *Beim Börseneintritt stellt sich die Frage, ob das Auseinanderfallen der Vertretungsmacht und der Geschäftsführung des Vorstands (mangelnde Legitimation im Innenverhältnis der Aktiengesellschaft) auf den Markt in institutionell-relevanter Weise durchschlagen kann.*

b) Immerhin besteht die Gefahr, daß unternehmensinterne Streitigkeiten über die Kompetenzverteilung zwischen dem Vorstand und der Hauptversammlung dazu führen, daß ein bisher börsenfreundlicher Vorstand durch eine Unternehmensleitung ersetzt wird, die kein Interesse an der Erfüllung der börsenrechtlichen Emittentenpflichten zeigt, d.h. beispielsweise fortwährend ihre für die Anleger wichtigen börsenrechtlichen Publizitätspflichten verletzt. Möglicherweise wird dadurch das Vertrauen der Anleger nicht nur in den Emittenten, sondern auch in den organisierten Kapitalmarkt gestört. Dies selbst dann, wenn die Börse unter Einsatz ihrer Disziplinierungsinstrumente Schadensbegrenzung betreibt.

Noch wichtiger ist der folgende Aspekt: Die Anleger zweifeln möglicherweise an der Ordnungsmäßigkeit des Zulassungsverfahrens. Sie kritisieren, daß die mangelnde Bereitschaft des Börsenkandidaten, die Altgesellschafter an der Going-Public-Entscheidung zu beteiligen, für die Zukunft kaum eine aktionärsfreundliche Unternehmenspolitik erwarten lasse. Der Börsenaspirant habe die nötige *Börsenreife* noch nicht erreicht. Dies hätte die Zulassungsstelle erkennen und zum Schutz der Anleger im Zulassungsverfahren berücksichtigen müssen. Das mangelnde Vertrauen in die Ordnungsmäßigkeit des Zulassungsverfahrens führt zu einem Vertrauensverlust der Anleger in die Börse. Dadurch wird der institutionell-relevante Anlegerschutz tangiert. Dies muß verhindert werden; es müssen Vorkehrungen getroffen werden, damit sich gesellschaftsinterne Querelen nicht nachteilig auf die Funktionsfähigkeit der Börse auswirken können.

c) Auch wenn in den konkreten börsenrechtlichen Vorgaben keine Prüfungspflicht der Börse bzgl. einer Zustimmung der Hauptversammlung
vorgesehen ist, kann man bei extensiver Auslegung der §§ 36 Abs. 3
Nr. 3 und 37 Abs. 1 BörsG eine solche herauslesen. Der Schutz allgemeiner Interessen (Sicherung des institutionell-relevanten Anlegerschutzes am Markt) rechtfertigt dieses Vorgehen der Zulassungsstelle.
Die Börse wird hier aus institutionellen Gründen *drittschützend* tätig.
Nur wenn der Börsenkandidat nachweist, daß die Einwilligung der
Hauptversammlung vorliegt, darf die Wertpapierzulassung erteilt werden, sofern die übrigen börsenrechtlichen Zulassungskriterien erfüllt
sind. Darüber hinausgehende Prüfungspflichten wie die Prüfung der Einhaltung der Treuepflicht, der Beschlußmehrheit etc. hat die Zulassungsstelle grundsätzlich nicht.

Es bleiben beim Börseneintritt aber Zweifel, ob sich das Fehlen der
unternehmensinternen Zustimmung der Hauptversammlung wirklich in
erheblicher, institutionell-relevanter Weise auf das Vertrauen der Anleger auswirkt. Deshalb sollte sich der Gesetzgeber dieser Problematik
zuwenden und klarstellen, daß die Börse im Rahmen ihrer Wertpapier-
zulassungsprüfung vom Börsenkandidaten die Einreichung eines legitimierenden Going-Public-Beschlusses der Hauptversammlung fordern
muß.[472]

III. Ergebnis

a) Die Entscheidung für ein *going public* stellt weder eine Satzungsänderung noch eine Kapitalmaßnahme dar. Eine Kompetenz der Hauptversammlung läßt sich von daher nicht ableiten. Die Zuständigkeit der
Hauptversammlung ergibt sich vielmehr aus dem Umstand, daß der
Gang an die Börse tief in die Rechte und Interessen der Eigentümer eingreift und hier deshalb die vom Bundesgerichtshof im "Holzmüller"-

---

472 Bei den mit dem *going public* verwandten Formen "Börsenpräsenzausweitung und Börsensegmentwechsel" stellen sich die dargestellten Probleme in erheblich geringerem Maße, da der Emittent bereits vor diesen
Maßnahmen an der Börse präsent war und deshalb die Auswirkungen für die
Eigentümer deutlich weniger ins Gewicht fallen. (Zum Schutz der Aktionäre
vgl. nochmals S. 152 f.) Die derzeit bestehenden börsenrechtlichen Regelungen erscheinen ausreichend, um den erforderlichen Schutz der Börse zu
gewährleisten: In beiden Fällen muß der Emittent *erneut* ein Wertpapierzulassungsverfahren durchlaufen und die damit verbundenen Auflagen
erfüllen (vgl. z.B. §§ 36, 39 Abs. 3 und 4, 71 BörsG).

Urteil aufgestellten Grundsätze einer ungeschriebenen Kompetenz der Hauptversammlung Anwendung finden. Beim *going public* handelt es sich nicht etwa wie bei einer Börsenpräsenzausweitung oder einem Wechsel in ein anderes Börsensegment um eine Geschäftsführungsmaßnahme des Vorstands, über die er allein entscheiden darf, sondern vielmehr um ein Vorhaben, das die Grundlagenkompetenz der Hauptversammlung berührt. Dies bedeutet, daß der Vorstand das Going-Public-Vorhaben durch die Hauptversammlung genehmigen lassen muß (§ 119 Abs. 2 AktG: "Ermessensreduktion auf Null"), da er andernfalls seine Sorgfaltspflicht gegenüber den Aktionären verletzt.

Bei der Abwägung der unterschiedlichen Aktionärsinteressen und des festzulegenden Aktionärsschutzes ergibt sich, daß für die Zustimmung zum *going public* lediglich eine einfache Stimmenmehrheit erforderlich ist. Die Notwendigkeit, eine höhere Beschlußmehrheit herbeizuführen, würde die Minderheit über Gebühr begünstigen und gleichzeitig die Interessen der Mehrheit zu stark beschneiden. Im übrigen würden zu hohe Marktzutrittsschranken an der Börse geschaffen. Aus diesen Gründen ist beim *going public* kein qualifizierter Mehrheitsentscheid erforderlich. Mit der Entscheidung für die einfache Beschlußmehrheit wird die notwendige Handlungsflexibilität der Gesellschaft gewahrt und gleichzeitig ein ausreichender Aktionärsschutz erreicht.

Aus diesen Überlegungen - Vermeidung eines übersteigerten Minderheitenschutzes und Sicherung der Handlungsfähigkeit des Unternehmens - folgt auch, daß die Entscheidung für den Gang an die Börse *nicht* der materiellen Beschlußkontrolle im Sinne des "Kali-und-Salz"-Urteils des Bundesgerichtshofes (Angemessenheits- und Zweckmäßigkeitsprüfung) unterliegt. Allerdings muß die zwischen Aktionären bestehende gesellschaftsrechtliche Treuepflicht gewahrt werden. Die Mehrheit verletzt jedoch ihre Treuepflicht gegenüber der Minderheit mit der Zustimmung zum *going public* grundsätzlich nicht und darf folglich den Gang an die Börse jederzeit in der Hauptversammlung beschließen.

Probleme beim Aktionärsschutz ergeben sich allerdings dann, wenn die Hauptversammlung übergangen wird. Der Vorstand kann nämlich trotzdem die Gesellschaft im *Außenverhältnis* wirksam vertreten, d.h. u.U. ein *going public* auch ohne die Zustimmung der Hauptversammlung durchsetzen. Es besteht außerdem die Gefahr, daß sich ein Großaktionär in der Gewißheit, keine Mehrheit in der Hauptversammlung für ein *going public* zu finden, für diesen Weg entscheidet: Er setzt den Gang an die Börse trotz eines Verstoßes gegen die Treuepflicht mit Hilfe eines von ihm abhängigen Vorstandes durch und stellt die für den Börsenhandel erforderlichen Aktien im Wege einer Umplazierung zur Verfügung. Die übergangenen Eigentümer haben in beiden Fällen das Nachsehen. Für die benachteiligten Gesellschafter besteht bisher lediglich die Möglichkeit, ihre Rechte durch aufwendige gesellschaftsrechtliche Klagen zu erstreiten.

b) Allerdings erhalten die Aktionäre durch das Börsenrecht mittelbar einen zusätzlichen Schutz, *sofern der Anlegerschutz am Markt in institutionell-relevanter Weise bedroht wird.* Es besteht u.U. die Gefahr, daß unternehmensinterne Streitigkeiten beim Börseneintritt das Vertrauen der Anleger in die organisierten Kapitalmärkte, insbesondere in die Ordnungsmäßigkeit des Zulassungsverfahrens, erschüttern. Dies muß zur Sicherung der Funktionsfähigkeit der Börse vermieden werden. Bei extensiver Auslegung der §§ 36 Abs. 3 Nr. 3 und 37 Abs. 1 BörsG kommt man zu dem Schluß, daß die Zulassungsstelle eine Prüfungspflicht bzgl. des Vorhandenseins einer Zustimmung der Hauptversammlung besitzt, auch ohne daß dies explizit im Börsenrecht fixiert ist. Die Börse wird hier aus institutionellen Gründen *drittschützend*, d.h. anlegerschützend tätig. Der Börsenkandidat muß der Zulassungsstelle einen legitimierenden Hauptversammlungsbeschluß vorlegen, ohne den die Wertpapierzulassung nicht erteilt werden darf.

Da aber Zweifel bestehen, ob gesellschaftsinterne Querelen tatsächlich in institutionell-relevanter Weise auf den Anlegerschutz am Markt durchschlagen und deshalb die Prüfungspflicht bzgl. der gesellschaftsinternen Legitimation fraglich ist, wird der Gesetzgeber aufgefordert, sich dieser Problematik zuzuwenden. Er sollte die Prüfungspflicht der Börse in diesem Punkt börsenrechtlich vorschreiben.

C. Der notwendige Interessenschutz bei Börsenaustritt

Der notwendige Interessenschutz bei Börsenaustritt[473] wird im folgenden - anders als bei Börseneintritt -[474] zunächst börsenrechtlich, d.h.
primär unter Gesichtspunkten des Institutionenschutzes, behandelt.
Erst danach sollen die Schutzprobleme gesellschaftsrechtlich, d.h.
primär unter Individualschutzaspekten, gelöst werden. Diese Art der
Vorgehensweise bietet sich deshalb an, weil bislang ungeklärt ist, unter
welchen börsenrechtlichen Voraussetzungen der Börsenaustritt überhaupt zulässig ist. Ohne eine börsenrechtliche Zulässigkeit würde sich
die gesellschaftsrechtliche Analyse des Interessenschutzproblems
erübrigen.

I. Der börsenrechtliche Schutz

Beim börsenrechtlichen Schutz geht es darum zu verhindern, daß durch
einen Börsenaustritt die Funktionsfähigkeit der Börse beeinträchtigt
wird. Dies schließt, wie nochmals zu betonen ist, den Anlegerschutz
ein, soweit er von institutioneller Relevanz ist.

1. Die Bestimmung des öffentlich-rechtlich zulässigen Austritts-
verfahrens

Angesichts der Tatsache, daß bisher keine börsenrechtlichen Vorschriften vorhanden sind, die den Börsenaustritt[475] explizit regeln, ist als
erstes zu prüfen, ob es marktrechtliche Bestimmungen gibt, welche
analog anzuwenden sind. Falls dies nicht in Betracht kommt, muß
geklärt werden, ob die Lösung der Austrittsproblematik bzw. das hier
anzuwendende börsenrechtliche Verfahren durch Rückgriff auf das allgemeine Verwaltungsrecht zu ermitteln ist. Gegebenenfalls kann die
Lösung nur unter Zuhilfenahme des Verfassungsrechts und allgemeiner
börsenrechtlicher Schutzbestimmungen gefunden werden.

---

473 Es sei daran erinnert, daß es sich bei den hier in der Arbeit behandelten Fällen des Börsenaustritts keineswegs um Ausscheidungsgründe wie Liquidationen, Konkurse, Verschmelzungen oder Umwandlungen in nichtkapitalmarktfähige Rechtsformen handelt. Zur Definition des Börsenaustritts vgl.
nochmals S. 99 ff.
474 Vgl. S. 146 ff.
475 Ausscheiden auf Wunsch des Emittenten.

a) Analoge Anwendung des § 50 Abs. 5 BörsG?

aa) Der Börsenaustritt auf Wunsch des Unternehmens ist bisher lediglich für den *Terminmarkt* vorgesehen (§ 50 Abs. 5 Satz 2 BörsG). Diese
Vorschrift besagt, daß eine Zulassung auf Verlangen der Gesellschaft
spätestens nach einem Jahr nach Antragstellung zurückzunehmen ist.
Eine analoge Anwendung dieser Bestimmung auf die *Aktienbörse*
erscheint im Ergebnis allerdings unmöglich, da der Aktienmarkt nicht
mit dem Terminmarkt vergleichbar ist. Es werden nämlich jeweils völlig
unterschiedlich ausgestattete Wertpapiere gehandelt: Wertpapiere an
der Terminbörse haben einen bereits im voraus festgelegten Verfallstermin; bei Aktien gibt es eine solche Befristung nicht.[476] Dies führt zu
unterschiedlichen Konsequenzen beim Ausscheiden aus dem jeweiligen
Börsenmarkt. Beim *going private*, dem Austritt aus der Aktienbörse,
fällt der Handelsmarkt für die nach wie vor vorhandenen Gesellschaftsanteile weg. Durch das Ausscheiden aus dem Terminmarkt gibt es zwar
ebenfalls keinen Markt mehr; dieser ist aber auch nicht mehr erforderlich, weil die dort früher gehandelten wertpapiermäßig verbrieften
Rechte bereits *vor* dem Ausscheiden ausgelaufen, d.h. untergegangen
sind. Die Börsenvertreter wachen darüber, daß diese zeitliche Abfolge
auch eingehalten wird: Sie werden das Ausscheiden aus dem Terminmarkt erst dann genehmigen, wenn keine (offenen) Kontraktrechte oder
-verpflichtungen mehr vorhanden sind. Allerdings muß dem Ersuchen
des Unternehmens, wie angedeutet, in jedem Fall spätestens nach
einem Jahr nachgekommen werden (§ 50 Abs. 5 Satz 2 BörsG). Das
zuständige Börsenorgan wird deshalb darauf achten, daß die an der
Terminbörse gehandelten Wertpapiere einen innerhalb dieser Frist liegenden Verfallstermin aufweisen. Dadurch kann für die gesamte Laufzeit der Wertpapiere ein Handelsmarkt aufrechterhalten werden. Das
Ausscheiden aus dem Terminmarkt am Ende der Laufzeit beeinträchtigt
somit nicht den unerläßlichen Schutz der Anleger. Damit bleibt auch
das für die Funktionsfähigkeit der Börse unabdingbare Vertrauen der
Anleger erhalten.

bb) Bei einer analogen Anwendung des § 50 BörsG auf den Aktienmarkt kann ein vergleichbares Ergebnis *nicht* erzielt werden, weil den
Anlegern, wie oben angedeutet, der Markt für ihre weiterhin existierenden Aktien genommen wird. Dies wiederum bedroht die Primär- und
Sekundärmarktaufgaben der Börse; der Institutionenschutz ist in

---

476 Ausnahme: § 262 Abs. 1 Nr. 1 AktG.

Gefahr. Eine analoge Anwendung der für den Terminmarkt geltenden Vorschrift würde demnach den mit dem Börsenrecht verfolgten Zielen des Gesetzgebers widersprechen und scheidet deshalb aus. Es muß infolgedessen nach anderen Lösungen gesucht werden.

b) Anwendung des allgemeinen Verwaltungsrechts

Die Börse nimmt nach einhelliger Ansicht Aufgaben der öffentlichen Gewalt wahr.[477] Dies kommt u.a. dadurch zum Ausdruck, daß im Börsengesetz häufig das für das Verwaltungsrecht typische Über-Unterordnungs-Verhältnis zwischen Börsenorganen und Marktteilnehmern auftritt. Beispielsweise bestellt die Börse Kursmakler, läßt Banken zum Handel am Aktienmarkt zu und kann Bußgelder verhängen. Außerdem erteilt sie den Emittenten die Wertpapierzulassung und entzieht diese auch wieder. Beim Börsenrecht handelt es sich mithin um einen Rechtsbereich, der dem öffentlichen Recht zuzuordnen ist.[478] Das Börsengesetz ist als ein Spezialgesetz des Verwaltungsverfahrensgesetzes anzusehen,[479] wobei aus § 1 Abs. 3 VwVfG (des Bundes) folgt, daß für die in dieser Arbeit relevanten verwaltungsverfahrensrechtlichen Probleme (im Zusammenhang mit dem Börsenaustritt) statt des Bundesgesetzes die Verwaltungsverfahrensgesetze der Länder herangezogen werden müssen.[480] Für die Frankfurter Wertpapierbörse ist beispielsweise das Verwaltungsverfahrensgesetz des Bundeslandes Hessen maßgeblich.[481] Das Verwaltungsverfahrensgesetz muß als *lex generalis* immer dann beachtet werden, wenn im Börsengesetz oder anderen Spezialgesetzen keine einschlägigen Vorschriften vorhanden sind. Dies scheint auf den Fall des Börsenaustritts zuzutreffen, da der unmittelbare Gesetzeswortlaut hierzu keine einschlägigen Bestimmungen enthält, die den Austritt auf Wunsch des Emittenten regeln.[482] Möglicherweise können aber bestimmte börsenrechtliche Vorschriften

---

477 Vgl. z.B. Schwark (1994), § 1, Rdnr. 15, S. 70 f.; Kümpel (1985), S. 4 f.
478 Vgl. Schwark (1994), § 1, Rdnr. 14, S. 69; Kümpel (1985), S. 12.
479 So auch Eickhoff (1988), S. 1714. Bereits das Börsengesetz selbst stellt eine Verbindung zum allgemeinen Verwaltungsverfahrensrecht her; vgl. § 43 Abs. 3 BörsG.
480 Sofern auf Landesebene ein solches Gesetz existiert. Zur Abgrenzung der Anwendungsbereiche der Verwaltungsverfahrensgesetze (Bund-Länder) vgl. ausführlich Bonk (1993), § 1, Rdnr. 28 ff., insbes. 28, 34 ff., S. 115 ff.
481 Wenn im folgenden von einem Verwaltungsverfahrensgesetz die Rede ist, wird stets jenes des Landes Hessen unterstellt.
482 Dagegen ist das (zwangsweise) Entfernen des Emittenten aus dem amtlichen Handel durch die Zulassungsstelle sehr wohl im Börsengesetz verankert (z.B. § 43 Abs. 1 Nr. 2 BörsG, § 43 Abs. 3 i.V.m. § 44d Satz 2 BörsG).

(etwa § 36 Abs. 3 BörsG) in Verbindung mit allgem einen verwaltungs-
und verfassungsrechtlichen Grundsätzen doch entsprechend zur
Anwendung gebracht werden.

c) Die Wertpapierzulassung und Wege zu ihrer "Beseitigung"

Dem Austritt aus der Börse steht der *Verwaltungsakt*[483] "Wertpapierzulassung" entgegen. Deshalb soll dieser Verwaltungsakt zunächst
näher charakterisiert werden, bevor in einem weiteren Schritt nach
Wegen zur "Beseitigung" der Zulassung gesucht wird.

aa) Charakterisierung der Wertpapierzulassung

(1) Wie oben bereits dargestellt, handelt es sich bei der Wertpapierzulassung um eine besonders ausgestaltete börsenrechtliche *Erlaubnis*.[484]
Dieser Verwaltungsakt gewährt der antragstellenden Gesellschaft ein
einklagbares Recht, ihre Aktien an der Börse notieren zu lassen und die
hieraus erwachsenden Vorteile zu nutzen.[485] Die Zulassung ist somit
zunächst eindeutig als *Begünstigung* des Adressaten des Verwaltungsakts, also des Unternehmens, einzustufen. Andererseits begründet
diese Erlaubnis nicht nur Rechte, sondern auch *Pflichten*. Letztere wirken nachteilig auf den Antragsteller, wie z.B. die börsenrechtlichen
Informationsgebote und die damit verbundenen Kostenbelastungen. Es
handelt sich um einen Verwaltungsakt, der sowohl begünstigende als
auch belastende Rechtsfolgen nach sich zieht. Die weitreichenden Konsequenzen, die eine börsenrechtliche Erlaubnis auslöst, veranlaßten den
Gesetzgeber dazu, den Erlaß dieses Verwaltungsakts von der *Mitwirkung* des betroffenen Unternehmens abhängig zu machen
(mitwirkungsbedürftiger Verwaltungsakt).[486] Als Voraussetzung für die
Wertpapierzulassung ist deshalb ein Antrag des Börsenkandidaten unerläßlich.

(2) Ferner enthält die börsenrechtliche Erlaubnis, wie oben bereits
angedeutet,[487] *drittschützende* Elemente: Die Börse darf die Wertpapierzulassung nur dann erteilen, wenn keine Gründe bekannt sind, die
zu einer Übervorteilung des Publikums führen (§ 36 Abs. 3 Nr. 3
BörsG). Die Tätigkeit der Zulassungsstelle hat somit einen drittschüt-

---

483 Vgl. S. 160 f.
484 Vgl. S. 160.
485 Vgl. hierzu ausführlich Ledermann (1990), S. 88 ff.
486 Vgl. zu dieser Art eines Verwaltungsakts Wolff/Bachof (1974), § 48,
     S. 402 ff.; Forsthoff (1966), S. 205 ff.
487 Vgl. S. 161.

zenden Charakter. Zumindest in diesem Punkt herrscht weitgehende Einigkeit.[488] Der Stellenwert sowie die Reichweite der drittschützenden Wirkung der Wertpapierzulassung sind jedoch strittig. *Schäfer* meint, daß durch die Zulassung für die Anleger einklagbare Rechte entstehen, z.B. aus den §§ 44 Abs. 1 Nr. 4 und 44a BörsG (Verpflichtung des Emittenten, für später ausgegebene Aktien eine Zulassung zu beantragen sowie Pflicht zur "Ad-hoc-Publizität"), da solche Vorschriften als Schutzgesetze im Sinne des § 823 Abs. 2 BGB anzusehen sind.[489] *Ledermann* erkennt zwar durchaus eine gewisse Drittwirkung der börsenrechtlichen Erlaubnis an. Einen Anspruch gegenüber der Börse im Zusammenhang mit der amtlichen Kursfestsetzung lehnt er jedoch ab, weil die Anleger in keiner Rechtsbeziehung zur Börse stehen und durch die Zulassung lediglich eine abstrakte Möglichkeit geschaffen wird, bestimmte Aktien zu kaufen und zu verkaufen.[490] Da diese Möglichkeit beim *going private* wegfällt, kann man evtl. doch zu dem Ergebnis gelangen, den Anlegern einen Anspruch, beispielsweise in Form eines Klagerechts, einzuräumen. *Schäfer* und *Werner/Machunsky* bejahen die Haftung der Börse bei einer Verletzung ihrer Amtspflichten nach § 839 BGB i.V.m. Artikel 34 GG.[491] Das Landgericht Hamburg dagegen vertritt die Auffassung, daß die Börse nur gegenüber der Allgemeinheit Amtspflichten habe und verneint deshalb die Haftung der Börsenorgane gegenüber geschädigten Kapitalanlegern.[492] *Werner/Machunsky* befassen sich eingehend mit dieser Entscheidung und bezeichnen sie im Ergebnis als Fehlurteil.[493]

Selbst wenn man der Ansicht nicht folgt, daß sich aus der Wertpapierzulassung eine unmittelbare Drittwirkung in Form eines Klagerechts der Anleger gegen Maßnahmen der Börse ergibt, weil dies zu sehr in Richtung eines vom Gesetz nicht gedeckten echten Individualschutzes tendiert, zeigt die Diskussion doch, daß die drittschützende Wirkung der

---

488 Vgl. z.B. Schäfer (1987), S. 959.
489 Vgl. Schäfer (1987), S. 956.
   § 44a BörsG wurde allerdings am 1. Januar 1995 durch § 15 WpHG ersetzt. In § 15 Abs. 6 WpHG wird vorgeschrieben, daß eine Haftung des Emittenten gegenüber den Anlegern nicht auf diese Vorschrift gestützt werden kann. Dies bedeutet eine Verschlechterung des Individualschutzes.
490 Vgl. Ledermann (1990), S. 90 f., insbes. Fn. 403. Zur mangelnden Leistungsbeziehung zwischen Anlegern und Börse vgl. auch Olenhusen (1983), S. 31.
491 Vgl. Schäfer (1987), S. 959; Werner/Machunsky (1989), S. 20 ff.
492 Vgl. das Urteil des Landgerichts Hamburg vom 27. November 1987 (3 O 197/87), in: WM 1989, S. 336 ff.
493 Vgl. Werner/Machunsky (1989), S. 20 ff., insbes. S. 22.

Tätigkeit der Zulassungsstelle jedenfalls dann einen sehr hohen Stellenwert hat, wenn die individuelle Interessenbeeinträchtigung von erheblicher institutioneller Relevanz ist. Und dies ist der Fall, wenn den Anlegern durch den Börsenaustritt plötzlich die Liquidität genommen wird.

(3) Schließlich wird durch die Wertpapierzulassung eine Rechtsbeziehung *auf Dauer* begründet.[494] Dies bedeutet, daß sich der Verwaltungsakt "Wertpapierzulassung" nicht nur in einer einmaligen punktuel-
len Wirkung erschöpft, sondern über einen längeren Zeitraum hinweg
Rechte und Pflichten nach sich zieht. Damit ist allerdings noch nichts
darüber ausgesagt, ob und unter welchen Voraussetzungen dieser Verwaltungsakt selbst oder die durch ihn ausgelösten Dauerwirkungen auf
Wunsch des Emittenten "beseitigt" werden können. Es bleibt deshalb
die Aufgabe, nach Wegen zur "Beseitigung" der Wertpapierzulassung
zu suchen.

bb) Wege zur "Beseitigung" der Wertpapierzulassung
Aus der Sicht einer den Austritt anstrebenden Gesellschaft liegt der
Gedanke nahe, daß der Rückzug von der Börse durch einen einfachen
Verzicht des Emittenten erreicht werden kann. Dadurch könnten aber
öffentliche und individuelle Vertrauensschutzinteressen, die auf Fort-
dauer der Kotierung gerichtet sind, verletzt werden. Um dies zu vermeiden, spricht viel dafür, daß eine Mitwirkung der Zulassungsstelle erforderlich ist. Eine solche Mitwirkung wäre gewährleistet, wenn die Widerrufsvorschriften §§ 49 und 51 VwVfG zur Anwendung kämen. Möglicherweise sind aber auch sie nicht der richtige Ansatz. Deshalb bleibt
für eine Problemlösung evtl. nur der Rückgriff auf die börsenrechtlichen
Normen §§ 36 Abs. 3 und 37 Abs. 1 BörsG, welche ganz allgemein die
Aufgaben der Zulassungsstelle bei der Wertpapierzulassung regeln.

aaa) Verzicht des Emittenten
Zunächst soll der Verzicht in seinen verwaltungsrechtlichen Grundzügen
vorgestellt werden. Anschließend ist zu klären, ob der Emittent durch
einen Verzicht den Börsenaustritt erreichen kann.

(1) Verwaltungsrechtliche Grundlagen
Im Verwaltungsrecht ist seit langer Zeit die Möglichkeit des Verzichts
bekannt.[495] Ein Begünstigter darf auf eine ihm durch einen Verwal-

---

494 Vgl. Schwark (1994), § 36, Rdnr. 16, S. 270; Gericke (1992), S. 55.
495 Vgl. beispielsweise BVerwGE 20, 304 ff.; 38, 160 ff.

tungsakt gewährte Berechtigung grundsätzlich auch verzichten.[496] Diese Möglichkeit besteht nicht nur in jenen Fällen, in denen der Verzicht gesetzlich vorgesehen ist, sondern auch dann, wenn eine solche Option im Gesetz nicht ausdrücklich verankert wurde.[497] Der Verzichtende übt in all diesen Fällen sein Grundrecht auf allgemeine Handlungsfreiheit aus (Artikel 2 Abs. 1 GG).[498]

Unter einem Verzicht versteht man "... eine *einseitige, empfangsbedürftige, unwiderrufliche Willenserklärung, mit deren Zugang der Rechtsvorteil erlischt.*"[499]

Verzichtet werden darf beispielsweise auf ein Abgeordnetenmandat (§ 46 Abs. 1 Nr. 4 BWahlG) oder auch auf verfahrensrechtliche Positionen (Rechtsmittel, mündliche Verhandlung, Anhörung, Fristen)[500]. In der Regel kann auf mitwirkungspflichtige Verwaltungsakte verzichtet werden, weil die Verzichtserklärung der früher erteilten Zustimmung[501] des Bürgers widerspricht (*actus contrarius*).[502] Allerdings ist ein Verzicht nur dann möglich, wenn der Begünstigte dispositionsbefugt ist.[503] Es ist ihm beispielsweise freigestellt, auf einige Grundrechte zu verzichten, allerdings lediglich auf solche, die eingeschränkt werden dürfen.[504] Der Verzicht auf uneinschränkbare Grundrechte (z.B. Artikel 1 GG) ist dagegen ausgeschlossen, weil der Staat eine Schutzfunktion zugunsten des Bürgers zu erfüllen hat - notfalls auch gegen den Willen des Grundrechtsträgers.[505] Auf Fähigkeitsverleihungen, insbesondere auf solche, die der Bürger durch Prüfungen erlangt hat, kann er ebenfalls nicht verzichten, weil eine solche Qualifikation untrennbar mit seiner Person verbunden ist und es sich letztlich um eine in der Person

---

496 Vgl. Wolff/Bachof (1974), § 54 I c, S. 476. Die Möglichkeit des Verzichts besteht nicht nur für Private, sondern in vielen Fällen auch für die Träger öffentlicher Gewalt (vgl. hierzu Quaritsch (1987), S. 409; Jellinek (1966), S. 214 f.). Im folgenden wird der Verzicht der *Privaten* untersucht.
497 Vgl. Wolff/Bachof (1974), § 43 IV, S. 333.
498 Vgl. Quaritsch (1987), S. 410.
499 Quaritsch (1987), S. 408.
500 Vgl. Thieme (1988), S. 252. Vgl. auch das OVG Münster zum Verzicht auf eine Singspielerlaubnis, in: DÖV (1972), S. 57 f.
501 Beispiel: Antrag auf Erteilung einer Erlaubnis.
502 Vgl. Wolff/Bachof (1974), § 43 IV, S. 333 und § 54 I c, S. 476.
503 Vgl. Erichsen (1991), § 10 III 7, Rdnr. 72, S. 224; Wolff/Bachof (1974), § 54 I c, S. 476; Forsthoff (1966), S. 275 f.; Quaritsch (1987), S. 407 ff.
504 Vgl. Wolff/Bachof (1974), § 33 V a 6, S. 221. Vgl. zur Verzichtsproblematik bei Grundrechten auch Quaritsch (1987), S. 410 f.; Erichsen (1991), § 10 III 7, Rdnr. 72, S. 225, Fn. 320.
505 Vgl. Thieme (1988), S. 253.

liegende Tatsache handelt.[506] Aus diesem Grund ist beispielsweise der Verzicht auf die Befähigung zum Richteramt unmöglich.[507] Unter Umständen kommt noch als zusätzliche Schwierigkeit hinzu, daß die Rechtsausübung zugleich im öffentlichen Interesse liegt.[508] Sobald die öffentlichen Belange die privaten Interessen überwiegen, ist ein einseitiger Verzicht durch Privatpersonen nicht mehr möglich.[509] Dies trifft insbesondere auf die Rechtsstellung von Notaren, Beamten, Berufssoldaten und Ministern zu.[510] "Wo der Bestand der subjektiven Rechte lückenlos sein muß, um eine als notwendig angesehene objektive Ordnung aufrechtzuerhalten, die schon durch Ausnahmen gefährdet würde, ..."[511] ist es dem Privaten verwehrt zu verzichten.[512] Der Hoheitsträger muß hier mitwirken, damit das Rechtsverhältnis beendet werden kann. Es muß deshalb beim Hoheitsträger ein Antrag auf Entlassung gestellt werden,[513] so z.b. auch dann, wenn ein Bürger seine deutsche Staatsangehörigkeit aufgeben möchte.[514] In anderen Fällen wiederum ist der Bürger nicht so fest staatlich eingebunden; er darf infolgedessen einseitig verzichten. Aus diesem Grund können Wirtschaftsprüfer, Steuerberater, Ärzte und Apotheker auf ihre Bestallung verzichten.[515]

Generell ist ein Verzicht ausgeschlossen, wenn ein Verwaltungsakt neben Rechten auch *Pflichten* zur Folge hat und deren Erfüllung gleichzeitig im überwiegend öffentlichen Interesse liegt.[516] Deshalb ist beispielsweise der einseitige Verzicht auf die Erlaubnis zur Personenbeförderung unmöglich,[517] auch wenn es sich hier um einen mitwirkungspflichtigen Verwaltungsakt handelt, was zunächst eigentlich für die Zulässigkeit eines Verzichts sprechen würde.

Es sei darauf hingewiesen, daß die in den letzten Abschnitten herausgearbeiteten Grundsätze zum Verzicht nicht nur für natürliche Personen gelten, sondern selbstverständlich auch auf eine Aktiengesellschaft

---

506 Vgl. Thieme (1988), S. 252. Vgl. auch Jellinek (1966), S. 217.
507 Vgl. Thieme (1988), S. 252.
508 Vgl. Erichsen (1991), § 10 III 7, Rdnr. 72, S. 225; Quaritsch (1987), S. 409.
509 Vgl. Quaritsch (1987), S. 409 f.; Wolff/Bachof (1974), § 54 I c 2, S. 476.
510 Vgl. Quaritsch (1987), S. 408 f.
511 Quaritsch (1987), S. 410.
512 Vgl. Quaritsch (1987), S. 410.
513 Vgl. Wolff/Bachof (1974), § 54 I c, S. 476.
514 Vgl. Quaritsch (1987), S. 408.
515 Vgl. Quaritsch (1987), S. 409.
516 Vgl. Wolff/Bachof (1974), § 54 I c, S. 476.
517 Vgl. Wolff/Bachof (1974), § 54 I c, S. 476.

übertragbar sind, soweit diese Träger von Rechten und Pflichten sein kann, die mit denen von Privatpersonen vergleichbar sind.

(2) Jederzeitiges Ausscheiden aus der Börse durch Verzicht?
An früherer Stelle in dieser Arbeit wurde verdeutlicht, daß die Wertpapierzulassung neben begünstigenden auch belastende Rechtsfolgen nach sich zieht.[518] Zudem liegen sowohl die Erteilung als auch die Aufrechterhaltung dieser börsenrechtlichen Erlaubnis zu einem erheblichen Teil im öffentlichen Interesse. Ein unkontrollierter Börsenzugang würde mit großer Wahrscheinlichkeit die Funktionsfähigkeit der Börse und die Erfüllung der übergeordneten staatlichen Aufgaben des Kapitalmarkts gefährden.[519] Beispielsweise würden "schwarze Schafe" unter den potentiellen Börsenkandidaten ihre Chancen nutzen und versuchen, die Anleger zu übervorteilen. Dadurch würde das Vertrauen der Anleger in die Börse in institutionell-relevanter Weise beeinträchtigt. Ähnlich schwerwiegend wären die Folgen, wenn die Börse es den Emittenten überlassen würde, völlig frei über das Beibehalten der Börsenzulassung zu entscheiden. Dies würde den Zielen widersprechen, die der Gesetzgeber mit den börsenrechtlichen Regelungen verfolgt. Deshalb kann es beim Börsenaustritt - ähnlich wie beim Börseneintritt - keine unbegrenzte unternehmerische Handlungsfreiheit geben; auf eine Reglementierung beider Fälle kann nicht verzichtet werden. Aus übergeordneten öffentlichen Interessen sind deshalb *Marktaustrittsschranken* beim Ausscheiden aus der Börse unerläßlich (ähnlich wie es beim Börseneintritt Marktzutrittsschranken geben muß). Die beim Börsenaustritt erforderlichen Beschränkungen wären wirkungslos, wenn der Emittent seine Rechtsbeziehung zur Börse durch einseitigen Verzicht beenden könnte. Aus den genannten Gründen ist es dem Unternehmen versagt, die Wertpapierzulassung mit all ihren Rechten und Pflichten durch eine einseitige Verzichtserklärung zu "beseitigen". Der Emittent hat in dieser Angelegenheit keine (freie) Entscheidungskompetenz.

Anderer Meinung sind allerdings *Eickhoff* und *Fluck*.[520] Sie übersehen dabei jedoch, daß beim *going private* ein **unkontrolliertes** Ausscheiden der Emittenten verhindert werden muß, weil es andernfalls zu einer Gefährdung des Institutionen- und Anlegerschutzes kommt. Der notwendige Schutz öffentlicher Interessen schließt einen Verzicht durch

---

518 Vgl. S. 169.
519 Vgl. zu den Aufgaben und Zielen der Börse S. 62 ff.
520 Vgl. Eickhoff (1988), S. 1714 ff.; Fluck (1995), S. 553 ff., insbes. S. 560.

den Emittenten aus. Beim Börsenaustritt muß der Hoheitsträger eingebunden werden. Für das Erlöschen der börsenrechtlichen Erlaubnis ist
ein Antrag des Emittenten auf Entlassung[521] (oder ähnliches) notwendig, über den das zuständige Börsenorgan befinden muß. Dies bedeutet
letztlich, daß die Börse - ähnlich wie beim Börseneintritt - auch beim
Börsenaustritt aus übergeordneten öffentlichen Interessen eine Kontroll-
funktion hat.

(3) Einmal an der Börse - immer an der Börse?

Die Höhe der beim Börsenaustritt vorhandenen Marktaustrittsschranken
hängt zu einem wesentlichen Teil vom Umfang der notwendigen Kontrollrechte der Börse ab; zu einem weiteren Teil aber auch vom Ausmaß
der den Aktionären zugestandenen Schutzrechte.[522]

(a) Aus Gründen des Anleger- und Institutionenschutzes wird vielfach
die Ansicht vertreten, daß ein Austritt überhaupt ausgeschlossen ist.
Aus der Erteilung der Wertpapierzulassung auf Dauer wird das Recht
der Börse abgeleitet, den Handel mit Wertpapieren einer am Aktienmarkt kotierten Gesellschaft an der Börse auch gegen deren Willen
unbefristet fortzusetzen.[523]

(b) Diese Sichtweise ist allerdings kaum haltbar, und zwar allein schon
deshalb nicht, weil es im Börsengesetz keine Vorschrift gibt, die den
Austritt aus dem Aktienmarkt ausdrücklich untersagt. Es ist zwar richtig, daß es zur Durchsetzung öffentlicher Interessen Marktaustrittsschranken geben muß; die Möglichkeit des Börsenaustritts an sich kann
allerdings von den Börsenvertretern nicht ohne weiteres gänzlich ausgeschlossen werden, da an der Börse nicht nur öffentliche Belange eine
Rolle spielen, sondern zu einem erheblichen Teil auch private.[524] Es
darf nicht übersehen werden, daß die Wertpapierzulassung zu einem
wesentlichen Teil im Interesse des antragstellenden Unternehmens
erfolgte. Weshalb sollen dann umgekehrt beim Wunsch nach einem
Börsenaustritt lediglich die öffentlichen Belange eine Rolle spielen - und
zwar dahingehend, daß der Austritt generell verboten sei? Für eine solche, die grundgesetzlich garantierte Handlungsfreiheit des Unterneh-

---

521 Vgl. Wolff/Bachof (1974), § 54 I c, S. 476.
522 Zu letzterem vgl. unten im Text: S. 190 ff.
523 Vgl. Zahn (1981), S. 114; Ledermann (1990), S. 93.
524 Zu den Interessen vgl. z.B. § 36 Abs. 3 Nr. 3 BörsG und auch Elle (1966),
     S. 292.

mens extrem beschneidende Interpretation der Wertpapierzulassung bedarf es einer gesetzlichen Grundlage (Lehre vom Gesetzesvorbehalt bei Eingriffen der öffentlichen Gewalt in die Rechtsposition Privater)[525]. Die erforderliche Eingriffsermächtigung fehlt hier aber. Die Börse als Teil der staatlichen Gewalt verstößt deshalb gegen das Grundgesetz, wenn sie die Möglichkeit des Börsenaustritts an sich ausschließt. Selbst wenn gesetzlich ein gänzlicher Ausschluß des Börsenaustritts vorgesehen würde, wäre dies wahrscheinlich verfassungswidrig.

Im übrigen wird zwar durch die Wertpapierzulassung ein Dauerrechtsverhältnis geschaffen; es ist aber nicht einleuchtend, weshalb es nicht trotzdem möglich sein soll, dieses unter bestimmten Voraussetzungen später wieder aufzulösen, wie z.b. auch das Beamtenverhältnis. Es kann von einem Emittenten vernünftigerweise keine "ewige" Bindung an die Börse verlangt werden. Dafür sind die Zukunftsaussichten in einem marktwirtschaftlichen System zu unsicher. Dies liegt u.a. daran, daß die für ein Unternehmen relevanten Wirtschaftsparameter nicht statischer Natur sind, sondern oftmals einem unvorhersehbaren Wandel unterliegen. Eine Gesellschaft, die erfolgreich am Markt wirtschaften will, muß sich Veränderungen anpassen können. Die Börse sollte deshalb die Anpassungsfähigkeit von börsennotierten Gesellschaften fördern und diese nicht etwa durch unnötige Marktaustrittsschranken behindern. Im übrigen darf nicht übersehen werden, daß die Börsenpräsenz den Emittenten überwiegend Vorteile einbringen und nicht etwa nur noch belastend wirken sollte. Letzteres würde den Zielen widersprechen, die der Gesetzgeber mit dem Aktienmarkt verfolgt.

(c) Als Zwischenergebnis bleibt festzuhalten: Ein Börsenaustritt ist im Prinzip sehr wohl möglich. Allerdings sind zur Sicherung des institutionell-relevanten Anlegerschutzes rechtliche Marktaustrittsschranken notwendig.[526]

Auf welcher Rechtsgrundlage und in welchen Formen eine kontrollierende Mitwirkung der Zulassungsstelle beim Börsenaustritt möglich ist, muß noch geklärt werden. Man könnte daran denken, daß hier die Widerrufsvorschriften §§ 49 und 51 VwVfG einschlägig sind.

---

525 Vgl. z.B. Maurer (1994), § 6, Rdnr. 3 ff., S. 97 ff.; Wittern (1987), § 1, Rdnr. 11, S. 17.
526 Vgl. hierzu im einzelnen unten, S. 180 ff.

bbb) Widerruf durch die Zulassungsstelle nach §§ 49 und 51 VwVfG

In der Tat gibt es in der Literatur Stimmen, welche sich auf die verwaltungsrechtlichen Widerrufsvorschriften §§ 49 und 51 VwVfG berufen.

(1) *Eickhoff* argumentiert,[527] es sei nicht einzusehen, daß die Aufhebung eines belastenden Verwaltungsaktes durch Widerruf nach § 49 VwVfG grundsätzlich jederzeit möglich sein soll, "... aber für den Begünstigten trotz ihrer unangenehmen Nebenfolgen die gewährte Gunst "ewig" bestehen bleiben soll."[528] Deshalb könne der Emittent seinen Ausscheidungsantrag auf § 49 VwVfG stützen.[529]

Ferner ist *Eickhoff* der Meinung, daß sich die Gesellschaft auch auf § 51 Abs. 1 Nr. 1 VwVfG berufen kann (Wiederaufgreifen des Verfahrens),[530] wenn man den geäußerten Wunsch nach einem Ausscheiden aus der Börse als einen Akt interpretiert, welcher der früher gegebenen Einwilligung des Emittenten zur Erteilung der Wertpapierzulassung widerspricht (*actus contrarius*). Es entfalle das für den Erlaß des Verwaltungsakts "Wertpapierzulassung" unabdingbare Einverständnis des Unternehmens, ohne das die börsenrechtliche Erlaubnis nie hätte erteilt werden dürfen (§ 36 Abs. 2 BörsG). Die dem Verwaltungsakt zugrundeliegende Sachlage habe sich somit nachträglich geändert, weshalb die Zulassungsstelle gezwungen sei, auf Antrag des Emittenten ein Aufhebungsverfahren einzuleiten.[531]

(2) Diese von *Eickhoff* angebotenen Lösungen (§§ 49 und 51 VwVfG) erscheinen schon im Ansatz verfehlt. *Eickhoff* stellt dabei in erster Linie auf den Begünstigten, den Emittenten, ab. Dies entspricht zwar dem Schutzanliegen der §§ 49, 51 VwVfG, wird aber der hier zu lösenden Problematik nicht gerecht, da es beim Börsenaustritt maßgeblich um die Beseitigung einer Vertrauensschutzposition des Anlegerpublikums geht, die zuvor durch den Emittenten beim *going public* verantwortlich begründet wurde. Darauf sind diese Vorschriften nicht zugeschnitten. Das zeigt, daß diese Bestimmungen hier weder unmittelbar noch mittelbar greifen. Da sonstige einschlägige allgemeine verwaltungsrechtliche Vorschriften fehlen, bleibt deshalb *de lege lata* nur, daß die bereits

---

527 Vgl. Eickhoff (1988), S. 1716.
528 Eickhoff (1988), S. 1716.
529 Vgl. Eickhoff (1988), S. 1716 f.
530 Zum Nebeneinander der §§ 49 und 51 VwVfG vgl. Meyer (1976), § 51, Rdnr. 3 f., S. 329 f.
531 Vgl. zu diesem Abschnitt Eickhoff (1988), S. 1716 f.

für notwendig angesehene Kontrollkompetenz der Zulassungsstelle aus den allgemeinen börsenrechtlichen Normen (§§ 36 Abs. 3 und 37 Abs. 1 BörsG) abgeleitet wird.

ccc) Mitwirkung der Zulassungsstelle nach § 36 i.V.m. § 37 BörsG

(1) Beide Vorschriften gelten zunächst für den Börseneintritt und gewähren der Zulassungsstelle eine Kontrollkompetenz, denn zum Schutz der Börse und der Anleger muß es, wie nochmals zu betonen ist, Marktzutrittsschranken geben (keine unbegrenzte unternehmerische Handlungsfreiheit).[532] Der Börsenkandidat muß einen Antrag auf Wertpapierzulassung stellen (§ 36 Abs. 2 BörsG). Die Zulassungsstelle hat diesem Antrag stattzugeben, wenn der Emittent die im Gesetz enumerativ aufgeführten Voraussetzungen erfüllt und keine gesetzlich fixierten Versagungsgründe vorliegen (z.B. § 36 BörsG).

Die Kontrollkompetenz der Zulassungsstelle gilt allerdings nicht nur für den Zeitpunkt, in dem ein Emittent eine Wertpapierzulassung beantragt. Vielmehr begründet die Wertpapierzulassung, wie oben bereits festgestellt, eine Rechtsbeziehung auf Dauer,[533] weshalb sich die Kontrollkompetenz der Zulassungsstelle ebenfalls auf Dauer, d.h. über den gesamten Kotierungszeitraum des Emittenten hinweg, erstreckt. Dies kommt in § 37 Abs. 1 BörsG deutlich zum Ausdruck, der vorschreibt, daß die Zulassungsstelle die Einhaltung der (oft wiederkehrenden) Emittentenpflichten, die sich aus der Wertpapierzulassung ergeben, überwachen muß. Fraglich ist, ob und inwieweit auch der Börsenaustritt noch zu der in den §§ 36 und 37 BörsG angesprochenen Zulassung gehört. Bei vordergründiger Betrachtung scheint es, als müsse dies verneint werden, weil der Austritt keine Zulassung ist. Die nachfolgenden Gründe sprechen jedoch dafür, daß auch der Börsenaustritt unter dem Begriff "Zulassung" im Sinne der genannten Vorschriften und den damit verbundenen Kontrollkompetenzen der Zulassungsstelle erfaßt werden kann und muß.

Zunächst ist zu bedenken, daß der Börsenaustritt der *actus contrarius* zum Börseneintritt ist. Dies ist zunächst nur ein formales Argument. Es gewinnt jedoch an materieller Bedeutung, wenn man berücksichtigt, daß die an den Begriff "Zulassung" anknüpfenden Kontrollkompetenzen

---

532 Vgl. S. 160 f., 174 f.
533 Vgl. S. 171.

der Zulassungsstelle einen möglichst umfassenden Schutz des Publikums bezwecken. Da gerade durch einen *unkontrollierten* Börsenaustritt die Vertrauensschutzinteressen des Publikums in erheblichem Umfang beeinträchtigt werden können, muß auch der Börsenaustritt eine Angelegenheit sein, welche in die "Zulassungs-Kontrollkompetenz" der Zulassungsstelle fällt (§ 36 i.V.m. § 37 BörsG).

(2) Damit ist aber bisher nur festgestellt, daß die Zulassungsstelle auch beim Börsenaustritt Kontrollkompetenzen hat und daß sie sich an dem allgemeinen Maßstab "Schutz des Publikums" (institutionell-relevanter Anlegerschutz) orientieren muß. Offen ist noch, in welcher Form sie beim Börsenaustritt kontrollierend eingreifen kann und muß. Vorstellbar wäre, daß die Zulassungsstelle bei einem Austrittsbegehren lediglich bestimmte Untersagungsmöglichkeiten hat, wenn der Ausscheidungsantrag offensichtlich gegen die Vertrauensinteressen des Publikums verstößt. Denkbar und u.U. sogar notwendig könnte es aber auch sein, daß die Börse den Austritt des Emittenten in jedem Fall von einer vorher erteilten Genehmigung abhängig macht. Das Gesetz gibt darauf keine unmittelbare Antwort. § 37 Abs. 1 BörsG bestimmt lediglich allgemein, daß die Zulassungsstelle Maßnahmen zum Schutz des Publikums trifft. Die Wahl der konkreten Maßnahmen wird damit in das pflichtgemäße Ermessen der Börse gestellt. Sie muß sich bei der Ausübung dieses Ermessens an den Erfordernissen des institutionell-relevanten Anlegerschutzes orientieren.

Beim Börsenaustritt muß die Zulassungsstelle unter dem Aspekt des Anlegerschutzes in jedem Fall eine Untersagungsverfügung erlassen dürfen, wenn die Sicherung der Vertrauensschutzinteressen der Anleger dies erfordert. Das ist aber lediglich eine sehr schwache Form der Mißbrauchskontrolle. Eine solche eingeschränkte Kontrollkompetenz wird den Gefahren, die beim *going private* für die Anleger und das Ansehen der Börse entstehen können, nicht gerecht und tendiert zu sehr in Richtung des oben bereits verworfenen Wegs eines einseitigen Verzichts.[534] Deutlich stärker wäre die Mißbrauchskontrolle, wenn die Zulassungsstelle den Austritt von einem Genehmigungsvorbehalt abhängig machen darf und muß. Die Zulassungsstelle würde dadurch bei jedem Fall eines Börsenaustritts berechtigt und verpflichtet.

---

534 Vgl. nochmals S. 174 f.

Diese Form der Kontrollkompetenz der Zulassungsstelle erscheint beim Börsenaustritt dringend geboten, um Schaden von der Börse und den Anlegern fernzuhalten. Im übrigen sei daran erinnert, daß der Gesetzgeber eine solche Form der Mißbrauchskontrolle beim Börseneintritt bereits festgeschrieben hat, da dort ähnlich schwerwiegende Gefahren für die Institution "Börse" und die Anleger drohen können. Deshalb spricht eigentlich alles dafür, daß der Börsenaustritt als *actus contrarius* zum Börseneintritt ebenfalls nur auf Antrag möglich ist.

2. Die Konsequenzen für die Börse

Es hat sich gezeigt, daß die Ansicht "einmal an der Börse - immer an der Börse" ebensowenig haltbar ist wie die Auffassung, daß eine börsennotierte Gesellschaft die Börse nach Gutdünken jederzeit wieder verlassen darf.[535] Der Austritt muß prinzipiell möglich sein, da man sonst die unternehmerische Handlungsfreiheit zu sehr beschneiden würde. Das Ausscheiden ist aber nur zulässig, wenn der institutionell-relevante Anlegerschutz erhalten bleibt, d.h. es müssen hohe Marktaustrittsbarrieren überwunden werden. Die Zulassungsstelle hat folglich die unternehmerische Handlungsfreiheit und die öffentlichen Interessen (institutionell-relevanter Anlegerschutz) gegeneinander abzuwägen. Diese schwierige Abwägung muß sich im einzelnen wie folgt vollziehen:

Die Zulassungsstelle hat die Konsequenzen abzuschätzen, die eine Entlassung des Emittenten im *konkreten Einzelfall* mit sich bringen würde. Dabei ist zu prüfen, inwieweit die Anlegerinteressen verletzt werden und ob aus dieser Interessenbeeinträchtigung negative Auswirkungen für den Institutionenschutz zu erwarten sind. Bei der Entscheidung des Börsenorgans spielt es auch eine wichtige Rolle, inwieweit dem Unternehmen das Fortbestehen der Börsenpräsenz zumutbar ist. Die Zulassungsstelle muß, wie angedeutet, die öffentlichen und privaten Interessen gegeneinander *abwägen*, wobei sie nicht ohne weiteres den öffentlichen Belangen den Vorzug geben darf.[536] Die Börse hat bei ihrer Entscheidung darauf zu achten, daß sie sich als Teil der öffentlichen Gewalt immer innerhalb der von Gesetz und Recht vorgegebenen

---

535 Vgl. S. 174 ff.
536 Es sei darauf hingewiesen, daß die Zulassungsstelle ihre Tätigkeit sowohl im öffentlichen als auch im privaten Interesse ausübt; vgl. dazu beispielsweise Elle (1966), S. 292 f. Vgl. außerdem Werner/Machunsky (1989), S. 20 ff.

Schranken bewegt (Artikel 20 Abs. 3 GG). Dabei ist besonders der *Grundsatz der Verhältnismäßigkeit* zu beachten. Die von der Behörde getroffene Entscheidung muß geeignet, notwendig und angemessen sein.[537]

In jenen Fällen, in denen der Ausscheidungswunsch des Emittenten die Funktionsfähigkeit der Börse nicht bedroht - weil noch näher zu bestimmende Schutzstandards eingehalten werden -, besteht keine Veranlassung mehr, ein Unternehmen an der Börse zu halten. Die grundgesetzlich geschützte unternehmerische Handlungsfreiheit (Artikel 2, 9 Abs. 1, 12, 14 GG) darf nicht grundlos eingeschränkt werden. Die Zulassungsstelle würde gegen den Grundsatz der Verhältnismäßigkeit verstoßen, wenn sie den Ausscheidungsantrag des Emittenten ablehnen würde; sie muß vielmehr die Entlassung aussprechen.

Dieses Ergebnis bedarf einer eingehenden Erläuterung und Präzisierung. Dabei muß bei Börsenaustritt zwischen den Fällen *going private* und Teilrückzug von der Börse unterschieden werden, denn es kann sich im weiteren Verlauf der Untersuchung ergeben, daß in diesen Fällen verschieden hohe Marktaustrittsbarrieren erforderlich sind, um einen ausreichenden Interessenschutz zu gewährleisten.

a) Vollständiger Börsenrückzug

Auch wenn sich ein Unternehmen durch die Wertpapierzulassung nicht für "immer und ewig" an die Börse binden will, geht der Emittent gleichwohl ein Dauerrechtsverhältnis mit der Börse ein. Die Gesellschaft gibt konkludent mit dem Antrag auf Wertpapierzulassung eine Zusicherung ab, künftig am Aktienmarkt bleiben zu wollen. Die Anleger zeichnen infolgedessen die Aktien einer Neuemission im Glauben daran, daß der Emittent seine Unternehmenspolitik bezüglich der Börsenpräsenz beibehält. *Der Wertpapiererwerb erfolgt letztlich im Vertrauen auf den Bestand der Zulassung.*[538]

aa) Vor diesem Hintergrund ist es kaum verwunderlich, daß die meisten Anleger das Going-Private-Vorhaben des Emittenten als schwerwiegenden Vertrauensbruch einstufen. Außerdem erleiden viele Anleger durch

---

537 Zum Grundsatz der Verhältnismäßigkeit vgl. Maurer (1994), § 10, Rdnr. 17, S. 225 f.
538 So auch Gericke (1992), S. 55.

den Rückzug von der Börse erhebliche Nachteile: Es wird ihnen vor allem der Markt für ihre Aktien genommen, was Vermögens- und Liquiditätsnachteile zur Folge hat.[539] Ferner ist eine solche Vorgehensweise des Emittenten so außergewöhnlich, daß zahlreiche Aktionäre vom *going private* überrascht werden. *Folglich sind die Eigentümer einer börsennotierten Gesellschaft besonders schutzwürdig.*

Ein mangelnder Schutz der Anleger bedroht die Börse in ihrer Funktionsfähigkeit; die Glaubwürdigkeit der organisierten Kapitalmärkte steht auf dem Spiel. Der Anlegerschutz am Markt wird in institutionell-relevanter Weise berührt, weshalb ein börsenrechtlicher Schutz notwendig ist. Der Aktienmarkt kann seine Primär- und Sekundärmarktaufgaben nämlich nur dann erfüllen, wenn sichergestellt ist, daß die Anleger in der Regel auf die *Kontinuität* der Wertpapierzulassung *vertrauen* dürfen und ihre Anlegerinteressen gewahrt werden.

Oben wurde bereits gezeigt, daß der Austritt zwar im Prinzip möglich ist, daß aber ein jederzeitiges Ausscheiden nach Gutdünken des Emittenten aus institutionellen Gründen verhindert werden muß.[540] Zur Erhaltung des Vertrauens der Anleger in die organisierten Kapitalmärkte sind hohe Marktaustrittsbarrieren erforderlich, damit das *going private* die seltene Ausnahme bleibt.

bb) Im Rahmen ihrer drittschützenden (anlegerschützenden) Funktion muß die Zulassungsstelle die öffentlichen und privaten Interessen gegeneinander abwägen. Sie prüft, ob ein berechtigtes Interesse des Emittenten am *going private* besteht, wobei die Gesellschaft eine Darlegungspflicht hat. Eine materielle Prüfung der vom Emittenten vorgebrachten Gründe erscheint allerdings nur schwer durchführbar, da die Kriterien, anhand derer die Prüfung zu erfolgen hat, kaum praktikabel sein können (Operationalitätsproblem). Deshalb bietet sich als Ausweg eine *Formalisierung* an.

(1) Der Vorstand des Emittenten muß als Nachweis für das Ausscheidungsinteresse der Gesellschaft einen legitimierenden Going-Private-Beschluß der Hauptversammlung bei der Börse einreichen. Die Zulas-

---

539 Vgl. zu den auftretenden Nachteilen die Ausführungen auf S. 106 ff.
540 Vgl. S. 174 ff.

sungsstelle prüft anschließend, ob die gesellschaftsrechtlich erforderliche Beschlußmehrheit eingehalten wurde. Liegt die Zustimmung der Hauptversammlung vor und wurde die notwendige Mehrheit erreicht, hat die Gesellschaft "ihr" Interesse grundsätzlich ausreichend nachgewiesen. Allerdings müssen, wie im folgenden zu zeigen sein wird, auch die Gegeninteressen berücksichtigt werden.

(2) Der Nachweis, daß ein auf eine (qualifizierte)[541] Mehrheit gestütztes Ausscheidungsinteresse vorliegt, genügt für sich allein nicht, um die Funktionsfähigkeit der Börse zu sichern. Vielmehr muß die Zulassungsstelle zusätzlich eine angemessene Frist setzen, innerhalb derer die Aktien an der Börse weitergehandelt werden können, bevor der Austritt vollzogen werden darf. Der Emittent seinerseits muß den Ausscheidungstermin rechtzeitig in den Börsenpflichtblättern veröffentlichen. Die Börse hat wiederum darüber zu wachen, daß die Gesellschaft ihrer Publizitätsverpflichtung nachkommt. Durch diese Schutzvorkehrungen wird einerseits verhindert, daß die Aktionäre den Handelsmarkt "Börse" unvermittelt verlieren, denn die Anleger sollen ausreichend Zeit haben zu entscheiden, ob sie trotz des Wegfalls des Marktes nach wie vor Gesellschafter bleiben oder ihr Aktien-Engagement lieber beenden wollen. Andererseits wird das Publikum durch die Ankündigung vor einem Aktienkauf gewarnt, da die potentiellen Anleger hohe Risiken eingehen, wenn sie Aktien einer austretenden Gesellschaft erwerben.

(3) Die vorgestellten, beim *going private* einzuhaltenden Voraussetzungen (Nachweis des Ausscheidungsinteresses sowie Setzung einer Frist und frühzeitige Publizität) genügen allerdings immer noch nicht, um einen ausreichenden Anlegerschutz am Markt zu gewährleisten, denn diese Maßnahmen verhindern nicht, daß verkaufswillige Aktionäre einer den Austritt anstrebenden Gesellschaft u.U. erhebliche *Kursverluste am Markt* hinnehmen müssen. Zu deutlichen Verlusten wird es mit großer Wahrscheinlichkeit kommen, weil sich viele Minderheitsaktionäre nach dem Bekanntwerden der Ausscheidungsabsicht des Unternehmens unter allen Umständen von ihren Anteilen trennen werden, um so den Risiken zu entgehen, denen Minderheiten in unnotierten Gesellschaften ausgesetzt sind. Die zahlreich am Markt angebotenen Aktien werden in

---

541 Zur Notwendigkeit einer qualifizierten Mehrheit vgl. unten, S. 196 ff.

der Praxis wohl nur mühsam und nur mit erheblichen Kursabschlägen abzusetzen sein, weil sich das Publikum mit Käufen zurückhält. Man kann sich zwar auf den Standpunkt stellen, daß Aktionäre diese Marktrisiken selbst zu tragen haben, weil sie auch in bestimmten anderen Fällen wie bei vorübergehender oder sogar ungefristeter Handelssuspendierung (§ 43 Abs. 1 BörsG: Kursaussetzung bzw. Kurseinstellung)[542] Einschränkungen der Fungibilität der Aktien hinnehmen müssen. Bei dieser Auffassung wird allerdings übersehen, daß die Eigentümer beim *going private* aus den oben genannten Gründen besonders schutzbedürftig sind. Das *going private* ist im übrigen nicht mit den Fällen Kursaussetzung und Kurseinstellung vergleichbar. Allein schon deshalb ist diese Argumentation im Ansatz verfehlt. Beim *going private* zerstört der Emittent das beim *going public* begründete Vertrauensverhältnis zu den Aktionären. Und damit müssen die Anleger grundsätzlich nicht rechnen. Es muß daher nach einer Lösung gesucht werden, die einen drastischen Kursverfall an der Börse möglichst ausschließt und gleichzeitig die Vermögensinteressen der Aktionäre weitestgehend sichert; andernfalls würden die Anleger ihr Vertrauen nicht nur in die austretende Gesellschaft verlieren, sondern auch in zahlreiche andere börsennotierte Unternehmen[543] und schließlich in die Börse selbst. Das wiederum würde die Funktionsfähigkeit des Aktienmarktes in Frage stellen. Es ist evident, daß die Gefahren für die Börse und die Anleger nur dann verhindert werden können, wenn den benachteiligten Aktionären eine *angemessene Entschädigung* angeboten wird. *Zur Sicherung des am Aktienmarkt unabdingbaren Institutionen- und Anlegerschutzes muß die Börse daher ihre Zustimmung zum going private von der Unterbreitung von Abfindungs- und Umtauschangeboten an die benachteiligten Aktionäre abhängig machen.*

(4) Zur Sicherung der Glaubwürdigkeit des Kapitalmarkts wäre eigentlich eine eingehende Angemessenheitsprüfung durch die Zulassungsstelle angezeigt, denn es sollte verhindert werden, daß die Anleger durch zu niedrige Abfindungsangebote übervorteilt werden. Eine solche Prüfungspflicht würde jedoch zu einer Überforderung der Zulassungsstelle führen und deren Aufgabenbereich sprengen. Zum einen fehlt der

---

542 Vgl. hierzu z.B. Rodrian (1990), § 43, Nr. 1 ff., S. 132 ff.
543 Das Beispiel des einen Unternehmens könnte bei anderen Schule machen.

Börse das hierfür notwendige qualifizierte, auf Unternehmensbewertungsfragen spezialisierte Personal. Zum anderen verfügt die Zulassungsstelle im Gegensatz zu den Gerichten nicht über die für eine Anteilsbewertung erforderlichen Beweiserhebungsmittel (Bestellung von Sachverständigen etc.). Die §§ 36 und 37 BörsG sind hierauf nicht zugeschnitten. Im übrigen darf nicht übersehen werden, daß die Verknüpfung des Angemessenheitsproblems mit dem zugrundeliegenden Going-Private-Vorhaben mit unzumutbaren Konsequenzen für die am *going private* interessierten Aktionäre verbunden ist. Schwierigkeiten bei der Bestimmung des "wahren" Anteilswertes und Streitigkeiten über die Höhe der Abfindung könnten den Börsenaustritt u.U. über Jahre blockieren. Dies würde eine übermäßige Einschränkung der Interessen der Aktionärsmehrheit bedeuten. Aus all diesen Gründen kann es grundsätzlich keine Angemessenheitsprüfung durch die Zulassungsstelle geben. Vielmehr erscheint eine Entkopplung des Angemessenheitsproblems von dem zugrundeliegenden Going-Private-Vorhaben dringend geboten. Ziel muß es sein, möglichst bald eine Entscheidung darüber herbeizuführen, ob ein beantragtes *going private* zulässig ist. Hierbei kommt der Zulassungsstelle die wichtige Aufgabe zu, aus börsen- und verwaltungsrechtlicher Sicht über die Zulässigkeit des Entlassungsantrages des Emittenten zu befinden, d.h. die Genehmigung des Ausscheidungsantrages zu erteilen bzw. zu versagen.[544] Die Frage allerdings, ob die vorgesehene Abfindung angemessen ist, hat die Zulassungsstelle bei ihrer Verwaltungsentscheidung grundsätzlich nicht zu untersuchen. Die Angemessenheitsprüfung, die sich möglicherweise über viele Jahre hinzieht, kann vielmehr nur von den Zivilgerichten vorgenommen werden, sofern diese von Aktionären angerufen werden. Dieser Lösungsweg findet seine Parallelen im Aktienrecht, welches für ähnlich gelagerte Fälle eine Entkopplung der zugrundeliegenden Unternehmensmaßnahme von der Angemessenheitsproblematik vorsieht. Man denke z.B. an die Verschmelzung, an Beherrschungs- und Gewinnabführungsverträge und an die Umwandlung einer Aktiengesellschaft in eine Gesellschaft mit beschränkter Haftung. In diesen Fällen

---

544 Vollständigkeitshalber sei darauf hingewiesen, daß die Entscheidung der Behörde "Zulassungsstelle" vom Emittenten vor den Verwaltungsgerichten angefochten werden kann (Verwaltungsgerichte als weitere Kontrollinstanz beim *going private*). Vgl. allgemein zum Klagerecht des Emittenten gegen Entscheidungen der Börse z.B. Rodrian (1990), § 39, Nr. 1 f., S. 127; Schwark (1994), § 36, Rdnr. 26 f., S. 275 f.

186

wird die Angemessenheit der Abfindungen *gesondert* von der Zulässigkeit der zugrundeliegenden Unternehmensmaßnahmen gerichtlich (auf
Antrag) überprüft (Spruchstellenverfahren).[545]

Die Verlagerung der Angemessenheitsproblematik auf die Gerichte ent-
bindet die Zulassungsstelle allerdings nicht gänzlich von einer Prüfungspflicht bzgl. der Abfindungshöhe, denn die Kapitalmärkte würden
schweren Schaden nehmen, wenn die Zulassungsstelle nicht gegen
offenkundig unangemessen niedrige Abfindungs- und Umtauschangebote vorgehen dürfte und müßte. Deshalb muß man zu dem Ergebnis
kommen, daß die Börse in jenen Fällen, in denen die Höhe des Entschädigungsangebotes unverkennbar zu niedrig bemessen ist, das Recht und
die Pflicht hat, die Genehmigung des *going private* zu verweigern, da
sonst das für den Börsenbetrieb unabdingbare Vertrauen der Anleger
verlorengehen würde (institutionell-relevanter Anlegerschutz).[546]

(5) Schließlich kann die Glaubwürdigkeit der organisierten
Kapitalmärkte nur dann erhalten werden, wenn die Börse sicherstellt,
daß die Gutgläubigkeit der Anleger vom Emittenten nicht in
unzulässiger Weise ausgenutzt wird. Die Zulassungsstelle muß daher
prüfen, ob der Austritt *"zur Unzeit"* erfolgt: Das Unternehmen würde
gegen den Grundsatz von Treu und Glauben und gegen die
Geschäftsgrundlage des Börsenzulassungsprospekts verstoßen, wenn
es die Börse bereits kurze Zeit nach dem *going public* wieder verlassen
wollte. Eine solche Vorgehensweise verletzt die Rechte der Neu-
Aktionäre aufs gröbste und verstößt gegen die guten Sitten. Ganz
ähnlich liegt der Fall, wenn eine bereits börsennotierte Gesellschaft eine
Kapitalerhöhung am Markt plaziert und kurz darauf ein *going private*
anstrebt, ohne daß dies vorher bekanntgegeben wurde. Auch hier wird
gegen die guten Sitten verstoßen. Der Rückzug von der Börse ist in all
diesen Fällen unzulässig. Die Zulassungsstelle muß zur Sicherung der
Glaubwürdigkeit des Aktienmarktes die Anträge der Emittenten
ablehnen, denn nur so kann der institutionell-relevante Anlegerschutz
am Markt aufrechterhalten werden.

---

545 §§ 305 Abs. 5, 306 AktG, §§ 212, 34, 15 UmwG. Näheres zur Angemessenheitskontrolle vgl. unten, S. 205 f.
546 Ähnliche Kompetenzen hat die Zulassungsstelle übrigens auch beim *going
public*. Die Wertpapierzulassung ist nämlich zu versagen, wenn die Käufer
einer Neuemission vom Börsenkandidaten offensichtlich übervorteilt werden
(Schutz vor "Mondpreis"-Emissionen nach § 36 Abs. 3 Nr. 3 BörsG).

cc) Überwindet der Emittent die aufgeführten Marktaustrittsschranken und wurde die "zeitliche Streckung" (Frist) eingehalten, ist anzunehmen, daß der institutionell-relevante Anlegerschutz am Markt erhalten bleibt. In diesem Fall sind keine Gründe ersichtlich, weshalb der Verbleib des Emittenten an der Börse weiterhin notwendig sein soll. Das evtl. von Börsenvertretern vorgebrachte Argument, daß durch ein *going private* die wirtschaftliche Leistungsfähigkeit der organisierten Kapitalmärkte bedroht werde, erscheint kaum stichhaltig: zum einen, weil die Bedeutung des Leistungsvermögens einer Börse für die Erhaltung des Institutionenschutzes im Vergleich zur Sicherung des institutionell-relevanten Anlegerschutzes am Markt gering ist; zum anderen, weil eine Bedrohung der wirtschaftlichen Leistungsfähigkeit der Börse durch das *going private* in der Praxis wohl auszuschließen ist. Zur Wahrung des Grundsatzes der Verhältnismäßigkeit muß daher beim *going private* auf Antrag des Emittenten die Entlassung ausgesprochen werden. Dies trifft insbesondere auf Fälle zu, in denen nur noch wenige Aktionäre Anteilseigner einer börsennotierten Gesellschaft sind und der Handel an der Börse nahezu bedeutungslos geworden ist.[547] Das Ausscheiden des Unternehmens beeinträchtigt die Funktionsfähigkeit der Börse hier sicherlich nicht. Wird der institutionell-relevante Anlegerschutz gewahrt, muß die Zulassungsstelle den Austritt (auf Wunsch des Emittenten), wie gesagt, aus Gründen der Verhältnismäßigkeit genehmigen.

dd) Die vorstehenden Ausführungen zeigen, daß sich das Problem des *going private* bereits auf der Grundlage des geltenden Rechts lösen lassen. Man bewegt sich dabei aber auf "unsicherem Grund". Und es bleibt deshalb fraglich, ob die gefundene Lösung als dem geltenden Recht entsprechen akzeptiert wird. Deshalb wird der Gesetzgeber aufgefordert, sich dem Going-Private-Problem zuzuwenden. Zur Verbesserung der Rechtssicherheit sollte er die dargestellten Lösungen im Börsenrecht klar fixieren. Man müßte dann erstens nicht mehr auf das Ver-

---

547 Es sei darauf hingewiesen, daß für die New York Stock Exchange in diesen Fällen ein *delisting* vorgeschrieben ist. Vgl. hierzu Kleinbard (1975), S. 904, Fn. 7; Niesar/Niebauer (1992), S. 238. Vgl. auch Loss/Seligman (1990), S. 1889, Fn. 84.
§ 43 Abs. 3 BörsG ist weit weniger strikt. Diese Vorschrift eröffnet deutschen Börsen die *Möglichkeit* - keine Pflicht -, die Wertpapierzulassung aus eigenem Antrieb zu widerrufen, wenn auf Dauer kein ordnungsgemäßer Handel gewährleistet ist und dieser eingestellt wurde.

fassungsrecht zurückgreifen, um das *going private* zu ermöglichen; zweitens würden keine Streitigkeiten über den Umfang der Prüfungspflichten der Zulassungsstelle entstehen. Insbesondere sollte klar geregelt werden, daß der Emittent einen Anspruch auf Entlassung hat, sofern der institutionell-relevante Anlegerschutz gewahrt wird. Schließlich sollte der Gesetzgeber bestimmen, ob neben dem Vorstand des Unternehmens - er vertritt die Gesellschaft im Außenverhältnis gerichtlich und außergerichtlich - auch die Einzelaktionäre eine *Klagebefugnis gegen Entscheidungen der Zulassungsstelle haben*. Denn bisher ist es umstritten, ob sich Aktionäre - sie stehen in keiner Rechtsbeziehung zu den Börsenorganen - auf eine *Drittwirkung* börsenrechtlicher Verwaltungsakte in dieser Weise berufen dürfen.[548]

b) Teilrückzug von der Börse

Im folgenden ist noch zu prüfen, wie sich die Börse bei Beantragung eines Teilrückzugs zu verhalten hat.

aa) Strebt der Emittent statt des Rückzugs von allen Börsenplätzen lediglich einen partiellen Austritt an (Börsenpräsenzreduktion), haben die Anleger nach wie vor die Möglichkeit, Aktien an der Börse zu kaufen und zu verkaufen, weil sie auf die restlichen Märkte *ausweichen* können. Auch wenn es u.U. zu Informationsnachteilen und zu Kostenbelastungen für die Aktionäre kommt, werden trotzdem die Individualinteressen im wesentlichen gewahrt.[549] Deshalb bleibt auch das Vertrauen der Anleger in die organisierten Kapitalmärkte erhalten. Folglich wird der institutionell-relevante Anlegerschutz am Markt durch den Wunsch des Emittenten nicht in Frage gestellt. Lediglich die vom Teilrückzug betroffenen *einzelnen* Börsenplätze erleiden möglicherweise durch die Verringerung des Umfangs des Kurszettels Nachteile. Diese Nachteile bleiben jedoch unberücksichtigt, da örtliche Verhältnisse einer Börse bereits bei der Zulassung von Wertpapieren an *mehreren* Börsenplätzen keine Rolle spielen dürfen (§ 39 Abs. 3 Satz 2 BörsG). Dies muß dann umgekehrt auch für den partiellen Austritt gelten. Eine vom

---

548 Vgl. Schwark (1994), § 36, Rndr. 27, S. 276; Ledermann (1990), S. 90 f., insbes. Fn. 403; Olenhusen (1983), S. 31. Vgl. auch S. 169 ff. der vorliegenden Arbeit.
549 Vgl. zu den evtl. auftretenden Nachteilen die Ausführungen auf S. 109.

Austritt betroffene Börseneinrichtung darf deshalb dem Wunsch des Emittenten nicht im Wege stehen. Sie muß die Gesellschaft aus Verhältnismäßigkeitsgründen entlassen.

Zur Sicherung des institutionell-relevanten Vertrauens der Anleger in die Kapitalmärkte hat die vom Austritt betroffene Börse - ähnlich wie beim *going private* - allerdings eine angemessene Frist zu setzen, innerhalb welcher der organisierte Handel fortgesetzt werden kann. Der Emittent seinerseits muß den Ausscheidungstermin rechtzeitig in den Börsenpflichtblättern veröffentlichen. Durch diese Maßnahmen können sich die Anleger - im übrigen auch die Makler - frühzeitig auf die veränderte Situation einstellen. Diese Anforderungen genügen, um den Anlegerschutz am Markt in ausreichender Weise zu gewährleisten. Darüber hinausgehende börsenrechtliche Marktaustrittsschranken - wie sie oben beim *going private* vorgestellt wurden - erscheinen dagegen unnötig und sind deshalb abzulehnen. Beispielsweise kann es keine Pflicht zur Vorlage von Entschädigungsangeboten geben.

bb) Allerdings besteht beim Teilrückzug von der Börse möglicherweise das Risiko, daß durch die niedrigen Marktaustrittsschranken ein Konzentrationsprozeß unter den Börsen begünstigt wird, da sich zahlreiche Unternehmen aus Kostengründen nur noch an der "Hauptbörse" notieren lassen wollen. Sind die Gefahren für die Stellung von kleinen Regionalbörsen unerwünscht, sollte der Gesetzgeber nach Abwägung der unterschiedlichen Interessen gegebenenfalls den Teilrückzug erschweren. Jedoch sollte man zunächst versuchen, die Attraktivität einer parallelen Notierung an mehreren Börsenplätzen zu verbessern, um Ausscheidungsbegehren von vornherein zu vermeiden.[550]

---

[550] Vgl. zu den Problemen des parallelen Handels nochmals S. 121 f.

II. Der gesellschaftsrechtliche Schutz

Angesichts der restriktiven Verwaltungspraxis[551] der Börsen gegenüber den Ausscheidungswünschen der Emittenten brauchten sich Aktionäre, die den Börsenaustritt ablehnen, bislang in der Regel keine Gedanken über ihren Schutz zu machen. Dies wird sich ändern, wenn die Zulassungsstellen ihre Verwaltungspraxis entsprechend den dargestellten Rechtsgrundsätzen anpassen, d.h. einem mehrheitsgestützten Antrag grundsätzlich stattgeben, sofern nicht ausnahmsweise gewichtige Versagungsgründe dagegen sprechen.

Man könnte meinen, daß die Aktionäre bereits durch den im Börsenrecht verankerten institutionell-relevanten Anlegerschutz einen ausreichenden Individualschutz erhalten. Dabei ist jedoch zu bedenken, daß dieser börsenrechtliche Schutz nur *indirekt* wirkt und deshalb erhebliche rechtliche Unsicherheiten bestehen, ob einzelne durch Entscheidungen der Zulassungsstelle benachteiligte Aktionäre gegen Beschlüsse der Börse klagen können. Entsprechende Klagemöglichkeiten bestünden nur, wenn die Tätigkeit der Zulassungsstelle *unmittelbar* drittschützende Wirkung hätte, was nach wohl herrschender Meinung nicht der Fall ist.[552] Dies zeigt, daß der Schutz der einzelnen dissentierenden Aktionäre nicht allein durch das Börsenrecht, sondern in erster Linie durch das Gesellschaftsrecht gewährleistet werden muß, welches primär auf Individualschutz ausgerichtet ist.

Der Umfang des gesellschaftsrechtlichen Aktionärsschutzes hängt zu einem erheblichen Teil von der bei Börsenaustritt gegebenen gesellschaftsinternen Kompetenzverteilung ab. Deshalb soll zunächst geklärt werden, welches Gesellschaftsorgan überhaupt zuständig ist. Im Anschluß daran werden die sich hieraus ergebenden Konsequenzen für den Individualschutz vorgestellt sowie weitere Aspekte des Aktionärsschutzes beleuchtet.

---

551 Vgl. z.B. Eickhoff (1988), S. 1713; o.V. (1995a), S. 3; o.V. (1995b), S. 23.
552 Vgl. nochmals zu dieser Problematik S. 188, insbes. Fn. 548. Vgl. auch S. 169 ff.

1. Die Einführung einer ungeschriebenen Kompetenz der Hauptversammlung

Bisher ist ungeklärt, welche gesellschaftsinterne Kompetenzverteilung beim Börsenaustritt gilt. Möglicherweise gibt es Gründe, die eine unterschiedliche Kompetenzverteilung - mit den entsprechenden Folgen für den Aktionärsschutz - beim vollständigen Börsenrückzug (*going private*) und beim Teilrückzug von der Börse erforderlich machen. Deshalb soll auf diese Fälle getrennt eingegangen werden.

a) Vollständiger Börsenrückzug

Beim *going private* wird eine Entscheidung getroffen, die für die weitere Zukunft der Gesellschaft und für die Vermögens- und Informationsinteressen der Aktionäre von großer Bedeutung ist.

aa) Hierzu an dieser Stelle nur nochmals soviel: Die Gesellschaft kann nicht mehr über die Börse Eigenkapital aufnehmen. Außerdem werden die Publizitätspflichten des Unternehmens sowie die Liquidierbarkeit der Gesellschaftsanteile erheblich eingeschränkt. Die Aktionäre verlieren den Handelsmarkt "Börse" für ihre Gesellschaftsanteile. Besonders hart davon betroffen sind die Kleinaktionäre. Diese können sich nicht mehr ausreichend gegen eine für sie nachteilige Unternehmenspolitik schützen, weil ein Verkauf von kleinen Aktienpositionen außerhalb der Börse in der Regel nur mit erheblichen Problemen möglich ist und im übrigen die Einwirkungsmöglichkeiten von Minderheiten auf die Gesellschaft gering sind. Lediglich dann, wenn die verkaufswilligen Eigentümer bereit sind, deutlich unter Wert zu verkaufen, werden sie in der Regel genügend Käufer finden, die das Risiko auf sich nehmen, sich an einer künftig unnotierten Gesellschaft zu beteiligen. Es sei in diesem Zusammenhang daran erinnert, daß Kleinaktionäre in unnotierten Aktiengesellschaften den Großaktionären und Vorständen weitgehend ausgeliefert sind.[553]

Gerade wegen der schwachen gesellschaftsinternen Position von Minderheiten ist die Börsenpräsenz für diese außerordentlich wichtig. Minoritäten sind auf die hohe Fungibilität der Aktien, niedrige Transaktionskosten, die faire Marktpreisfindung am Aktienmarkt und die dort herr-

---

553 Vgl. zu den zahlreichen Nachteilen, die den Minderheiten aus dem *going private* entstehen können, S. 106 ff.

schenden Informationspflichten der Emittenten angewiesen. All dies bestimmt, wie bereits festgestellt, in erheblichem Maße den ökonomischen Wert von Minderheitsbeteiligungen. Durch das *going private* werden den Minderheiten die genannten Vorteile genommen. *Infolgedessen nimmt die Attraktivität einer Minderheitsbeteiligung deutlich ab, und Minderheitseigentümer müssen einen erheblichen Vermögensverlust hinnehmen, sofern ihnen kein günstiges Abfindungsangebot unterbreitet wird.*[554]

bb) Aus den genannten Gründen stellt die Entscheidung für den Börsenaustritt einen derart schwerwiegenden Eingriff in die Rechte von Minderheitseigentümern dar, daß dieses im Aktiengesetz bislang ungeregelte Börsenvorhaben nach den Grundsätzen des "Holzmüller"-Urteils des Bundesgerichtshofes[555] in die Grundlagenkompetenz der Hauptversammlung fällt. Es handelt sich nicht um eine Geschäftsführungsmaßnahme des Vorstands, über die er allein entscheiden darf. Vielmehr hat er die Zustimmung der Hauptversammlung einzuholen.

Der Bundesgerichtshof führte in seinem Urteil die ungeschriebene Mitwirkungskompetenz der Hauptversammlung nicht nur deshalb ein, um die Macht des Vorstands zu begrenzen, sondern vor allem auch, um Minderheiten einen zusätzlichen Schutz vor nachteiligen Strategien der Großaktionäre zu bieten.[556] Es muß nämlich verhindert werden, daß Großaktionäre ihre Ziele mit Hilfe eines abhängigen Vorstandes zu Lasten der Minderheit durchsetzen können. *Allen* Eigentümern muß die Möglichkeit gegeben werden, sich an der folgenschweren Entscheidung über das *going private* zu beteiligen. Der Vorstand kann nicht davon ausgehen, daß er den Börsenaustritt im Außenverhältnis ohne eine Legitimation der Hauptversammlung herbeiführen darf. Er muß gemäß § 119 Abs. 2 AktG eine solche Versammlung anberaumen, um seinen gesellschaftsrechtlichen Sorgfaltspflichten gegenüber der Gesellschaft

---

554 Die Ausführungen treffen vor allem auf Kleinanleger zu. Für einen Minderheitsaktionär, der z.B. 15 % des Grundkapitals hält, gelten sie dagegen mit Einschränkungen, da dieser in der Praxis weit weniger auf die Börse angewiesen ist. Er muß beispielsweise bei einem Verkauf seines *Aktienpakets* außerhalb der Börse im Regelfall - relativ gesehen - mit deutlich niedrigeren Transaktionskosten rechnen als Kleinanleger, die nur über geringe Aktienstückzahlen verfügen.
555 BGHZ 83, 122.
556 Vgl. Werner (1990), S. 17.

und den Eigentümern in ihrer Gesamtheit zu genügen.[557] Der Vorstand macht sich infolgedessen schadenersatzpflichtig, wenn er den Rückzug von der Börse im Außenverhältnis ohne die Zustimmung der Hauptversammlung durchsetzt. Es reicht nicht aus, die Einwilligung von einigen wenigen Eigentümern außerhalb dieses Gesellschaftsorgans einzuholen.

cc) Die Mitwirkungskompetenz der Hauptversammlung ergibt sich nicht nur aus der unmittelbaren Anwendung der "Holzmüller"-Grundsätze auf den Fall des *going private*. Vielmehr sprechen auch die folgenden Überlegungen für eine Kompetenz der Hauptversammlung. Die Börsenpräsenz verspricht dem Vorstand und/oder den Großaktionären nicht mehr genügend Vorteile, weshalb für die börsennotierte Gesellschaft ein *going private* angestrebt wird. Die früher getroffene hauptversammlungspflichtige Entscheidung, an die Börse zu gehen und dort in Zukunft zu bleiben,[558] wird dabei revidiert. Die Revision einer solchen Entscheidung stellt zweifellos selbst eine hauptversammlungspflichtige Entscheidung dar. Man kommt somit auch durch eine indirekte Anwendung der "Holzmüller"-Grundsätze auf den Fall des *going private* (über den Umweg des *going public*) zu dem Ergebnis, daß die Hauptversammlung zu beteiligen ist.

dd) Damit die Hauptversammlung beim *going private* vom Vorstand nicht übergangen werden kann - sei es aus eigenem Antrieb, sei es auf "Anweisung" eines mächtigen Großaktionärs -, sollte der Gesetzgeber Vorkehrungen gegen eine Kompetenzüberschreitung des Vorstands treffen. Denn es besteht die Gefahr, daß Minderheiten vor vollendete Tatsachen gestellt werden, die nur noch schwer zu revidieren sind. Die vorliegende Arbeit stellte bereits oben aus börsenrechtlichen Überlegungen (Sicherung des institutionell-relevanten Anlegerschutzes am Markt) fest, daß der Emittent der Börse sein Ausscheidungsinteresse in Form eines legitimierenden Hauptversammlungsbeschlusses nachweisen muß.[559] Nur wenn ein solcher Beschluß vorliegt, darf die Zulassungsstelle den Austritt genehmigen, sofern auch die übrigen börsenrechtlichen Anforderungen vom Emittenten erfüllt wurden. Somit erhalten die Aktionäre durch das Börsenrecht *indirekt* einen zusätzlichen

---

557 Vgl. nochmals die vom Bundesgerichtshof aufgestellten Grundsätze (BGHZ 83, 122, 131).
558 Die Zuständigkeit der Hauptversammlung beim *going public* ergibt sich aus einer direkten Anwendung des "Holzmüller"-Urteils auf diesen Fall. Vgl. S. 149 ff.
559 Vgl. nochmals S. 182 f.

Schutz. Die erarbeitete börsenrechtliche Lösung sollte allerdings - wie nochmals zu betonen ist - börsenrechtlich klar fixiert werden, damit Kontroversen zwischen dem Emittenten und den Börsenvertretern in bezug auf die Prüfungspflichten der Börse gar nicht erst entstehen können. Die Pflicht zur Einreichung des Beschlusses der Hauptversammlung müßte dann nicht mehr aus den allgemeinen börsenrechtlichen Schutzprinzipien (§§ 36 Abs. 3, 37 Abs. 1 BörsG) abgeleitet werden. Dadurch könnten unnötige gerichtliche Auseinandersetzungen von vornherein vermieden werden. Im übrigen sollte der Gesetzgeber - ähnlich wie bereits für das *going public* empfohlen - auch für den Fall des *going private* regeln, ob die Hauptversammlung lediglich eine Mitwirkungskompetenz (im Sinne der "Holzmüller"-Doktrin) oder aber ein Initiativrecht haben soll.[560] Letzteres würde eine deutliche Stärkung der Rechte der Hauptversammlung gegenüber dem Vorstand bedeuten. Die Hauptversammlung dürfte dann nämlich das *going private* auch aus eigenem Antrieb heraus beschließen. Dies würde in letzter Konsequenz dazu führen, daß der Vorstand diese Hauptversammlungsentscheidung auch gegen seinen Willen im Außenverhältnis umsetzen müßte (§ 83 Abs. 2 AktG).

ee) Selbst wenn der Gesetzgeber der Hauptversammlung kein Initiativrecht zugestehen sollte, gewährleistet bereits die bloße Verpflichtung, beim *going private* die Zustimmung der Hauptversammlung einzuholen, den Aktionären einen erheblichen Schutz. Der Umfang des Aktionärsschutzes hängt aber nicht nur von der Mitwirkungskompetenz der Hauptversammlung in dieser Börsenangelegenheit ab, sondern auch von der *Höhe* der formellen und materiellen Anforderungen, die ein Beschluß der Hauptversammlung erfüllen muß. Hierauf soll an späterer Stelle ausführlich eingegangen werden.[561]

b) Teilrückzug von der Börse
Es soll nun geklärt werden, ob auch dann ein Beschluß der Hauptversammlung erforderlich ist, wenn statt des *going private* lediglich ein Teilrückzug von der Börse geplant ist.

aa) Bei der Prüfung, ob eine ungeschriebene Kompetenz der Hauptversammlung besteht, muß stets bedacht werden, daß der unternehmens-

---

560 Vgl. nochmals S. 151 f.
561 Vgl. S. 195 ff.

politische Handlungsspielraum des Vorstands nicht über Gebühr beschnitten werden darf. Andernfalls würde die gesellschaftsrechtlich
vorgesehene Machtbalance zwischen den Gesellschaftsorganen gestört.
Es liegt nur dann eine ungeschriebene Zuständigkeit der Hauptversammlung im Sinne des "Holzmüller"-Urteils vor, wenn eine vom Vorstand getroffene Entscheidung zu einem schwerwiegenden Eingriff in
die Mitgliedschaftsrechte der Eigentümer führt, weil hier die Grundlagenkompetenz der Hauptversammlung berührt wird.[562]

bb) Beim Teilrückzug von der Börse werden aber die Interessen der
Anteilseigner *nicht* in *grundlegender* Weise tangiert, weil die Anleger
auf die restlichen Börsen ausweichen können. Außerdem sind keine
tiefgreifenden Folgen für die Zukunft der Gesellschaft zu erwarten. Es
sind auch sonst keine Gründe ersichtlich, weshalb ein Teilrückzug in die
Grundlagenkompetenz der Hauptversammlung fallen soll. Es handelt
sich vielmehr um eine Geschäftsführungsmaßnahme der Unternehmensleitung, über die der Vorstand allein entscheiden darf, sofern keine
Zustimmungsvorbehalte des Aufsichtsrates existieren. Aktionäre, die
durch den Teilrückzug Nachteile erleiden, müssen diese im Interesse der
allgemeinen Unternehmenspolitik des Vorstands entschädigungslos hinnehmen.

Nur beim *going private* sind die Eigentümer wegen des Ausmaßes des
Eingriffs und der Folgen für die Gesellschaft besonders schutzwürdig.
Deshalb wird sich diese Arbeit im folgenden ausschließlich mit diesem
Fall beschäftigen.

2. Die formelle Beschlußkontrolle

Zu den formellen Anforderungen, die bei einem Beschluß der Hauptversammlung beachtet werden müssen, gehören z.b. bestimmte Fristen,
Publizitätspflichten, Auskunftsrechte der Aktionäre etc. Diese wurden
bereits im Zusammenhang mit dem *going public* hinreichend beschrieben und sollen deshalb nicht abermals erläutert werden.[563]

Einer gesonderten Behandlung bedarf jedoch die Lösung des *Problems
der Beschlußmehrheit*: Mit welcher Mehrheit muß die Hauptversammlung das *going private* beschließen? Von der Antwort auf diese Frage
hängt ein wesentlicher Teil des Umfangs des Minderheitenschutzes ab,

---

562 Vgl. nochmals BGHZ 83, 122, 131 f.
563 Vgl. S. 153.

denn je größer die Mehrheit ausfallen muß, desto schwerer kann der für Minderheiten so nachteilige Börsenaustritt durch die Hauptversammlung legitimiert werden.

a) Einfache oder qualifizierte Mehrheit beim *going private*?

Der Bundesgerichtshof favorisiert im "Holzmüller"-Urteil eine Lösung, welche lediglich die Notwendigkeit einer *einfachen* Beschlußmehrheit (im Sinne des § 133 Abs. 1 AktG) vorsieht.[564] Dieser Lösung kann im Fall des *going private* jedoch nicht gefolgt werden, weil sie dort zu unbilligen Ergebnissen führen würde. Eine börsennotierte Gesellschaft hat gegenüber Minderheiten besondere Verpflichtungen, die über jene in einem unnotierten Zustand hinausgehen. Es kann nicht ohne rechtliche Folgen bleiben, wenn ein Emittent beim *going public* (und danach) über die Börse Aktien plaziert. Zur Durchsetzung der Kapitalwünsche nutzen das Unternehmen und die dahinterstehenden Gesellschafter die Börsenpräsenz verkaufsfördernd, indem viele Anleger dazu veranlaßt werden, eine Minderheitsbeteiligung einzugehen. Diese sind nur deshalb zum Erwerb der Mitgliedschaft bereit, weil die Minderheitsrisiken in kotierten Unternehmen erheblich geringer sind als in unnotierten und weil die Anleger darauf vertrauen, daß der Emittent die Kontinuität der Börsenpräsenz nicht in Frage stellt. Beim *going private* jedoch zerstört der Emittent das beim *going public* geschaffene Vertrauensverhältnis zu den Anlegern. Der Gesellschaft darf es deshalb nicht zu leicht gemacht werden, die beim *going public* gegebene Zusicherung, künftig am Aktienmarkt bleiben zu wollen, rückgängig zu machen. Es erscheint unangemessen, daß eine einfache Aktionärsmehrheit ausreichen soll, diese Verpflichtung einer börsennotierten Gesellschaft zu beseitigen. Ein solches Ergebnis wäre besonders aus der Sicht jener Aktionäre untragbar, die erst über die Börse Eigentümertitel erworben haben. Der erforderliche Minderheitenschutz würde verlorengehen. Die Entscheidung für das *going private* ist vielmehr so wichtig, daß es hier zum Schutz der Minderheit einer *qualifizierten Mehrheit* bedarf - ähnlich wie dies in der Literatur zum Teil für alle Entscheidungen für notwendig erachtet wird, die nach der "Holzmüller"-Doktrin hauptversammlungspflichtig sind.[565] Die Going-Private-Lösung weicht somit von jener beim *going public* ab,

---

564 Vgl. nochmals S. 154.
565 In der Literatur wird bemängelt, daß der Bundesgerichtshof es in seinem "Holzmüller"-Urteil bei einer einfachen Beschlußmehrheit beließ. Diese niedrige Barriere biete keinen ausreichenden Schutz für die Minderheit. Vgl. Hübner (1985), S. 795 ff.; Lutter (1988), S. 181 ff.

und zwar deshalb, weil Minderheiten beim Börsenaustritt wesentlich schutzbedürftiger sind als beim Gang an die Börse. Es sei in diesem Zusammenhang nochmals daran erinnert, daß von der Entscheidung für das *going public* in den meisten Fällen die Minderheiten profitieren. Dagegen wird diese Gruppe beim *going private* am stärksten belastet.

b) Höhe der qualifizierten Mehrheit beim *going private*

Nachdem geklärt ist, daß ein *going private* einer qualifizierten Mehrheit bedarf, stellt sich die Frage, wie hoch diese ausfallen muß.

aa) Bei der Lösung dieses Problems kann der Blick auf das Ausland hilfreich sein, da dort seit geraumer Zeit Regelungen zum Börsenaustritt bestehen. Beispielsweise ist der Rückzug von der New York Stock Exchange auf Wunsch des Emittenten nur dann möglich, wenn mindestens zwei Drittel der Aktionäre zustimmen.[566] Dies reicht allerdings noch nicht aus: Das *de-listing* ist nur erlaubt, wenn es von *weniger* als 10 % der Eigentümer abgelehnt wird.[567]

Aus diesen Vorschriften kann man zum einen ersehen, daß es in den USA beim Börsenaustritt eine Aktionärskontrolle gibt: Die Unternehmensleitung darf den Rückzug von der Börse nicht allein entscheiden; es ist vielmehr die Zustimmung der Aktionärsversammlung einzuholen. Die in dieser Arbeit für Deutschland vorgestellte Lösung deckt sich somit mit der amerikanischen.

Zum anderen kann man den Vorschriften entnehmen, daß in den USA dem Minderheitenschutz ein hoher Stellenwert eingeräumt wird: Für den Austritt aus der New York Stock Exchange reicht die *einfache* Beschlußmehrheit - ähnlich wie die vorliegende Arbeit für Deutschland feststellt - keinesfalls aus.

Die restriktiven amerikanischen Regelungen, welche hohe Marktaustrittsbarrieren vorsehen, sind einleuchtend, denn das *going private* verletzt die Interessen der Minderheit in grundlegender Weise: Die Minderheit wird regelrecht *"eingemauert"*[568], weil es zu einer erheblichen Einschränkung der Fungibilität der Gesellschaftsanteile kommt.

---

566 Vgl. Kleinbard (1975), S. 904, Fn. 7.
567 Vgl. Kleinbard (1975), S. 904, Fn. 7.
568 Vgl. Lutter (1989), S. 459; ders. (1976a), S. 231.

bb) Bei der Bestimmung der in Deutschland zu erfüllenden Mehrheitserfordernisse kann man sich über die genannten amerikanischen Regelungen hinaus auch am *deutschen Umwandlungsrecht* orientieren, das für die Umwandlung eine sehr hohe Mehrheit vorsieht. Denn die Umwandlung einer Aktiengesellschaft beispielsweise in eine GmbH (§§ 369 ff. AktG (alt), §§ 190 ff., 238 ff. UmwG) führt ebenfalls zu schwerwiegenden Einschränkungen der Fungibilität.[569]

cc) In Anlehnung an § 369 Abs. 3 AktG (alt) und an amerikanische Bestimmungen wird vorgeschlagen, daß die Hauptversammlung dem *going private* mit mindestens 90 % des vertretenen Grundkapitals zustimmen muß.[570] Letztlich können allerdings nur Gerichte und der Gesetzgeber Klarheit bringen. Letzterer wird aufgefordert, beim *going private* zum Schutz der Minderheitsaktionäre eine eindeutige Regelung über die Höhe der erforderlichen Beschlußmehrheit zu treffen. Hier liegt unverkennbar eine Regelungslücke vor, die dringend - nicht zuletzt aus Gründen der Rechtssicherheit - zu schließen ist.

3. Die materielle Beschlußkontrolle

Im Zusammenhang mit dem Gang an die Börse wurde bereits darauf hingewiesen, daß man mit der Übertragung der über § 243 Abs. 2 AktG hinausgehenden Grundsätze des "Kali-und-Salz"-Urteils[571] auf Bereiche, die nichts mit Bezugsrechtsausschlüssen zu tun haben, äußerst restriktiv vorgehen sollte. Ansonsten besteht die Gefahr, daß der für Aktiengesellschaften wesensimmanente Mehrheitsentscheid entwertet und letztlich die Handlungsfähigkeit des Unternehmens in unerträglicher Weise eingeschränkt wird.[572] Es muß bedacht werden, daß als *notwendige* Voraussetzung für die Durchführung der vom Bundesgerichtshof geforderten Angemessenheits- und Zweckmäßigkeitsprüfung ein gezielter Eingriff in die *Beteiligungsverhältnisse* der Aktionäre erforderlich ist.[573]

---

569 Die Liquidierbarkeit wird sogar noch deutlicher eingeschränkt als beim *going private* (§ 15 Abs. 3 und 5 GmbHG).
570 Damit würde auch einem Problem vorgebeugt, das bei einer geringeren qualifizierten Mehrheit und der Vorlagepflicht eines Abfindungsangebotes auftreten kann. Gemeint ist die Beschränkung des Erwerbs eigener Aktien auf maximal 10 % des Grundkapitals (§ 71 Abs. 2 AktG). Vgl. zu diesem Problem auch Vollmer/Grupp (1995), S. 476. Ausführlich zum Thema Abfindung beim *going private* vgl. unten, S. 201 ff.
571 BGHZ 71, 40.
572 Vgl. S. 156 und Vollmer/Lorch (1991), S. 1313.
573 Vgl. Hirte (1986), S. 149, 257.

Beim *going private* wird zwar sehr wohl in die Mitgliedschaftsrechte der Aktionäre eingegriffen; dieser Eingriff ist jedoch von anderer Art als beim Bezugsrechtsausschluß. Beim Börsenaustritt entstehen die Vermögensnachteile dadurch, daß Minderheitsbeteiligungen an Attraktivität einbüßen, wobei dieser Attraktivitätsverlust nicht durch eine "Verwässerung" des Grundkapitals entsteht, sondern vor allem durch den Wegfall der Börse als Handelsmarkt für Aktien. Außerdem kommt es beim *going private* keineswegs zwangsläufig zu einer Verschiebung der Beteiligungsverhältnisse wie beim Ausschluß des Bezugsrechts. Neue Beteiligungsverhältnisse ergeben sich nämlich nur dann, wenn Eigentümer sich von ihren Minderheitsbeteiligungen trennen. Im übrigen greift die Veränderung der Beteiligungsquote bei Bezugsrechtsausschlüssen direkt in die Machtverhältnisse der Gesellschaft ein. Beim *going private* wird die Position von Minderheiten zwar ebenfalls geschwächt; dieser Vorgang ist aber mehr indirekter Natur.

Die Fälle "Bezugsrechtsausschluß" und "*going private*" weisen letztlich eine zu geringe Ähnlichkeit auf, als daß eine Übertragung der materiellen Beschlußkontrolle (Angemessenheits- und Zweckmäßigkeitsprüfung) auf den Fall des *going private* zu rechtfertigen wäre. Beim Börsenaustritt gibt es deshalb *keine* Inhaltskontrolle im Sinne des "Kali-und-Salz"-Urteils.

4. Die Treuepflicht

Die speziell für Bezugsrechtsausschlüsse eingeführte Inhaltskontrolle greift zwar bei der Going-Private-Entscheidung nicht. Aber es findet eine andere wichtige Form einer Inhaltskontrolle, die gesellschaftsrechtliche Treuepflicht, Anwendung, da - wie nochmals zu betonen ist - dieses durch Richterrecht geschaffene Schutzprinzip bei allen gesellschaftsinternen Aktionärshandlungen zu berücksichtigen ist.

a) Ähnlich wie beim *going public* mißbraucht ein Großaktionär auch beim *going private* seine gesellschaftsinterne Machtposition, wenn er einen Vorstand dazu anhält, den Rückzug von der Börse ohne die Zustimmung der Hauptversammlung herbeizuführen. Der Großaktionär handelt hier treuwidrig und verstößt zudem gegen § 117 Abs. 1 AktG.

b) Großaktionäre unterliegen der Treuepflicht nicht nur außerhalb der Hauptversammlung, sondern selbstverständlich auch bei Handlungen innerhalb dieses Gesellschaftsorgans, weshalb sich ein von ihnen herbeigeführter Gesellschafterbeschluß an den Treueschranken messen lassen muß. Es sei nochmals daran erinnert, daß die Entscheidung für das *going private* tief in die Rechte und Interessen von Minderheitsaktionären eingreift. Durch den Wegfall der Börsenpräsenz wird den Kleinanlegern der Markt für ihre Aktien genommen; sie sind den Großaktionären weitgehend ausgeliefert: Das "Einmauern" von Minderheiten mit all seinen Konsequenzen entspricht, wie *Lutter* völlig zu Recht feststellt, "... nicht mehr einem regulären Bild des Verhältnisses von Mehrheit und Minderheit ...: in solchen Fällen werden selbst betont zurückhaltend formulierte Pflichten zu korporativer Treue verletzt und immanente Schranken einer rechtlichen Ordnung von der Mehrheit überschritten."[574] Außerdem verstößt die Gesellschaft gegen die beim *going public* konkludent gegebene Zusicherung, künftig am Aktienmarkt bleiben zu wollen. Es liegt ganz offensichtlich eine Mißachtung der Treuepflicht vor.

c) Daraus darf allerdings nicht geschlossen werden, das *going private* sei generell unzulässig, denn es muß bedacht werden, daß das Aktienrecht jenen Aktionären, die in der Hauptversammlung eine Kapital- bzw. Stimmenmehrheit bilden, in zahlreichen Fällen das Recht zugesteht, die Gesellschaft umzugestalten. Dabei ist es gesetzlich durchaus erlaubt, die Interessen der Minderheit zu verletzen. Man denke nur an das Konzernrecht, das in bestimmten Fällen gar die Möglichkeit vorsieht, die Minderheit vollständig zu eliminieren, so z.B. bei einer Eingliederung (§§ 320, 320a AktG).[575] Dies führt dazu, daß sich die Mitgliedschaftsrechte der Minderheit auf ihre Vermögensrechte reduzieren.[576] Im Grunde genommen begeht die Mehrheit eine Treuepflichtverletzung, die allerdings dadurch *geheilt* wird, daß die ausscheidende Minderheit eine Abfindung erhält.[577] Auch bei vielen anderen Grundlagenentscheidungen dürfen die Minderheitsinteressen durch die Mehrheit beeinträchtigt werden. Man denke beispielsweise an eine Umwandlung der Aktien-

---

574 Lutter (1976a), S. 231 f.
575 Vgl. auch das "Feldmühle"-Urteil des Bundesverfassungsgerichts, in: BVerfGE 14, 263, 280 ff.
576 Vgl. das "Feldmühle"-Urteil des Bundesverfassungsgerichts, in: BVerfGE 14, 263, 283 und 285.
577 Vgl. zu diesem Prinzip auch §§ 243 Abs. 2 Satz 2 und 311 AktG.

gesellschaft in eine GmbH, die mit erheblichen Gefahren für im Unternehmen verbleibende Minderheiten verbunden ist. Im übrigen ist selbst die Auflösung der Aktiengesellschaft durch einen qualifizierten Mehrheitsbeschluß der Hauptversammlung jederzeit möglich (§ 262 Abs. 1 Nr. 2 AktG).

Aus all diesen Beispielen wird deutlich, daß das Aktienrecht der Mehrheit bei Grundlagenentscheidungen einen großen Gestaltungsspielraum eröffnet. Bei sonstigen Beschlüssen der Hauptversammlung (Gewinnverwendungsbeschlüssen etc.) ist dies ohnehin der Fall. Deshalb muß man auch beim *going private* zu dem Ergebnis kommen, daß diese Option der Mehrheit trotz einer Verletzung der Treuepflicht grundsätzlich erhalten bleiben muß. Andernfalls würde die Mehrheit in ihrer Handlungsflexibilität zu sehr eingeengt.

d) Allerdings ist das *going private* dann unzulässig, wenn die Großaktionäre den Rückzug von der Börse "zur Unzeit" durchsetzen wollen. Gemeint sind jene oben vorgestellten Fälle, in denen der Börsenaustritt kurz nach einer Plazierung von Aktien an der Börse angestrebt wird, ohne daß das Ausscheidungsvorhaben vorher bekanntgegeben wurde.[578] Hier setzen die Großaktionäre ihre Mehrheitsmacht mißbräuchlich ein und nutzen das Vertrauen der Käufer in unbilliger Weise aus. Es wird letztlich nicht nur gegen die guten Sitten und den Grundsatz von Treu und Glauben verstoßen, sondern außerdem gegen die gesellschaftsrechtliche Treuepflicht. Das *going private* ist hier unzulässig.

5. Die Pflicht zur Vorlage von Abfindungs- und Umtauschangeboten
Abgesehen von Fällen, in denen die Großaktionäre ihre Macht mißbräuchlich einsetzen, ist ein mit der dargestellten hohen Mehrheit beschlossenes *going private* gesellschaftsrechtlich grundsätzlich zulässig. Es stellt sich allerdings die Frage, ob dieses Börsenvorhaben ohne einen sonstigen Schutz der Minderheit realisiert werden darf. Möglicherweise ist den benachteiligten Aktionären eine Abfindung anzubieten. Außerdem muß geklärt werden, ob und inwieweit eine Angemessenheitskontrolle bzgl. der Höhe des Entschädigungsangebotes besteht. Schließlich sollen die Konsequenzen eines umfassenden vermögensrechtlichen Minderheitenschutzes aufgezeigt werden.

---

578 Vgl. S. 186.

a) Anspruchsgrundlagen

aa) Oben wurde bereits festgestellt, daß die Entscheidung für das *going private* zwar einen *Verstoß* gegen die gesellschaftsrechtliche Treuepflicht darstellt, daß dieses Vorhaben aber trotzdem - abgesehen von Extremfällen - möglich sein muß.[579] *Die Treuepflichtverletzung bleibt allerdings nicht ohne Folgen, denn das "Einmauern" führt zu haftungsrechtlichen Konsequenzen.*[580]

bb) Gesellschaftsrechtliche Entschädigungsansprüche ergeben sich in Anlehnung an das *Umwandlungsrecht*, sofern man der Ansicht folgt, daß Vorschriften aus diesem Bereich auf den Börsenaustritt analog angewendet werden müssen.

Bei der Umwandlung einer Aktiengesellschaft beispielsweise in eine GmbH kommt es, wie schon angedeutet, ebenso wie beim *going private* zu schwerwiegenden Einschränkungen der Fungibilität. Minderheiten können sich zudem in beiden Fällen nach der Durchführung dieser Maßnahmen nur unzureichend vor nachteiligen Strategien der Mehrheit schützen.[581] Die Parallelen sind so groß, daß zum Schutz der Minderheitsinteressen eine Übertragung von Umwandlungsvorschriften auf den Fall des *going private* zulässig und notwendig erscheint. Eine analoge Anwendung der Bestimmungen liegt vor allem deshalb nahe, weil in beiden Fällen die Bindung der Eigentümer an das jeweilige Unternehmen deutlich verstärkt wird. Der Börsenaustritt führt zu einem so schwerwiegenden Eingriff in die Interessen und Rechte von Minderheiten, daß es als unzumutbar anzusehen ist, der Minderheit dieses Unternehmerrisiko aufzubürden. Im Zusammenhang mit der Umwandlung einer Aktiengesellschaft in eine GmbH stellt der Bundesgerichtshof fest: "Die wirtschaftlichen Risiken beseitigt das Gesetz weitgehend dadurch, daß es dem Minderheitsgesellschafter einen Anspruch auf Zahlung einer angemessenen, an der Vermögens- und Ertragslage des umgewandelten Unternehmens orientierten Barabfindung gegen Übertragung des Geschäftsanteils gewährt (§§ 375, 320 Abs. 5 Satz 5 AktG)."[582] Ähnliches muß im Prinzip auch beim *going private* gelten. Der benachteiligten Minderheit muß die *Möglichkeit* eingeräumt werden, die Gesell-

---

579 Vgl. S. 200 f.
580 So auch Lutter (1989), S. 459. Weiter unten im Text mehr zu den haftungsrechtlichen Folgen.
581 Vgl. zu den Konsequenzen einer Umwandlung in eine GmbH beispielsweise Balser u.a. (1984), S. 134 f., Rdnr. 519 sowie Kühn (1992), S. 293 und den Bundesgerichtshof (BGHZ 103, 184, 187 f.).
582 BGHZ 103, 184, 188.

schaft gegen Abfindung zu verlassen oder aber die Mitgliedschaft fortzusetzen - jetzt allerdings in der unnotierten Aktiengesellschaft. Im
ersteren Fall muß das Unternehmen in Analogie zu § 375 Abs. 1 AktG
(alt) bzw. § 207 UmwG den ausscheidungswilligen Minderheitsaktionären eine angemessene Barabfindung anbieten.[583] Wählt ein Aktionär
die zweite Option, das Verbleiben in der Gesellschaft, hat er die damit
verbundenen Nachteile entschädigungslos selbst zu tragen.

cc) Allerdings darf die Abfindung nicht zu einer Aufzehrung des Vermögens der Aktiengesellschaft führen, weil sonst der unabdingbare *Gläubigerschutz* beeinträchtigt wird. Der Schutz der Gläubiger hat Vorrang
vor den Wünschen der Eigentümer. Daraus folgt, daß in jenen Fällen, in
denen die Gesellschaft die Abfindung aus Gründen des Gläubigerschutzes nicht gewähren darf, ein *going private* grundsätzlich *nicht*
möglich ist. Die im ersten Teil der Arbeit aufgezeigte Strategie, ein
going private bewußt zur Milderung einer Unternehmenskrise durchzuführen,[584] ist somit nur schwer zu verwirklichen. An dieser Stelle
wird klar, daß beim *going private* nicht nur die bereits vorgestellten
Interessengruppen (Vorstand, Groß- und Kleinaktionäre, Börse, Anlegerpublikum) berücksichtigt werden müssen, sondern darüber hinaus
auch die Gläubiger: Das vorrangige Interesse der Gläubiger ist auf eine
umfassende Vertragserfüllung seitens des Schuldners gerichtet, d.h.
vor allem auf fristgerechte Tilgung und Zinszahlung. Das *going private*
darf die Erfüllung der Forderungen der Gläubiger nicht in Frage stellen.
Dies bedeutet: Sofern eine den benachteiligten Aktionären von der aus-
tritt-anstrebenden Gesellschaft anzubietende Abfindung diese Bedin-
gung verletzt, ist das *going private* grundsätzlich unzulässig.

dd) Ausnahmen von diesem Grundsatz ergeben sich jedoch, wenn es
sich bei dem Emittenten um eine Konzerntochter handelt. In diesem Fall
muß die *Konzernobergesellschaft* den benachteiligten Minderheiten
neben einer Barabfindung auch den Umtausch ihrer Anteile in Aktien
der Konzernobergesellschaft anbieten (§ 320b AktG analog), *weil diese
als Großaktionär für den Schaden haftet, den sie der Minderheit durch
die treuwidrige Zustimmung zum going private zufügt.* Ist die Ober-

---

583 Auch Timm ist der Meinung, daß den benachteiligten Minderheiten ein Ab-
findungsrecht zusteht, wenn es durch Maßnahmen der Gesellschaft keinen
funktionierenden Kapitalmarkt für Aktien mehr gibt (vgl. Timm (1980),
S. 34).
584 Vgl. S. 111.

gesellschaft nicht kotiert, gibt es aber innerhalb des Konzernverbunds eine börsennotierte Gesellschaft, müssen den benachteiligten Aktionären aus Billigkeitsgründen außerdem Anteile dieses Unternehmens zur Wahl angeboten werden, damit sich die Minderheitseigentümer weiterhin an einem börsennotierten Emittenten beteiligen können. Im übrigen haftet ein Großaktionär auch dann für sein treuwidriges Verhalten, wenn er keine Konzerngesellschaft ist. Hier muß allerdings nur eine Barabfindung angeboten werden. In den genannten Fällen wird die Treuepflichtverletzung durch die Vorlage eines Entschädigungsangebots für die Übertragung der Anteile der verkaufswilligen Aktionäre *geheilt*.[585] Die vorangegangenen Überlegungen eröffnen einen Ausweg für den oben dargestellten Fall, daß die Gesellschaft, die den Austritt anstrebt, aus Gründen des Gläubigerschutzes kein Entschädigungsangebot unterbreiten darf und das *going private* deshalb eigentlich ausgeschlossen ist. Leistet statt dieser Gesellschaft ein Großaktionär die anzubietende Entschädigung, wird ihr Gesellschaftsvermögen nicht angetastet, *d.h. den Gläubigern das Haftungskapital nicht entzogen*.[586] Unter diesen Umständen ist das *going private* sehr wohl möglich. Sind jedoch sowohl der Großaktionär als auch die austretende Gesellschaft aus Gründen des Gläubigerschutzes nicht befugt, eine Entschädigung anzubieten, ist ein *going private* nach wie vor unzulässig.

ee) Als Zwischenergebnis bleibt festzuhalten: Ein *going private* ist u.a. nur möglich, wenn in der Hauptversammlung eine qualifizierte Mehrheit erreicht *und* den ausscheidungswilligen Aktionären eine Entschädigung angeboten wird. Die Verpflichtung, eine Entschädigung anzubieten, ergibt sich sowohl aus einer analogen Anwendung von Vorschriften des Umwandlungs- und Konzernrechts als auch aus der Verletzung der gesellschaftsrechtlichen Treuepflicht. Bereits an früherer Stelle kam diese Arbeit zu einem ähnlichen Ergebnis. Dort ergab sich die Verpflichtung zur Vorlage von Abfindungs- und Umtauschangeboten allerdings aus börsenrechtlichen Überlegungen (Sicherung des institutionell-relevanten Anlegerschutzes am Markt).[587] An dieser Stelle wird deutlich, daß sich der gesellschaftsrechtliche und der börsenrechtliche Interessenschutz beim *going private* ergänzen.

---

585 Ausnahme: Börsenaustritt "zur Unzeit".
586 Selbstverständlich darf eine Entschädigung, die ein Großaktionär anbietet, nicht gegen die für ihn geltenden Vorschriften zum Gläubigerschutz verstoßen.
587 Vgl. S. 183 f.

b) Angemessenheitskontrolle

aa) Die Pflicht zur Vorlage von Abfindungs- und Umtauschangeboten allein gewährleistet allerdings noch keinen hinreichenden Schutz der Vermögensinteressen der ausscheidungswilligen Aktionäre. Es muß vielmehr der Gefahr begegnet werden, daß die Großaktionäre die Höhe der Entschädigung willkürlich - im Sinne von unangemessen niedrig - festlegen. Im Zusammenhang mit dem börsenrechtlichen Schutz wurde bereits darauf hingewiesen, daß die Zulassungsstelle nur dann eingreifen kann, wenn die Anleger offenkundig übervorteilt werden. Sie wäre ansonsten überfordert.[588] Wie nochmals zu betonen ist, kann eine solche Prüfung nur durch Gerichte vorgenommen werden. Hier setzt der beim Börsenaustritt unerläßliche gesellschaftsrechtliche Vermögensschutz an. Zur Sicherung der Vermögensrechte der Minderheitsaktionäre dürfen nämlich die Gesellschafter in Analogie zum Konzern- und Umwandlungsrecht (§§ 305 Abs. 5, 306 AktG, §§ 15, 196 UmwG) die Zivilgerichte anrufen, um dort die wertmäßige Angemessenheit der Abfindungs- und Umtauschangebote überprüfen zu lassen (Spruchstellenverfahren).[589] In diesem Verfahren wird nur die Höhe der Abfindung überprüft und gegebenenfalls neu festgelegt, nicht aber über die gesellschaftsrechtliche Zulässigkeit der zugrundeliegenden Unternehmensmaßnahme (hier: *going private*) befunden. Der Going-Private-Beschluß muß gesondert angefochten werden, wobei - ähnlich wie bei Konzern- und Umwandlungsmaßnahmen - die Anfechtung nicht darauf gestützt werden kann, daß die Abfindung unangemessen ist (§ 305 Abs. 5 AktG, §§ 32, 195 UmwG). Die Entkopplung der Going-Private-Entscheidung von der Bewertungsproblematik erscheint, wie nochmals zu betonen ist, dringend geboten, weil sonst langwierige Prozesse über die Höhe der Abfindung die Durchführung der zugrundeliegenden Unternehmensmaßnahme u.U. über Jahre hinweg blockieren würden.

bb) Bleibt noch zu klären, wie die Höhe des Abfindungsangebotes zu bemessen ist.

Bei der Ermittlung der Abfindung muß der wahre Wert der Aktien zugrundegelegt werden.[590] Die Bewertung muß sich dabei an der Ver-

---

Vgl. S. 184 ff.

589 Für das Bundesverfassungsgericht ist der *gesellschaftsexterne Minderheitenschutz durch Gerichte* von grundlegender Bedeutung. Vgl. hierzu das "Feldmühle"-Urteil (BVerfGE 14, 263, 283 f., 287).

590 Vgl. hierzu das "Feldmühle"-Urteil des Bundesverfassungsgerichts (BVerfGE 14, 263, 283 f.).

mögens- und Ertragslage des Unternehmens orientieren (§§ 375, 320 Abs. 5 Satz 5 AktG (alt), § 208 UmwG, § 320b AktG).[591] Damit die Aktionäre beurteilen können, ob das Entschädigungsangebot diesen Grundsätzen entspricht und ob es sich lohnt, die Gerichte anzurufen, muß gleichzeitig mit der Vorlage des Angebots ein Bewertungsgutachten eines sachverständigen Prüfers unterbreitet werden (§§ 30, 60, 63 Abs. 1 Nr. 5 UmwG analog). Dieses Gutachen muß eine Erklärung darüber enthalten, ob die angebotene Entschädigung angemessen ist (§ 12 UmwG analog).

<u>c) Konsequenzen</u>

aa) Die ausscheidungswilligen Aktionäre erhalten durch die beim *going private* geltenden Restriktionen einen umfassenden *vermögensrechtlichen* Schutz. Sie können ohne Vermögensnachteile aus der Gesellschaft ausscheiden und sich durch die Annahme der Entschädigung vor der Gefahr schützen, in Zukunft den Großaktionären in einer unnotierten Aktiengesellschaft ausgeliefert zu sein.

Die Verpflichtung, eine angemessene Entschädigung anzubieten, hat auch Auswirkungen auf das Marktgeschehen an der Börse. So wird der Gefahr vorgebeugt, daß es dort zu panikartigen, langanhaltenden Massenverkäufen kommt. Großaktionäre haben letztlich nur eine geringe Chance, nach dem Bekanntwerden der Ausscheidungsabsicht viele Anteile über die Börse zu Billigkonditionen zuzukaufen, um so der vergleichsweise teuren Entschädigungspflicht zu entgehen. Ebenfalls werden Strategien von Großaktionären weitgehend vereitelt, die darauf abzielen, durch das Verbreiten von Going-Private-Gerüchten zahlreiche zur erforderlichen qualifizierten Mehrheit noch fehlende Aktien über die Börse zu *Dumping-Preisen* aufzukaufen. Allerdings kann es kurzfristig zu deutlichen Kursabschlägen an der Börse kommen, weil die Anleger vom Going-Public-Vorhaben überrascht werden. Die Börse kann dem

---

591 Zur Wertermittlung vgl. BGHZ 103, 184, 188; BGHZ 71, 40, 51; Kühn (1992), S. 295, 298 f. Vgl. zur Abfindungsproblematik auch Reinisch (1992), S. 118 ff.; Raiser (1992), S. 622 ff., Rdnr. 54 ff.; Dirrigl (1989), S. 413 ff., 454 ff.; Kübler (1990), § 26 II 1 a, S. 349 f. und § 29 IV 4, S. 375 f. sowie § 29 V 2 b, S. 377. Bis auf weiteres wird die Wertermittlung wohl nach der Vermögens- und Ertragslage erfolgen, auch wenn das neue Konzern- und Umwandlungsrecht nur noch allgemein von einer Bewertung gemäß den Verhältnissen der Gesellschaft spricht.

entgegenwirken, indem sie den Börsenhandel vorübergehend aussetzt (§ 43 Abs. 1 Nr. 1 BörsG).

Außerdem stellen die Entschädigungsregelungen eine zusätzliche *Marktaustrittsschranke* dar, weil Großaktionäre es sich sicherlich gründlich überlegen werden, ob sie die nötigen Mittel zur Abfindung von Minderheitsaktionären bereitstellen können - und ob sich der Börsenaustritt durch das Entschädigungsgebot langfristig überhaupt rechnet.

Ferner ist es keineswegs sicher, daß man sich lästig gewordener Minderheitsaktionäre durch das *going private* einer bisher börsennotierten Konzerntochter entledigen kann. Vielmehr kann es sogar geschehen, daß Teile der unerwünschten Minderheit der Tochtergesellschaft das Umtauschangebot der Barabfindung vorziehen und plötzlich in der Konzernobergesellschaft vertreten sind. Der Börsenaustritt eignet sich nach der deutschen Rechtslage somit nur bedingt zur Eliminierung von Minderheiten im Konzern. Nur dann, wenn großzügige Entschädigungen vorgesehen sind, besteht eine hinreichend große Sicherheit, daß weitgehend *alle* Minderheiten zum Ausscheiden bewegt werden können.

bb) Aus all dem folgt: Das *going private* wird vorwiegend für solche Unternehmen in Frage kommen, die entweder über ein großes Vermögen verfügen oder aber finanzstarke Großaktionäre haben. Die Großaktionäre müssen bereit sein, den Eigenkapitalbedarf des Unternehmens auch außerhalb der Börse zu decken. Der Vorstand und die Aktionäre sollten gründlich analysieren, ob die Börsennotierung wirklich keinen Nutzen mehr bringt und ob das *going private* evtl. kontraproduktiv wirkt, insbesondere Gläubiger verunsichert. Auch ist zu bedenken, daß das *going private* normalerweise nur schwer rückgängig gemacht werden kann, da eine abermalige Notierung an der Börse nur unter Überwindung erheblicher Marktwiderstände erreichbar ist; es muß nämlich das Vertrauen des anlagesuchenden Publikums in den Börsenkandidaten - mit dessen allseits bekannter Vorgeschichte - wiedergewonnen werden.

III. Ergebnis

1. Zur Erhaltung der Funktionsfähigkeit der organisierten Kapitalmärkte (Institutionenschutz) muß es beim Austritt aus dem Aktienmarkt börsenrechtliche Marktaustrittsbarrieren geben, über
   deren Beachtung die Börsenzulassungsstelle zu wachen hat. Ein an
   der Börse notiertes Unternehmen kann daher den auf Dauer ange-
   legten Verwaltungsakt "Wertpapierzulassung" nicht durch eine einseitige Verzichtserklärung "beseitigen". Der notwendige Schutz
   öffentlicher Interessen schließt den einseitigen Verzicht durch den
   Emittenten aus. Vielmehr ist die Börse als *Kontrollinstanz* einzubinden. Dies ergibt sich aus den allgemeinen Schutzzwecken des Börsenrechts und den Schutzaufgaben der Zulassungsstelle (§ 36
   i.V.m. § 37 BörsG). Das Unternehmen muß an der Börse einen Antrag auf Entlassung stellen.

Die Zulassungsstelle hat sich bei ihrer Tätigkeit als Teil der öffentlichen Gewalt an die verwaltungsrechtlichen und verfassungsrechtlichen Grundsätze zu halten. Die Börse verstößt gegen diese
Grundsätze, wenn sie die Möglichkeit des Börsenaustritts generell
ausschließt, da es dafür an der gesetzlich unerläßlichen Ermächti-
gung zum Eingriff in die grundgesetzlich garantierte Handlungsfreiheit der Unternehmen mangelt. Der Austrittskandidat hat einen Anspruch auf Genehmigung, wenn er die noch näher zu bestimmen-
den Voraussetzungen erfüllt.

a) Dem Wunsch des Emittenten nach einem Teilrückzug von der
Börse muß grundsätzlich entsprochen werden, weil dadurch das
Vertrauen der Anleger in die organisierten Kapitalmärkte nicht verlorengeht. Die Anleger können nämlich auf andere Börsenplätze
ausweichen. Zur Sicherung des institutionell-relevanten Anlegerschutzes am Markt genügt es, wenn die Zulassungsstelle eine angemessene Frist setzt und der Ausscheidungstermin vom Emittenten rechtzeitig veröffentlicht wird. Auf diese Weise können sich die
Anleger - im übrigen auch die Makler - frühzeitig auf die neue
Situation einstellen. Ein vom Teilrückzug betroffener Börsenplatz
muß den Antrag des Emittenten auf Entlassung zur Wahrung des
Grundsatzes der Verhältnismäßigkeit genehmigen.

b) Beim vollständigen Rückzug von allen Börsen liegt der Fall hingegen komplizierter. Der Börsenrückzug ist nur möglich, wenn das für den Börsenbetrieb unabdingbare Vertrauen der Anleger erhalten bleibt, da die Börse sonst ihre Primär- und Sekundärmarktaufgaben nicht erfüllen kann. Das *going private* darf den Anlegerschutz am Markt nicht in institutionell-relevanter Weise verletzen. Zwar muß das *going private* im Prinzip möglich sein, da von einem Emittenten keine "ewige" Bindung an die Börse verlangt werden kann; es muß aber sichergestellt sein, daß die Anleger in der Regel auf die Kontinuität der Wertpapierzulassung vertrauen können. Nur dann kann die Glaubwürdigkeit der organisierten Kapitalmärkte erhalten werden. Folglich sind hohe Marktaustrittsschranken erforderlich, damit das *going private* die seltene Ausnahme bleibt.

Im Rahmen ihrer drittschützenden (anlegerschützenden) Funktion hat die Zulassungsstelle die öffentlichen und privaten Interessen gegeneinander abzuwägen. Sie muß im Einzelfall prüfen, ob ein berechtigtes Interesse des Emittenten am *going private* vorliegt. Auf Grund des Operationalitätsproblems erscheint eine *formalisierte Vorgehensweise* der Zulassungsstelle angezeigt. Die Gesellschaft hat ihr Ausscheidungsinteresse durch die Einreichung eines legitimierenden Hauptversammlungsbeschlusses, der mit hoher Beschlußmehrheit zustande kommen muß, nachzuweisen. Die Glaubwürdigkeit der Börse kann allerdings nur erhalten werden, wenn die Vermögensinteressen der durch den Austritt benachteiligten Minderheitsaktionäre gewahrt bleiben. Zur Sicherung des unerläßlichen Anlegerschutzes am Markt ist die Börse daher verpflichtet, ihre Zustimmung zum *going private* von der Unterbreitung von *Abfindungs- und Umtauschangeboten* abhängig zu machen. Die ausscheidungswilligen Anleger dürfen durch die angebotene Entschädigung nicht offenkundig übervorteilt werden. Andernfalls muß die Zulassungsstelle zur Erhaltung der Glaubwürdigkeit des Aktienmarkts den Ausscheidungsantrag des Emittenten ablehnen. Außerdem darf der Austritt nicht "zur Unzeit" angestrebt werden, da sonst die Gutgläubigkeit der Anleger zum Schaden der Börse mißbräuchlich ausgenutzt wird.

Erfüllt der Emittent die genannten Auflagen, muß die Zulassungsstelle das *going private* zur Wahrung des Grundsatzes der Verhältnismäßigkeit genehmigen, wobei die Börse eine angemessene Frist zu setzen hat, innerhalb welcher die Aktien an der Börse weitergehandelt werden können. Der Emittent seinerseits muß den Ausscheidungstermin rechtzeitig veröffentlichen. Erst nach Ablauf der gesetzten Frist darf der Austritt vollzogen werden. Auf diese Weise wird vermieden, daß den Aktionären der Handelsmarkt "Börse" unvermittelt genommen wird.

2. Neben diesen zum Schutz der Börse notwendigen börsenrechtlichen Barrieren müssen zur Sicherung eines ausreichenden Individualschutzes gesellschaftsrechtliche Schutzmechanismen beachtet werden.

a) Beim *going private* ist die *Zustimmung der Hauptversammlung* einzuholen, da es sich beim Rückzug von der Börse um eine hauptversammlungspflichtige Geschäftsführungsmaßnahme handelt (Anwendung der Grundsätze des "Holzmüller"-Urteils des Bundesgerichtshofes). Der Vorstand würde seine Sorgfaltspflicht verletzen, wenn er den für zahlreiche Aktionäre schwerwiegenden Rückzug von der Börse im Außenverhältnis herbeiführen würde, ohne vorher die Einwilligung der Hauptversammlung eingeholt zu haben. Die Zustimmung des Aufsichtsrates genügt hier nicht. Nur den *Teilrückzug von der Börse* darf der Vorstand ohne die Zustimmung der Hauptversammlung veranlassen, weil es sich hier um eine Geschäftsführungsmaßnahme der Unternehmensleitung handelt, die nicht gravierend in die Interessen und Rechte der Eigentümer eingreift. Bestehende Zustimmungsvorbehalte des Aufsichtsrats muß der Vorstand beim Teilrückzug allerdings beachten. Die gegebenenfalls auftretenden Nachteile des Teilrückzugs müssen die Eigentümer entschädigungslos hinnehmen.

b) Beim *going private* hängt der Umfang des Aktionärsschutzes nicht nur von der Zuständigkeit der Hauptversammlung ab, sondern auch von der *Höhe der Beschlußmehrheit*, mit der die Hauptversammlung den Austritt legitimieren muß. Die Minderheit wird beim Rückzug von der Börse so schwerwiegend belastet, daß eine einfache Beschlußmehrheit nicht ausreicht und unbillig erscheint. Der

Mehrheit würde es sonst unangemessen leicht gemacht, den Austritt gegen die Interessen der Minderheit durchzusetzen. Daher ist beim *going private* ähnlich wie in den USA (abweichend von der für das *going public* vorgestellten Lösung) eine *hohe qualifizierte Mehrheit* erforderlich. Dies ergibt sich auch aus einer analogen Anwendung von Grundsätzen des deutschen Umwandlungsrechts, weil die Folgen der Umwandlung einer Aktiengesellschaft beispielsweise in eine GmbH denjenigen des *going private* zum Teil sehr ähnlich sind. Man denke insbesondere an das in beiden Fällen stattfindende "Einmauern" der Minderheit. Klarheit über die Höhe der in Deutschland erforderlichen qualifizierten Mehrheit können jedoch letztlich nur der Gesetzgeber und die Gerichte bringen. In Anlehnung an das amerikanische Recht und an Vorschriften des deutschen Umwandlungsrechts wird vorgeschlagen, daß die Hauptversammlung dem *going private* mit mindestens 90 % des vertretenen Grundkapitals zustimmen muß.

c) Dieser Beschluß der Hauptversammlung unterliegt nicht der materiellen Beschlußkontrolle im Sinne des "Kali-und-Salz"-Urteils des Bundesgerichtshofes (keine Angemessenheits- und Zweckmäßigkeitsprüfung). Gleichwohl darf der Going-Private-Beschluß nicht ohne einen sonstigen Schutz der Minderheit realisiert werden, denn die gesellschaftsrechtlichen Nachteile für die Minderheitsaktionäre sind so schwerwiegend, daß es ihnen nicht zugemutet werden kann, weiterhin Gesellschafter zu bleiben. *Den benachteiligten Eigentümern muß vielmehr die Möglichkeit gegeben werden, ihre Mitgliedschaft im Unternehmen ohne Vermögensverlust zu beenden.* Die austretende Gesellschaft muß den ausscheidungswilligen Aktionären in Analogie zum Umwandlungsrecht eine *Abfindung* anbieten. Zudem verletzen die Großaktionäre mit der Zustimmung zum *going private* ihre gesellschaftsrechtliche Treuepflicht gegenüber der Minderheit, was ebenfalls die Vorlage eines Abfindungsangebots notwendig macht. Das *going private* ist trotz der Treuepflichtverletzung grundsätzlich möglich, da sonst der Handlungsspielraum der Mehrheit zu sehr beschnitten würde. Der Verstoß gegen die Treuepflicht wird durch die Auflage, eine Entschädigung anzubieten, *geheilt* (Ausnahme hiervon siehe weiter unten im

Text). Handelt es sich beim austretenden Unternehmen um eine Konzerntochter, muß die Konzernobergesellschaft der Minderheit als Ausgleich für die treuwidrige Zustimmung zum Börsenaustritt neben der Abfindung auch den *Umtausch* ihrer Gesellschaftsanteile in Anteile der Konzernobergesellschaft anbieten (§ 320b AktG analog).

Die Verpflichtung, Abfindungs- und Umtauschangebote zu unterbreiten, ergibt sich somit sowohl aus gesellschaftsrechtlichen Gründen als auch aus den weiter oben im Text genannten börsenrechtlichen Überlegungen. Dort allerdings wirkt der Aktionärsschutz, wie nochmals zu betonen ist, nur *indirekt*, nämlich durch den zu sichernden institutionell-relevanten Anlegerschutz am Markt.

d) Die Abfindungs- und Umtauschangebote müssen *angemessen* sein. Die Höhe der Entschädigung hat sich wohl auch nach dem neuen Konzern- und Umwandlungsrecht an der Vermögens- und Ertragslage der betroffenen Gesellschaften zu orientieren. Damit die Großaktionäre die anzubietende Entschädigung nicht unangemessen niedrig festlegen, unterliegen die Abfindungs- und Umtauschangebote der *gesellschaftsexternen* Kontrolle. Dies bedeutet, daß von einem sachkundigen Prüfer ein Bewertungsgutachten zu erstellen ist, worin u.a. angegeben werden muß, ob die vorgeschlagene Höhe der Abfindung und ein gegebenenfalls vorzulegendes Umtauschverhältnis angemessen sind. Weiterhin können die Minderheitsaktionäre in Analogie zum Konzern- und Umwandlungsrecht die Angemessenheit der Entschädigung vollständig gerichtlich überprüfen lassen (Spruchstellenverfahren).

e) Das *going private* ist allerdings nicht möglich, wenn die anzubietende Abfindung zu einer Aufzehrung des Eigenkapitals der austretenden Gesellschaft führen würde, denn der unabdingbare *Gläubigerschutz* hat Vorrang vor den Wünschen der Aktionäre. Der Börsenaustritt ist gleichwohl ausnahmsweise zulässig, wenn die Entschädigung von der Konzernobergesellschaft oder einem sonstigen

Großaktionär geleistet wird (unter Beachtung des Gläubigerschutzes auf der Großaktionärsebene).

Nicht nur bei einem Verstoß gegen den unerläßlichen Gläubigerschutz ist das *going private* unzulässig, sondern auch wenn Großaktionäre die *Gutgläubigkeit* anderer Gesellschafter in unzumutba-
rer Weise ausnutzen, d.h. wenn der Börsenaustritt "zur Unzeit" angestrebt wird. Dies trifft auf jenen Fall zu, in dem der Rückzug
kurze Zeit nach dem Gang an die Börse angestrebt wird. Dasselbe
gilt auch dann, wenn eine bereits börsennotierte Gesellschaft kurz
nach der Plazierung einer Kapitalerhöhung aus der Börse ausscheiden möchte, ohne daß die Ausscheidungsabsicht vorher bekanntgegeben wurde. Hier wird nicht nur gegen den institutionell-relevanten Anlegerschutz am Markt verstoßen (siehe oben), sondern
auch gegen gesellschaftsrechtliche Grundsätze. Die Treuepflichtverletzung ist in diesem Fall so schwerwiegend, daß sie nicht durch
die Verpflichtung zur Vorlage von Abfindungs- und Umtauschangeboten geheilt werden kann; es liegt ein *Verstoß gegen die guten
Sitten* vor.

3. Beim *going private* müssen demnach hohe börsen- und gesell-
    schaftsrechtliche Marktaustrittsschranken überwunden werden.
    Diese Unternehmensstrategie kommt hauptsächlich für solche
    Gesellschaften in Frage, die über ein großes Vermögen verfügen
    oder aber finanzstarke Großaktionäre haben. Die Großaktionäre
    müssen sich einig sein, da sonst die erforderliche hohe qualifizierte
    Mehrheit in der Hauptversammlung nicht erreicht werden kann.

Angesichts der hohen Barrieren wird das *going private* auch in Zukunft nur selten vorkommen. Häufiger wird es dagegen zu partiellen Austritten kommen (Börsenpräsenzreduktion), da die betroffenen Börsen das Anliegen des Emittenten nicht ablehnen dürfen und
die Unternehmensleitung diesen Schritt herbeiführen darf, ohne die
Zustimmung der Hauptversammlung einzuholen oder gar den
Aktionären eine Entschädigung anbieten zu müssen.

4. Es seien nochmals die wichtigsten börsen- und gesellschaftsrechtlichen Restriktionen beim *going private* genannt:

   (1) Das *going private* darf die Funktionsfähigkeit der Börse nicht in
       Frage stellen. Es muß verhindert werden, daß die Anleger das
       Vertrauen in die organisierten Kapitalmärkte verlieren
       (Wahrung des institutionell-relevanten Anlegerschutzes).

   (2) Der Vorstand des Emittenten darf nicht allein über das *going
       private* entscheiden. Er hat vielmehr die Zustimmung der
       Hauptversammlung einzuholen. Der Gesellschafterbeschluß
       muß zum Schutz der Minderheitseigentümer mit einer hohen
       qualifizierten Mehrheit zustande kommen. Dieser Beschluß
       muß der Zulassungsstelle unterbreitet werden.

   (3) Abfindungs- und Umtauschangebote müssen den Aktionären
       vorgelegt und ebenfalls bei der Zulassungsstelle eingereicht
       werden.

   (4) Die angebotene Entschädigung muß angemessen sein und
       unterliegt einer Angemessenheitskontrolle. Zu diesem Zweck
       ist von einem sachkundigen Prüfer ein Bewertungsgutachten
       zu erstellen. Ferner können die Aktionäre die Angemessenheit
       der Abfindungs- und Umtauschangebote durch Gerichte ein-
       gehend überprüfen lassen.

   (5) Die Abfindung darf nicht zu einer Aufzehrung des Eigenkapitals
       der austretenden Gesellschaft führen, da sonst der unabding-
       bare Gläubigerschutz verlorengeht. Verfügt der Emittent über
       kein ausreichendes Vermögen, ist das *going private* grundsätz-
       lich nicht zulässig. Der Austritt ist in diesem Fall nur möglich,
       wenn die Entschädigung von einer Konzernobergesellschaft
       oder einem sonstigen Großaktionär geleistet wird. Dabei darf
       der Großaktionär allerdings nicht gegen die für ihn geltenden
       Bestimmungen zum Gläubigerschutz verstoßen.

   (6) Ein Ausscheiden "zur Unzeit" ist unzulässig, denn hier liegt ein
       Verstoß gegen die guten Sitten vor.

   (7) Die Zulassungsstelle muß eine angemessene Frist setzen,
       innerhalb welcher der Wertpapierhandel an der Börse weiter-
       betrieben werden kann, bevor der Austritt vollzogen werden
       darf. Der Emittent wiederum muß den Ausscheidungstermin
       rechtzeitig veröffentlichen.

Zusammenfassung

1. Es wird aufgezeigt, daß der Börseneintritt und der Börsenaustritt mit zum Teil tiefgreifenden Konsequenzen für die Eigentümer und die Vorstände der betroffenen Aktiengesellschaft sowie für die Börse verbunden sind. Die sich hieraus ergebenden Konflikte bedürfen einer rechtlichen Regelung. Es müssen Lücken im börsen- und gesellschaftsrechtlichen Interessenschutzsystem (Individualschutz und Institutionenschutz) geschlossen werden.

Bei der Entwicklung eines entsprechenden Schutzsystems muß beachtet werden, daß es beim Börseneintritt und beim Börsenaustritt zwei Entscheidungsebenen gibt. Es muß nicht nur ein ausreichender Schutz bei der Entscheidung über den Börseneintritt bzw. -austritt vorhanden sein (erste Entscheidungsebene), sondern darüber hinaus auch bei jenen Beschlüssen, welche die Umsetzung und die Ausgestaltung der zugrundeliegenden Börsenentscheidung betreffen (zweite Entscheidungsebene).

Der *Börsenaustritt* ist bislang gänzlich ungeregelt, weshalb hierfür in dieser Arbeit auf beiden Entscheidungsebenen ein börsen- und gesellschaftsrechtlicher Interessenschutz entwickelt wird. Es geht dabei um die Frage, ob der Börsenaustritt überhaupt möglich ist und welche Voraussetzungen erfüllt werden müssen. Unter anderem wird das Problem behandelt, ob dieses Börsenvorhaben ohne einen Vermögensschutz für die benachteiligten Eigentümer realisiert werden darf oder ob ihnen vielmehr eine Entschädigung anzubieten ist. Ferner wird der Frage nachgegangen, wie eine Angemessenheitskontrolle zu erreichen ist.

Beim *Börseneintritt* fällt die Schließung der Lücken im gesellschafts- und börsenrechtlichen Interessenschutz leichter, da hier zumindest schon auf der zweiten Entscheidungsebene ein ausreichender Schutz existiert; es gibt nämlich bereits klarstellende Bestimmungen zur Mindeststreuung, zur Anzahl der zu emittierenden Aktien, aber auch zu Maßnahmen wie Kapitalerhöhung, Emission von Namens- oder Inhaberaktien, von Vorzugs- oder Stammaktien etc. Die vorliegende Arbeit befaßt sich infolgedessen mit der Schließung der Lücken im Interessenschutz, die beim Börseneintritt auf der ersten Entscheidungsebene bestehen. Denn bisher ist völlig unklar, wer (Vorstand, Aufsichtsrat oder Hauptversammlung) gesellschaftsintern über den Börseneintritt entscheiden darf, geschweige denn, wie ein Aktionärsschutz hierbei aussehen soll. Auch ist ungeklärt, ob sich ein mangelnder Individualschutz in institutionell-relevanter Weise auf den Anlegerschutz am Markt auswirken kann und wie dies gegebenfalls zu verhindern ist. Dabei ist zu beachten, daß das Börsenrecht den Anlegerschutz am Markt nur insoweit gewährt, als er von institutioneller Relevanz ist.

Für all diese beim Börseneintritt und Börsenaustritt auftretenden Probleme versucht die vorliegende Arbeit Lösungen anzubieten.

2. Es wird ein umfassender gesellschaftsrechtlicher *Individualschutz* für den Börseneintritt und den Börsenaustritt erarbeitet.

a) Die bei der Entscheidung über ein *going public* bzw. ein *going private* auftretenden Konflikte *zwischen* der Unternehmensleitung und den Eigentümern werden durch eine klare *gesellschaftsinterne Kompetenzverteilung* gelöst. In beiden Fällen handelt es sich in Anlehnung an die Grundsätze des "Holzmüller"-Urteils des Bundesgerichtshofes um Entscheidungen, welche die Grundlagenkompetenz der Hauptversammlung berühren. Der Vorstand macht sich infolgedessen schadenersatzpflichtig, wenn er diese Vorhaben ohne die Legitimation der Hauptversammlung im Außenverhältnis durchsetzt. Er muß vielmehr die Zustimmung dieses Gesellschaftsorgans einholen. (Die Einwilligung des Aufsichtsrates genügt nicht.)

Andere Börsenmaßnahmen (Börsensegmentwechsel, Börsenpräsenzausweitung, Teilrückzug von der Börse) darf die Unternehmensleitung dagegen ohne die Zustimmung der Eigentümerversammlung herbeiführen, da es sich in diesen Fällen um Geschäftsführungsangelegenheiten handelt, welche nicht die Grundlagenkompetenz der Hauptversammlung berühren. Die Aktionäre müssen diese unternehmenspolitischen Entscheidungen des Vorstands entschädigungslos hinnehmen. Allerdings können die Gesellschafter bei diesen Geschäftsführungsmaßnahmen einen gewissen Einfluß über Zustimmungsvorbehalte des Aufsichtsrates geltend machen. Zusätzliche Einflußmöglichkeiten bestehen außerdem, wenn bei der

Umsetzung der Vorstandsbeschlüsse Entscheidungen notwendig werden, an denen die Eigentümer beteiligt werden müssen (Kapitalerhöhungen, Mindeststreuung der Aktien etc.).

b) Die aufgezeigte Kompetenzverteilung zwischen den Gesellschaftsorganen ist selbstverständlich nicht nur für die Lösung von Konflikten zwischen den Aktionären und den Vorständen von Bedeutung, sondern darüber hinaus auch für die Regelung von unter Eigentümern auftretenden Differenzen.

aa) Sowohl das *going public* als auch das *going private* müssen durch einen *Mehrheitsbeschluß* der Hauptversammlung legitimiert werden, d.h. die Zustimmung einer Minderheit genügt *nicht*. Beim Gang an die Börse reicht - ähnlich wie es der Bundesgerichtshof im "Holzmüller"-Urteil fordert - ein legitimierender einfacher Mehrheitsentscheid, weil andernfalls die Mehrheit zu sehr in ihrer Entscheidungsfreiheit eingeengt würde und zu hohe Marktzutrittsschranken entstünden. Beim Rückzug von der Börse dagegen genügt die einfache Mehrheit nicht; es ist vielmehr ein qualifizierter Mehrheitsbeschluß erforderlich, weil die Minderheit in diesem Fall in hohem Maße schutzbedürftig ist. Klarheit über die Höhe der qualifizierten Beschlußmehrheit können allerdings nur der Gesetzgeber und die Gerichte bringen, da Vorschriften zum *going private* fehlen. Hier wird in Anlehnung an amerikanische Ausscheidungsvorschriften und an deutsche Umwandlungsbestimmungen vorgeschlagen, daß die Hauptversammlung mit mindestens 90 % des vertretenen Grundkapitals zustimmen muß.

bb) Der Beschluß der Hauptversammlung über das *going public* bzw. das *going private* unterliegt nicht der materiellen Beschlußkontrolle im Sinne des "Kali-und-Salz"-Urteils des Bundesgerichtshofes (keine Angemessenheits- und Zweckmäßigkeitsprüfung), aber der gesellschaftsrechtlichen Treuepflicht. Beim *going public* werden die Treueschranken von der Mehrheit in der Regel nicht verletzt, beim *going private* hingegen sehr wohl. Trotzdem darf der Rückzug von der Börse in der Hauptversammlung grundsätzlich beschlossen werden - außer wenn der Austritt "zur Unzeit" angestrebt wird -, da das Gesellschaftsrecht der Mehrheit bei anderen, ähnlich schwerwiegenden Entscheidungen (z.B. Konzern- und Umwandlungsbeschlüssen) das Recht zugesteht, die Gesellschaft unter Verletzung der Interessen der Minderheit umzugestalten.

cc) Die Entscheidung für ein *going private* darf allerdings nicht ohne ergänzenden Schutz der Minderheitsaktionäre realisiert werden. Diese Maßnahme ist nur dann zulässig, wenn die *Vermögensinteressen* der Minderheit gewahrt bleiben. Der benachteiligten Aktionärsminderheit muß die *Möglichkeit* eingeräumt werden, auf eigenes Risiko weiterhin Eigentümer des austretenden Unternehmens zu bleiben oder aber die Gesellschaft gegen *Abfindung* zu verlassen. Handelt es sich beim ausscheidenden Unternehmen um eine Konzerntochter, muß den Eigentümern zusätzlich zur Barabfindung der *Umtausch* ihrer Aktien in Anteile der Konzernmutter angeboten werden.

Die Verpflichtung zur Vorlage von Abfindungs- und Umtauschangeboten ergibt sich zum einen aus einer Verletzung der gesellschaftsrechtlichen Treuepflicht und einer analogen Anwendung von Vorschriften des Umwandlungs- und Konzernrechts, zum anderen aus börsenrechtlichen Überlegungen: die Börse ist nämlich zur Sicherung des institutionell-relevanten Anlegerschutzes am Markt verpflichtet, die Zustimmung zum *going private* von der Unterbreitung von Abfindungs- und Umtauschangeboten abhängig zu machen.

dd) Die angebotene Entschädigung muß *angemessen* sein, wobei sich die Höhe der Abfindungs- und Umtauschangebote an der Vermögens- und Ertragslage der betroffenen Gesellschaften zu orientieren hat. Zur Sicherung der Vermögensrechte der austretenden Minderheit ist den Aktionären ein Bewertungsgutachten eines sachkundigen Prüfers vorzulegen. Außerdem haben die Eigentümer die Möglichkeit, die Angemessenheit des Entschädigungsangebots durch Zivilgerichte eingehend überprüfen zu lassen (Spruchstellenverfahren).

c) Beim *going private* spielen jedoch nicht nur die Vermögensrechte der Gesellschafter eine Rolle, sondern darüber hinaus auch solche der *Gläubiger*. Es ist unbedingt darauf zu achten, daß die den Aktionären anzubietende Entschädigung nicht zu einer Aufzehrung

des Eigenkapitals der austretenden Aktiengesellschaft - Haftungskapital aus der Sicht der Gläubiger - führt, da sonst der
unerläßliche Gläubigerschutz beeinträchtigt wird. Falls diese Gefahr
besteht, ist ein *going private* unzulässig. Allerdings kann diese
Restriktion dadurch umgangen werden, daß ein Großaktionär - und
eben nicht die austretende Gesellschaft - die erforderliche
Entschädigung leistet und demzufolge das Vermögen des künftig
unnotierten Unternehmens nicht angegriffen wird. Bei dieser
Strategie müssen selbstverständlich die für den Großaktionär
geltenden Regelungen zum Gläubigerschutz eingehalten werden.

3. Neben diesen Lösungen zum Individualschutz wird in der vorliegen-
    den Arbeit auch solche zum börsenrechtlichen *Institutionenschutz*
    bei Börseneintritt und -austritt entwickelt.

a) Beim Börseneintritt besteht evtl. die Gefahr, daß sich unternehmensinterne Streitigkeiten zwischen dem Vorstand und der Hauptversammlung über die Zuständigkeitsverteilung nachteilig auf die
Funktionsfähigkeit der Börse auswirken. Die Anleger zweifeln dann
möglicherweise an der Ordnungsmäßigkeit des Zulassungsverfahrens. Dadurch verliert die Börse an Glaubwürdigkeit. Es muß deshalb verhindert werden, daß der institutionell-relevante Anlegerschutz verletzt wird.

Bei extensiver Auslegung der §§ 36 Abs. 3 Nr. 3 und 37 Abs. 1
BörsG kommt man zu dem Schluß, daß die Zulassungsstelle eine
Prüfungspflicht bzgl. des Vorhandenseins einer Zustimmung der
Hauptversammlung hat, auch ohne daß dies explizit im Börsenrecht
fixiert ist. Die Börse wird hier aus institutionellen Gründen *drittschützend*, d.h. anlegerschützend tätig. Der Börsenkandidat muß
der Zulassungsstelle einen legitimierenden Hauptversammlungsbeschluß vorlegen, ohne den die Wertpapierzulassung nicht erteilt
werden darf. Da aber Zweifel bestehen, ob gesellschaftsinterne
Querelen tatsächlich in institutionell-relevanter Weise auf den Anlegerschutz am Markt durchschlagen, und deshalb die Prüfungspflicht bzgl. der gesellschaftsinternen Legitimation fraglich ist, wird
der Gesetzgeber aufgefordert, sich dieser Problematik zuzuwenden.
Er sollte die Prüfungspflicht der Zulassungsstelle in diesem Punkt
börsenrechtlich vorschreiben.

b) Beim Börsenaustritt (*going private*) dagegen bestehen kaum Zweifel, daß sich dieses Vorhaben nachteilig auf den institutionellrelevanten Anlegerschutz am Markt auswirken kann. Das *going private* muß zwar im Prinzip möglich sein, da das Börsenrecht dieses Vorhaben nicht ausdrücklich untersagt und im übrigen von keinem Emittenten eine "ewige" Bindung an die Börse verlangt werden kann. Es müssen aber hohe börsenrechtliche Marktaustrittsschranken geschaffen werden, damit das *going private* die seltene Ausnahme bleibt, da sonst die organisierten Kapitalmärkte ihre Glaubwürdigkeit einbüßen. Die Einrichtung von Börsen macht nur Sinn, wenn die Anleger in der Regel auf die Kontinuität der Wertpapierzulassung vertrauen dürfen. Deshalb ist die Zulassungsstelle beim Börsenaustritt als Kontrollinstanz einzubinden (§ 36 i.V.m. § 37 BörsG). Sie hat über den Ausscheidungsantrag des Emittenten zu entscheiden.

Im Rahmen ihrer drittschützenden (anlegerschützenden) Funktion hat die Zulassungsstelle die öffentlichen und privaten Interessen gegeneinander abzuwägen. Sie prüft, ob ein berechtigtes Interesse der Gesellschaft am *going private* besteht. Eine materielle Prüfung der vom Emittenten vorgebrachten Gründe erscheint allerdings nur schwer durchführbar, da die Kriterien, anhand derer die Prüfung zu erfolgen hat, kaum praktikabel sein können (Operationalitätsproblem). Deshalb bietet sich beim *going private* eine Formalisierung an.

Der Emittent muß sein Ausscheidungsinteresse nachweisen, indem er bei der Zulassungsstelle einen Going-Private-Beschluß der Hauptversammlung einreicht, der mit der gesellschaftsrechtlich erforderlichen hohen Beschlußmehrheit zustande gekommen ist. Zur Vermeidung eines drastischen Kursverfalls an der Börse, der das Vertrauen der Anleger in die organisierten Kapitalmärkte erschüttern würde, darf die Zulassungsstelle dem Ausscheidungswunsch des Emittenten allerdings nur dann zustimmen, wenn den benachteiligten Aktionären Abfindungs- und Umtauschangebote unterbreitet werden. Aus institutionellen Gründen wäre an sich eine eingehende Angemessenheitskontrolle durch die Zulassungsstelle angezeigt. Eine solche Aufgabe kann jedoch der Börse nicht zugemutet werden, weil sie dadurch überfordert würde. Sie bleibt deshalb den Zivilgerichten vorbehalten (Spruchstellenverfahren). Die Börse hat allerdings immer dann einzuschreiten, wenn die angebotene Entschädigung offenkundig zu niedrig bemessen ist, denn es muß verhindert werden, daß die Anleger zum Schaden der Börse unverkennbar übervorteilt werden. Außerdem ist der Austritt nur erlaubt, wenn er nicht "zur Unzeit" erfolgt, denn der Emittent darf die Gutgläubigkeit von Kapitalanlegern nicht in mißbräuchlicher Weise ausnutzen. Schließlich muß die Zulassungsstelle eine angemessene Frist setzen, damit die Anleger den Handelsmarkt "Börse" nicht unvermittelt verlieren. Der Emittent seinerseits muß den Ausscheidungstermin rechtzeitig veröffentlichen.

Durch diese hohen Marktaustrittsschranken wird ein ausreichender Anlegerschutz am Markt erreicht. Erfüllt der Emittent die Anforderungen, sind keine Gründe mehr ersichtlich, aus denen ein weiterer Verbleib an der Börse notwendig sein sollte. Daher muß die Börse als Teil der öffentlichen Gewalt zur Wahrung des *Grundsatzes der Verhältnismäßigkeit* dem Antrag des Emittenten auf Entlassung stattgeben und damit das *going private* genehmigen.

c) Beim Teilrückzug von der Börse sind zur Sicherung des Vertrauens der Anleger in die organisierten Kapitalmärkte deutlich geringere Anforderungen zu erfüllen, da die Anleger auf die restlichen Börsenplätze ausweichen können. Eine vom Austritt betroffene Börse hat lediglich eine angemessene Frist zu setzen, wobei der Emittent den Ausscheidungstermin rechtzeitig veröffentlichen muß. Dadurch können sich die Anleger frühzeitig auf die veränderte Situation einstellen. Diese Anforderungen genügen, um den institutionell-relevanten Anlegerschutz am Markt ausreichend zu sichern. Daher muß das Vorhaben des Emittenten aus Verhältnismäßigkeitsgründen genehmigt werden.

4. Es wird deutlich, daß sich das Gesellschaftsrecht und das Börsenrecht wechselseitig ergänzen, auch wenn diese zwei Normkomplexe beim Interessenschutz unterschiedliche Schwerpunkte und Prioritäten setzen: Das Gesellschaftsrecht sichert vorrangig den Individualschutz, das Börsenrecht dagegen primär den Institutio-

nenschutz. Soweit das Gesellschaftsrecht einen effektiven Individualschutz gewährleistet, dient dieser auch dem Institutionenschutz, ebenso wie sich umgekehrt der börsenrechtliche Institutionenschutz positiv auf den Individualschutz auswirkt. Wie erneut zu betonen ist, gewährt das Börsenrecht den Anlegerschutz am Markt nur insoweit, als er von institutioneller Relevanz ist.

5. Der Gesetzgeber wird aufgefordert, die in dieser Arbeit ermittelten Ergebnisse aufzugreifen. Beispielsweise sollte der im Aktiengesetz vorgesehene Zuständigkeitskatalog der Hauptversammlung um die Positionen *going public* und *going private* erweitert werden. Die Kompetenz der Hauptversammlung in diesen Angelegenheiten müßte dann nicht mehr aus dem "Holzmüller"-Urteil des Bundesgerichtshofes abgeleitet werden. Gegebenenfalls kommt der Gesetzgeber sogar zu dem Schluß, daß die Hauptversammlung nicht nur eine Mitwirkungskompetenz besitzen soll, sondern auch ein Initiativrecht. Außerdem sollten das *going private* und der Teilrückzug von der Börse im Börsengesetz geregelt werden, damit deren börsenrechtliche Zulässigkeit nicht mehr aus dem Verfassungsrecht hergeleitet werden muß. Dadurch würde mehr Rechtssicherheit geschaffen. Die Börsen wären zudem gezwungen, ihre derzeit geübte, unangemessen restriktive Verwaltungspraxis gegenüber den Austrittswünschen der Emittenten auch ohne klarstellende Gerichtsentscheide aufzugeben.

Trotzdem wird das *going private* auf Grund der erforderlichen hohen gesellschaftsrechtlichen und börsenrechtlichen Marktaustrittsbarrieren auch in der Zukunft die Ausnahme bleiben. *Aktionäre und Vorstände von Unternehmen sollten sich deshalb bereits beim going public des Risikos bewußt sein, diesen Schritt später nur unter schwer erfüllbaren Voraussetzungen wieder rückgängig machen zu können.*

Der *Teilrückzug vom Aktienmarkt* als Mittel zur Kosteneinsparung bei börsennotierten Unternehmen wird dagegen künftig häufiger vorkommen, weil die betroffenen Börsen dieses Vorhaben nach der derzeit bestehenden Rechtslage nicht ablehnen dürfen. Außerdem

sind die gesellschaftsrechtlichen Barrieren niedrig. Die leicht über-
windbaren Marktaustrittsschranken begünstigen allerdings einen
Konzentrationsprozeß unter den Börsen. Der Gesetzgeber wird aufgefordert, die damit verbundenen Gefahren für die Stellung von
kleinen Regionalbörsen zu bewerten und nach Abwägung der
unterschiedlichen Interessen gegebenenfalls den Marktaustritt zu
erschweren. Jedoch sollte zunächst versucht werden, die Attraktivität der Präsenz an mehreren Börsenplätzen nachhaltig zu verbessern, um Austrittsanträge von vornherein zu vermeiden. Unter
anderem ist es inakzeptabel, daß beispielsweise ein an sechs deutschen Börsen notiertes Unternehmen bei einer Kapitalerhöhung
sechsmal ein kostenintensives, zeitraubendes und umständliches
Wertpapierzulassungsverfahren durchlaufen muß. Dieser unbefriedigende Zustand sollte dringend behoben werden.

Literaturverzeichnis

Albach, Horst/ Corte, Christiane/ Friedewald, Rolf/ Lutter, Marcus/ Richter, Wolf	Deregulierung des Aktienrechts: Das Drei-Stufen-Modell. Ein Entwurf zur Modifizierung des Aktienrechts im Hinblick auf personalistische Gesellschaftsstrukturen und einen erleichterten Börsenzugang - gefördert von der Bertelsmann Stiftung, Gütersloh 1988; zit.: Albach u.a. (1988).
Arbeitsgemeinschaft der Deutschen Wertpapierbörsen	Jahresbericht 1988; Hrsg.: dies., Frankfurt am Main 1989; zit.: Arbeitsgemeinschaft (1989).
Arbeitsgemeinschaft der Deutschen Wertpapierbörsen	Jahresbericht 1990; Hrsg.: dies., Frankfurt am Main 1991; zit.: Arbeitsgemeinschaft (1991).
Arbeitsgemeinschaft der Deutschen Wertpapierbörsen	Jahresbericht 1991; Hrsg.: dies., Frankfurt am Main 1992; zit.: Arbeitsgemeinschaft (1992).
Assmann, Heinz-D.	Konzeptionelle Grundlagen des Anlegerschutzes, in: ZBB 1989, S. 49 ff.
Assmann, Heinz-D.	Kapitalmarkt - Kapitalmarktrecht - Kapitalanlagerecht. Eine problemorientierte Einführung, in: H.-D. Assmann/R. A. Schütze (Hrsg.): Handbuch des Kapitalmarktrechts, München 1990, § 1, S. 1 ff.
Assmann, Heinz-D.	Die Regelung der Primärmärkte für Kapitalanlagen mittels Publizität im Recht der Europäischen Gemeinschaften, in: AG 1993, S. 549 ff.
Assmann, Heinz-D.	Harmonisierung des Kapitalmarkt- und Börsenrechts in der EG, in: W. Hadding/K. J. Hopt/H. Schimansky (Hrsg.): Deutsches und europäisches Bank- und Börsenrecht - Bankrechtstag 1993, Schriftenreihe der Bankrechtlichen Vereinigung, Bd. 5, Berlin, New York 1994, S. 61 ff.
Balser, Heinrich/ Bokelmann, Gunther/ Piorreck, Karl F.	Die Aktiengesellschaft: ein Handbuch für die wirtschaftliche, notarielle und gerichtliche Praxis mit Erläuterungen, Beispielen, Formularen; Freiburg im Breisgau 1984; zit.: Balser u.a. (1984).
Bauer, Christoph	Der Anlageentscheidungsprozeß, in: ZfgK 1992, S. 795 ff.
Beiertz, Georg	Wertpapier-Marketing: Investor-Relations - Was Banken davon haben, in: bankkaufmann, Heft 6, 1992, S. 11 ff.
Berle, Adolf A. (Jr.)/ Means, Gardiner C.	The Modern Corporation and Private Property, Neuauflage, New York 1933.
Bischoff, Thomas	Sachliche Voraussetzungen von Mehrheitsbeschlüssen in Kapitalgesellschaften, in: BB 1987, S. 1055 ff.
Bonk, Heinz J.	In: Verwaltungsverfahrensgesetz; Kommentar, bearb. von P. Stelkens/H. J. Bonk/M. Sachs, mitbegründet von K. Leonhardt; 4., neubearb. Aufl., München 1993, § 1 VwVfG, Rdnr. 1 bis 46a, S. 99 bis 122.

Brondics, Klaus/ Mark, Jürgen	Die Verletzung von Informationspflichten im amtlichen Handel nach der Reform des Börsengesetzes, in: AG 1989, S. 339 ff.
Brown, Meredith M.	Structuring a Minority Investment in a Publicly Held Company, in: Sec. Reg. L. J., Bd. 19, 1991/92, S. 211 ff.
Bühner, Rolf	Reaktionen des Aktienmarktes auf Unternehmenszusammenschlüsse, in: ZfbF 1990, S. 295 ff.
Burgmaier, Stefanie	Börsenneulinge - Teurer Poker, in: WiWo, Heft 30, 1992, S. 76 ff.
Büschgen, Hans E.	Bankbetriebslehre, 2. neubearb. und erw. Aufl., Stuttgart, New York 1989.
Büschgen, Hans E.	Bankbetriebslehre: Bankgeschäfte und Bankmanagement, 3. neu bearb. Aufl., Wiesbaden 1991.
Busse, Franz-J.	Grundlagen der betrieblichen Finanzwirtschaft, 3., völlig überarb. und wesentlich erw. Aufl., München, Wien 1993.
Chiu, Peter/ Siegel, Joel	What the Accountant Must Know About SEC Requirements, in: The National Public Accountant, Bd. 35, Ausg. 11, November 1990, S. 36 ff.
Christians, F. Wilhelm	Verbesserung der Unternehmensfinanzierung - Herausforderung für die privaten Banken, in: Die Bank 1985, S. 107 ff.
Cooke, Jay	Should your company go private? In: Management Review, Bd. 77, November 1988, S. 20 ff.
De Angelo, Harry/ De Angelo, Linda/ Rice, Edward M.	Going Private: Minority Freezeouts and Stockholder Wealth, in: The Journal of Law and Economics, Bd. 27, 1984, S. 367 ff.
Deutsche Bundesbank	Zur Bedeutung der Aktie als Finanzierungsinstrument, in: dies. (Hrsg.): Monatsberichte der Deutschen Bundesbank, Oktober 1991, S. 22 ff.
Dielmann, Heinz J./ König, Andreas	Der Anspruch ausscheidender Minderheitsaktionäre auf angemessene Abfindung, in: AG 1984, S. 57 ff.
Dirrigl, Hans	Die Angemessenheit des Umtauschverhältnisses bei einer Verschmelzung als Problem der Verschmelzungsprüfung und der gerichtlichen Überprüfung, in: WPg 1989, S. 413 ff. (Teil I), S. 454 ff. (Teil II).
Döhrmann, Andreas	Underpricing oder fair value: das Kursverhalten deutscher Erstemissionen, Diss., Wiesbaden 1990.
Ebel, Franz-J.	Finanzplatz Deutschland / Kompromisse notwendig: SEC weiterhin gegen Notiz deutscher Aktien in USA, in: HB, Nr. 195, 8. Oktober 1992, S. 39.
Eickhoff, Wolfgang	Der Gang an die Börse - und kein Weg zurück? In: WM 1988, S. 1713 ff.
Elle, Horst	Über die Verantwortlichkeit der Zulassungsstelle einer deutschen Börse gegenüber dem Publikum, in: ZHR 128 (1966), S. 273 ff.

Erichsen, Hans-U.   Das Verwaltungshandeln, in: H.-U. Erichsen/W. Martens (Hrsg.): Allgemeines Verwaltungsrecht, 9., neubearb. Aufl., Berlin, New York 1991, § 10 ff., S. 179 ff.

Fieber, Roland   Deutsche Töchter für den Börsengang feingemacht, in: FiWi, Nr. 59, 25. Juli 1992, S. 24.

Fluck, Jürgen   Zum Verzicht des Begünstigten auf Rechte aus einem Verwaltungsakt am Beispiel der Börsenzulassung, in: WM 1995, S. 553 ff.

Forsthoff, Ernst   Lehrbuch des Verwaltungsrechts; Erster Band: Allgemeiner Teil, 9., neubearb. Aufl., München, Berlin 1966.

Fritsch, Ulrich   Das Buch der Börseneinführung; Bedeutung und Möglichkeiten der Publikums-Aktiengesellschaft, 2. Auflage, Köln 1987.

Gericke, Horst   Handbuch für die Börsenzulassung von Wertpapieren, Frankfurt am Main 1992.

Göbel, Hermann J.   Gehaltsaktion 1985/86: Geschäftsführer: Einzelgänger, in: Capital, Heft 2, 1986, S. 177 f.

Gumpel, Peter E./ Ramin, Kurt P./ Schiessl, Maximilian   Kapitalmarktregeln für Emissionen und Akquisitionen in den USA, in: DB 1988, S. 1432 ff.; zit.: Gumpel u.a. (1988).

Haeseler, Herbert R.   Rechnungslegungsvorschriften und Anlegerinteressen, in: P. Swoboda/O. Lucius/S. Zapotocky (Hrsg.): Aktienemissionen. Ein Handbuch der Börseneinführung, Bankwirtschaftliche Schriftenreihe, Bd. 65, Wien 1988, S. 149 ff.

Hagenmüller, Karl F./ Diepen, Gerhard   Der Bankbetrieb. Lehrbuch und Aufgabensammlung, 13. vollst. überarb. und erw. Aufl., Wiesbaden 1993.

Hansen, Herbert   Überhöhte Emissionskurse bei Börseneinführungen, in: AG 1991, S. R 368 ff.

Heindl, Ursula   Die Börseneinführung von GmbH-Anteilen, Frankfurt am Main 1987.

Heinsius, Theodor   Organzuständigkeit bei Bildung, Erweiterung und Umorganisation des Konzerns, in: ZGR 1984, S. 383 ff.

Heinsius, Theodor/ Hein,Thomas   Der Weg des Unternehmens zur Börse, in: M. Lutter/ J. Semler (Hrsg.): Rechtsgrundlagen freiheitlicher Unternehmenswirtschaft, Köln 1991, S. 246 ff.

Henn, Günter   Die Gleichbehandlung der Aktionäre in Theorie und Praxis, in: AG 1985, S. 240 ff.

Herzig, Norbert/ Ebeling, Ralf M.   Substanzsteuerliche Folgen der Börseneinführung stimmrechtsloser Vorzugsaktien, in: AG 1989, S. 221 ff.

Herzog, Martin   Mit neuen börsenfähigen Titeln den Zugang zum Kapitalmarkt erleichtern, in: HB, Nr. 230, 30. November 1988, S. B 11.

Hirte, Heribert   Bezugsrechtsausschluß und Konzernbildung. Minderheitenschutz bei Eingriffen in die Beteiligungsstruktur der Aktiengesellschaft, Köln u.a. 1986.

Hopt, Klaus J.　Der Kapitalanlegerschutz im Recht der Banken: gesellschafts-, bank- und börsenrechtliche Anforderungen an das Beratungs- und Verwaltungsverhalten der Kreditinstitute, München 1975.

Hopt, Klaus J.　Vom Aktien- und Börsenrecht zum Kapitalmarktrecht? Teil 2: Die deutsche Entwicklung im internationalen Vergleich, in: ZHR 141 (1977), S. 389 ff.

Hopt, Klaus J.　Segmentspezifischer Anlegerschutz für börsengehandelte Titel, in: W. Gerke (Hrsg.): Risikokapital über die Börse, Berlin u.a. 1986, S. 104 ff.

Hopt, Klaus J.　Emissionsgeschäft und Emissionskonsortien. Recht und Praxis in Deutschland und in der Schweiz, in: R. Goerdeler u.a. (Hrsg.): FS für A. Kellermann zum 70. Geburtstag am 29. November 1990, ZGR, Sonderheft 10, Berlin, New York 1991, S. 181 ff.

Hopt, Klaus J./ Hehl, Günther　Gesellschaftsrecht, 3., neubearb. und wesentlich erw. Aufl., München 1987.

Horn, Arno　Zum Mitverwaltungs- und Kontrollrecht der Aktionäre, in: AG 1969, S. 369 ff.

Hübner, Ulrich　Die Ausgliederung von Unternehmensteilen in aktien- und aufsichtsrechtlicher Sicht, in: M. Lutter u.a. (Hrsg.): FS für W. Stimpel zum 68. Geburtstag am 29. November 1985, Berlin 1985, S. 791 ff.

Hüffer, Uwe　Zur gesellschaftsrechtlichen Treupflicht als richterrechtlicher Generalklausel, in: J. F. Baur u.a. (Hrsg.): FS für E. Steindorff zum 70. Geburtstag am 13. März 1990, Berlin 1990, S. 59 ff.

Huppert, Walter　Recht und Wirklichkeit der Aktiengesellschaft. Eindrücke und Erfahrungen eines Kleinaktionärs, Berlin 1978.

Iber, Bernhard　Entwicklung der Aktionärsstruktur börsennotierter deutscher Aktiengesellschaften. Eine theoretische und empirische Analyse für den Zeitraum 1963-1983, Kiel 1987.

Immenga, Ulrich　Aktiengesellschaft, Aktionärsinteressen und institutionelle Anleger, Tübingen 1971.

Jellinek, Walter　Verwaltungsrecht, unveränderter Neudruck der 3. Aufl. von 1931 und des Nachtrags von 1950 mit einem Vorwort zum Neudruck von O. Bachof, Bad Homburg v.d.H. u.a. 1966.

Kaden, Jens　Going Public und Publizität, Diss., Zürich 1991.

Kaligin, Thomas　Die Konzeption und der Vertrieb von (steuerbegünstigten) Kapitalanlagen im Blickwinkel des § 264 a StGB, in: WPg 1987, S. 354 ff.

Karsch, Werner　Börsenneulinge der 80er Jahre: Glänzende Emissionsbilanz, in: Die Bank 1990, S. 26 ff.; zit.: Karsch (1990a).

Karsch, Werner　Börsen-Kandidaten für die 90er Jahre, in: Die Bank 1990, S. 721 ff.; zit.: Karsch (1990b).

Karsch, Werner	Börsenkandidaten: Konzern-Töchter debütieren, in: Die Bank 1993, S. 22 ff.
Kim, Wi Saeng/ Lyn, Esmeralda O.	Going Private: Corporate Restructuring under Information Asymmetry and Agency Problems, in: Journal of Business Finance & Accounting, Bd. 18, Ausg. 5, September 1991, S. 637 ff.
Kleinbard, Edward-D.	Going Private, in: Yale Law Journal, Bd. 84, 1975, S. 903 ff.
Klenke, Hilmar	Der Rückzug mehrfach notierter Unternehmen von den deutschen Regionalbörsen, in: WM 1995, S. 1089 ff.
Koch, Wolfgang	Das Unternehmensinteresse als Verhaltensmaßstab der Aufsichtsratsmitglieder im mitbestimmten Aufsichtsrat einer Aktiengesellschaft, Frankfurt am Main u.a. 1983.
Kommission "Zweiter Börsenmarkt"	Börsenzugang für kleinere und mittlere Unternehmen. Hrsg.: Ministerium für Wirtschaft, Mittelstand und Technologie Baden-Württemberg, Stuttgart 1987.
Kort, Michael	Zur Treuepflicht des Aktionärs, in: ZIP 1990, S. 294 ff.
Koziol, Helmut	Die Haftung für Fehler bei der Zulassung von Wertpapieren zum Börsehandel, in: ÖBA 1990, S. 674 ff.
Kübler, Friedrich	Transparenz am Kapitalmarkt. Wirtschaftspolitische Grundfragen aktueller Regelungsprobleme, in: AG 1977, S. 85 ff.
Kübler, Friedrich	Gesellschaftsrecht, 3. neubearb. und erw. Aufl., Heidelberg 1990.
Kübler, Friedrich/ Schmidt, Reinhard H.	Gesellschaftsrecht und Konzentration, Berlin 1988.
Küffer, Klaus	Der Gang eines mittelständischen Unternehmens an die Börse, Motive - Durchführung - Folgen, 2. neubearb. und erw. Aufl., Göttingen 1992.
Kühn, Wolfgang	Probleme mit Minderheitsaktionären in der Aktiengesellschaft, in: BB 1992, S. 291 ff.
Kümpel, Siegfried	Amtlicher Markt und Freiverkehr an der Börse aus rechtlicher Sicht - unter Berücksichtigung der Konzeption des geregelten Marktes, in: WM 1985, Beilage 5, S. 3 ff.
Kümpel, Siegfried	Börsenrechtliche Fragen bei Schaffung des geregelten Marktes, in: P. Hofmann u.a. (Hrsg.): FS für K. Pleyer zum 65. Geburtstag, Köln 1988, S. 59 ff.
Kümpel, Siegfried	Zur Neugestaltung der staatlichen Börsenaufsicht - von der Rechtsaufsicht zur Marktaufsicht, in: WM 1992, S. 381 ff.
Kunz, Roger M.	Going Public in der Schweiz: Preisbildung und Erfolgsfaktoren, Diss., Bern, Stuttgart 1991.
Lambsdorff, Otto Graf	Die Bedeutung der Aktie als Finanzierungsinstrument für die Wirtschaft, in: ZGR 1981, S. 1 ff.
Lambsdorff, Otto Graf	Vertrauen in den Kapitalmarkt ist das A und O für sein Funktionieren, in: WP, Heft 23, 1992, S. 54 f.

Landgraf, Robert	Neuemissionen: Gespräch mit F.-J. Buss von der WestLB - 1990 war "ein schlechter Jahrgang". "Gewinnschätzungen in den Prospekt aufnehmen", in: HB, Nr. 111, 11. Juni 1992, S. 35.
Landgraf, Robert	Neuemission: Gespräch mit A. Winkler und Börsenmakler U. Baader: DB-Soft verzichtet beim Gang an die Börse auf die Hilfe einer Konsortialbank, in: HB, Nr. 56, 22. März 1993, S. 35.
Landgraf, Robert	Börse / Preisabstand zu Vorzügen kann stark schwanken. Unternehmen lassen sich Stimmrecht gut bezahlen, in: HB, Nr. 143, 27. Juli 1994.
Lea, Robert	The Price of Privacy, in: Management Today, Mai 1990, S. 107 f.
Ledermann, Thomas	Die Rechtsstellung des Kursmaklers an den deutschen Wertpapierbörsen, Berlin 1990.
Lehmann, Jürgen	Die gesetzlichen Minderheitenrechte in Aktiengesellschaften, in: AG 1983, S. 113 ff.
Loss, Louis/ Seligman, Joel	Securities Regulation, Bd. 4, 3. Aufl., Boston u.a. 1990.
Lutter, Marcus	Zur Treuepflicht des Großaktionärs, in: JZ 1976, S. 225 ff.; zit.: Lutter (1976a).
Lutter, Marcus	Anmerkung zum BGH-Urteil vom 16. Februar 1976 - II ZR 61/74 (OLG Celle), "Audi/NSU" (veröffentlicht in: JZ 1976, S. 561 f.), in: JZ 1976, S. 562 f.; zit.: Lutter (1976b).
Lutter, Marcus	Materielle und förmliche Erfordernisse eines Bezugsrechtsausschlusses - Besprechung der Entscheidung BGHZ 71, 40 (Kali + Salz), in: ZGR 1979, S. 401 ff.
Lutter, Marcus	Theorie der Mitgliedschaft - Prolegomena zu einem Allgemeinen Teil des Korporationsrechts, in: AcP 180, (1980), S. 84 ff.
Lutter, Marcus	Zur Vorbereitung und Durchführung von Grundlagenbeschlüssen in Aktiengesellschaften, in: R. Goerdeler u.a. (Hrsg.): FS für H.-J. Fleck zum 70. Geburtstag am 30. Januar 1988, in: ZGR, Sonderheft 7, Berlin, New York 1988, S. 169 ff.
Lutter, Marcus	Die Treupflicht des Aktionärs, Bemerkungen zur Linotype-Entscheidung des BGH, in: ZHR 153 (1989), S. 446 ff.
Lutter, Marcus	Die Rechte und Pflichten des Vorstands bei der Übertragung vinkulierter Namensaktien, in: AG 1992, S. 369 ff.
Lutter, Marcus	Das neue "Gesetz für kleine Aktiengesellschaften und zur Deregulierung des Aktienrechts", in: AG 1994, S. 429 ff.
Martens, Klaus-P.	Die Entscheidungsautonomie des Vorstands und die "Basisdemokratie" in der Aktiengesellschaft, in: ZHR 147 (1983), S. 377 ff.

Marquard, Sabine	Mit neuen Strategien gegen Frankfurt, in: WirtschaftsForumSüdwest, Nr. 1. Eine Beilage der Stuttgarter Zeitung und der Stuttgarter Nachrichten, 4. Mai 1994, S. 4.
Mathias, Dermot	From Public to Private, in: Accountancy, Bd. 106, Oktober 1990, S. 72 f.
Matschke, Manfred J.	Finanzierung der Unternehmung, Berlin 1991.
Matthiessen, Volker	Stimmrecht und Interessenkollision im Aufsichtsrat, Diss., Köln u.a. 1989.
Maurer, Hartmut	Allgemeines Verwaltungrecht, 9., überarb. und ergänzte Aufl., München 1994.
May, Peter	Die Sicherung des Familieneinflusses auf die Führung der börsengehandelten Aktiengesellschaft. Zugleich ein Beitrag zur Gestaltungsfreiheit im Gesellschaftsrecht, Diss., Köln 1992.
Merkt, Hanno	US-amerikanisches Gesellschaftsrecht, Heidelberg 1991.
Mettler, Alfred	Going Public: eine betriebswirtschaftliche Untersuchung schweizerischer Börseneinführungen, Diss., Bern, Stuttgart 1990.
Meyer, Hans	In: H. Meyer/H. Borgs-Maciejewski (Hrsg.): Verwaltungsverfahrensgesetz, Kommentar, Frankfurt am Main 1976, § 35 ff., S. 198 ff.
Möhle, Hans-J.	Heranführung mittelständischer Unternehmen an die Börse - eine Herausforderung für die Sparkassen, in: Sparkasse 1987, S. 6 ff.
Musahl, Hans-P.	Die Börseneinführung einer deutschen Tochtergesellschaft ist eine Finanzierungsalternative und verbessert die Wettbewerbsposition, in: HB, Nr. 32, 16. Februar 1993, S. B 5.
Niesar, Gerald V./ Niebauer, David M.	The Small Public Company After the Penny Stock Reform Act of 1990, in: Sec. Reg. L. J., Bd. 20, 1992, S. 227 ff.
O.V.	Die Steigenberger-Aktie soll nicht mehr notiert werden, in: FAZ, Nr. 12, 15. Januar 1985, S. 15.
O.V.	Börseneinführungen / Riesiger Nachholbedarf, in: WiWo, Heft 35, 1986, S. 36 ff.; zit.: o.V. (1986a).
O.V.	Mitunter wird die Rechnung ohne den Wirt gemacht, in: Unternehmer, Heft 4, 1986, S. 20 ff.; zit.: o.V. (1986b).
O.V.	VDO: Millionen für die Steuer, in: WiWo, Heft 12, 1986, S. 163 ff.; zit.: o.V. (1986c).
O.V.	Kommunikation vor Börseneinführung / Going public, in: absatzwirtschaft, Zeitschrift für Marketing, Heft 2, 1987, S. 28 ff.
O.V.	KKB Bank: Die Citibank könnte die freien Aktionäre doch noch abfinden, in: WP 1991, Heft 21, S. 39, 41; zit.: o.V. (1991a).

O.V. Nach oben gerechnet, in: Der Spiegel, Heft 38, 1991, S. 153; zit.: o.V. (1991b).

O.V. "Unser Land nimmt schweren Schaden", Interview mit H. Schmiedeknecht, in: WP, Heft 19, 1992, S. 24 f.; zit.: o.V. (1992a).

O.V. Abfindungsangebot bei Citibank Privatkunden, in: BZ, Nr. 192, 6. Oktober 1992, S. 5; zit.: o.V. (1992b).

O.V. Aktienfinanzierung: Die IKB schätzt das langfristige Wachstumspotential wegen des bevorstehenden Generationswechsels als sehr hoch ein. Die konjunkturelle Flaute hält viele Firmen von einem Gang an die Börse ab, in: HB, Nr. 222, 16. November 1992, S. 14; zit.: o.V. (1992c).

O.V. Nachbesserung, in: WP, Heft 21, 1992, S. 1; zit.: o.V. (1992d).

O.V. Gewinne im Prospekt nennen! In: WP, Heft 23, 1992, S. 56 f.; zit.: o.V. (1992e).

O.V. Jede dritte Neuemission ist ihren Ausgabepreis nicht wert, in: Finanztest, Heft 1, 1992, S. 46 ff.; zit.: o.V. (1992f).

O.V. Notiz an der Wall Street: Wie stehen die Chancen für deutsche Unternehmen? In: bankkaufmann, Heft 6, 1992, S. 8; zit.: o.V. (1992g).

O.V. Silvester-Aktien: Alle Jahre wieder, in: WiWo, Heft 21, 1992, S. 112; zit.: o.V. (1992h).

O.V. Ausnahmeregelung für Daimler-Benz, in: BZ, Nr. 58, 25. März 1993, S. 5; zit.: o.V. (1993a).

O.V. Daimler macht im Alleingang den Sprung über den großen Teich, in: FAZ, Nr. 71, 25. März 1993, S. 23; zit.: o.V. (1993b).

O.V. Daimler-Benz deckt stille Reserven auf, in: StZ, Nr. 70, 25. März 1993, S. 11; zit.: o.V. (1993c).

O.V. Daimler-Benz / Vor Kompromiß mit der US-Finanzaufsicht. Aussicht auf den direkten Börsenzugang in den USA, in: HB, Nr. 59, 25. März 1993, S. 22; zit.: o.V. (1993d).

O.V. Die Bilanz der Neuemissionen für das vergangene Jahr fällt ernüchternd aus, in: HB, Nr. 15, 22./23. Januar 1993, S. 35; zit.: o.V. (1993e).

O.V. Daimler AG muß für Stellenabbau 1,5 Milliarden DM zurückstellen, in: FAZ, Nr. 232, 6. Oktober 1993, S. 20; zit.: o.V. (1993f).

O.V. Töchter von Schweizer Multis: Going private statt Going public, in: FiWi, Nr. 7, 26. Januar 1994, S. 27; zit.: o.V. (1994a).

O.V. Zucker in Freiverkehr zurückgestuft. Securenta Bank wartet immer noch auf die Vollbanklizenz, in: BZ, Nr. 73, 16. April 1994, S. 7; zit.: o.V. (1994b).

O.V. BASF will Notierung in Regionen einstellen, in: HB, Nr. 233, 2./3. Dezember 1994, S. 37, 39; zit.: o.v. (1994c).

O.V. BASF kehrt Regionalbörsen den Rücken / Konzentration des Handels auf Frankfurt, in: BZ, Nr. 232, 2. Dezember 1994, S. 1; zit.: o. V. (1994d).

O.V. BASF bleiben an der Hamburger Börse notiert, in: BZ, 16. März 1995, S. 3; zit.: o.v. (1995a).

O.V. Stuttgarter Börse lehnt BASF-Verzicht ab, in: HB, 13. Februar 1995, S. 23, zit.: o.v. (1995b).

Oettingen, Manfred von Die Planung des Gangs an die Börse unter besonderer Berücksichtigung steuerlicher Aspekte, Diss, Köln 1990.

Olenhusen, Peter G. von Börsen und Kartellrecht. Zur wettbewerbsrechtlichen Problematik der Börsenleistungen, Diss., Baden-Baden 1983.

Paskert, Dierk Informations- und Prüfungspflichten bei Wertpapieremissionen: Verkaufsprospekt, Börsenzulassungsprospekt, Unternehmensbericht, Diss., Düsseldorf 1991.

Paul, Walter Börseneinführung in Tokio - demonstriert am Beispiel der BASF, in: ZfbF 1992, S. 914 ff.

Quaritsch, Helmut Der Verzicht im Verwaltungsrecht und auf Grundrechte, in: P. Selmer/I. v. Münch (Hrsg.): Gedächtnisschrift für W. Martens, New York, Berlin 1987, S. 407 ff.

Raiser, Thomas Recht der Kapitalgesellschaften. Ein Handbuch für Praxis und Wissenschaft, 2. neubearb. und wesentlich erw. Aufl., München 1992.

Reinisch, Armin Der Ausschluß von Aktionären aus der Aktiengesellschaft, Diss., Köln 1992.

Rodrian, Heinrich Erläuterungen zum Börsengesetz, in: Wertpapier und Börse. Ergänzbares Rechtshandbuch für den Effektenverkehr, bearb. von G. Bruns/H. Rodrian unter Mitwirkung von W. Stoeck, Loseblattsammlung, Berlin, Stand 1990, Kennzahl: 405, S. 27 ff.

Rosen, Rüdiger Freiherr von Marketing im deutschen Börsensystem, in: R. Kolbeck (Hrsg.): Bankmarketing vor neuen Aufgaben, Schriften des Bankwirtschaftlichen Kolloquiums der Universität Frankfurt, Frankfurt am Main 1992, S. 93 ff.

Rudolph, Bernd Funktionen und Konditionen der Kreditinstitute im Emissionsgeschäft, in: WiSt 1981, S. 60 ff.

Schacht, Guido Die deutsche Kapitalmarktaufsicht im internationalen Vergleich: ein Beitrag zur Diskussion um die Notwendigkeit eines Wertpapieramtes in der Bundesrepublik Deutschland, Diss., München 1980.

Schäfer, Frank A. Grundzüge des neuen Börsenrechts, in: ZIP 1987, S. 953 ff.

Schalek, Erika Eigenkapitalbeschaffung mittelständischer Unternehmen über den Kapitalmarkt, Diss., Köln 1988.

Schanz, Günther	Mitarbeiterbeteiligung, Grundlagen - Befunde - Modelle, München 1985.
Schmidt, Hartmut	Börsenorganisation zum Schutze der Anleger, Tübingen 1970; zit.: H. Schmidt (1970).
Schmidt, Hartmut	Neue Börsenstruktur, in: ZfgK 1992, S. 792 ff.; zit.: H. Schmidt (1992).
Schmidt, Karsten	Gesellschaftsrecht, 2. Auflage, Köln u.a. 1991; zit.: K. Schmidt (1991).
Schmidt, Reinhard H. u.a.	Underpricing bei deutschen Erstemissionen 1984/85, in: ZfB 1988, S. 1193 ff.; zit.: R. Schmidt u.a. (1988).
Schreib, Hans P.	Zu hohe Emissions-Kurse schaden dem Kapitalmarkt, in: WP, Heft 18, 1992, S. 24 ff.
Schröder Münch-meyer Hengst & Co.	FOCUS micro: Neuemissionen 1991, Hrsg.: dies., Januar 1992.
Schwark, Eberhard	Börsengesetz: Kommentar zum Börsengesetz, zu den börsenrechtlichen Nebenbestimmungen und den Insider-Richtlinien, München 1976.
Schwark, Eberhard	Das neue Kapitalmarktrecht, in: NJW 1987, S. 2041 ff.
Schwark, Eberhard	Börsengesetz: Kommentar zum Börsengesetz und zu den börsenrechtlichen Nebenbestimmungen, 2., neubearb. Aufl., München 1994.
Semler, Franz-J.	In: M. Hoffmann-Becking (Hrsg.): Münchener Handbuch des Gesellschaftsrechts, Band 4: Aktiengesellschaft, München 1988, §§ 34 ff., S. 327 ff.
Soltwedel, Rüdiger u.a.	Deregulierungspotentiale in der Bundesrepublik, Tübingen 1986.
Süchting, Joachim	Finanzmarketing auf den Aktienmärkten, in: ZfgK 1986, S. 654 ff.
Thieme, Werner	Der Verzicht auf den Doktorgrad, in: DÖV 1988, S. 250 ff.
Timm, Wolfram	Die Aktiengesellschaft als Konzernspitze: die Zuständigkeitsordnung bei der Konzernbildung und Konzernumbildung, Köln u.a. 1980.
Timm, Wolfram	Treuepflichten im Aktienrecht, in: WM 1991, S. 481 ff.
Uhlir, Helmut	Der Gang an die Börse und das Underpricing-Phänomen. Eine empirische Untersuchung deutscher Emissionen (1977-1987), in: ZBB 1989, S. 2 ff.
Vogel, C. Wolfgang	Aktienrecht und Aktienwirklichkeit, Organisation und Aufgabenteilung von Vorstand und Aufsichtsrat. Eine empirische Untersuchung deutscher Aktiengesellschaften, Baden-Baden 1980.
Voigt, Hans-W.	Bookbuilding - der andere Weg zum Emissionskurs, in: Die Bank 1995, S. 339 ff.

Vollmer, Lothar/ Grupp, Alexander	Der Schutz der Aktionäre beim Börseneintritt und Börsenaustritt, in: ZGR 1995, S. 459 ff.
Vollmer, Lothar/ Lorch, Bernhard	Der Ausschluß des Bezugsrechts von Minderheitsaktionären auf Genußscheine und andere stimmrechtslose Titel, in: DB 1991, S. 1313 ff.
Wagner, Klaus	Der Börsengang der Reblaus, in: Die Bank 1991, S. 253 ff.
Walter, Herbert	Der Gang an die Börse, in: Die Bank 1984, S. 400 ff.
Weber, Bernhard/ Wohlfarth, Jürgen	Publizitätspflichten im Bilanz- und Börsenrecht. Unter besonderer Berücksichtigung des geregelten Marktes, in: BB 1986, S. 699 ff.
Weber, Stefan	Start frei für den geregelten Markt: Niedrigere Hürden für die "Kleinen", in: WP, Heft 10, 1987, S. 433 ff.
Wedell, Harald	Minderheitenschutz im Aktienrecht? Aktionärsinteressen und Rechtswirklichkeit, Frankfurt am Main, Zürich 1971.
Weichert, Ronald	Großes Wachstum des "Geregelten Markts" erwartet - Beträchtliches Potential neuer Aktien-Emittenten, in: HB, Nr. 230, 30. November 1988, S. B 17.
Wenger, Ekkehard	Eine Replik: Wie deutsche Aktionäre an der Nase herumgeführt werden. Verhöhnung als Geschäftsprinzip, in: FiWi, Nr. 16, 27. Februar 1993, S. 35.
Werner, Horst S./ Machunsky, Jürgen	Bankenhaftung für Börsenverluste, Anlageberatung, Vermögensverwaltung, Börsentermingeschäfte - Schadenersatzansprüche von Kapitalanlegern, Göttingen 1989.
Werner, Winfried	Ausgewählte Fragen zum Aktienrecht. Zum Erscheinen der 2. Auflage des Kölner Kommentars zum AktG, in: AG 1990, S. 1 ff.
Wiesner, Georg	In: M. Hoffmann-Becking (Hrsg.): Münchener Handbuch des Gesellschaftsrechts, Band 4: Aktiengesellschaft, München 1988, §§ 6 ff., S. 33 ff.
Wirth, Gerhard	Vinkulierte Namensaktien: Ermessen des Vorstandes bei der Zustimmung zur Übertragung. - Ein Instrument zur Abwehr feindlicher Übernahmen? In: DB 1992, S. 617 ff.
Wittern, Andreas	Grundriß des Verwaltungsrechts, 16., überarb. Aufl., Köln u.a. 1987.
Wittleder, Christian	Going Public / Die Publikumsöffnung deutscher Aktiengesellschaften. Eine Untersuchung über das Preisverhalten erstmaliger Aktienemissionen auf dem deutschen Kapitalmarkt von 1961 bis 1987, Diss., Köln 1989.
Wolff, Hans J./ Bachof, Otto	Verwaltungsrecht I. Ein Studienbuch, 9., neubearb. Aufl., München 1974.
Zahn, Johannes	Aktienanleger und Börse, in: ZGR 1981, S. 101 ff.
Zankl, Peter	Minderheitsrechte von Aktionären, in: BB 1978, S. 1755 f.

Studienreihe der Stiftung Kreditwirtschaft
an der Universität Hohenheim